ECUPL 1952-2022

文化产业与法律
中国文化娱乐法教程

黄虚峰　著

法律出版社
LAW PRESS·CHINA
北京

图书在版编目(CIP)数据

文化产业与法律 ：中国文化娱乐法教程 / 黄虚峰著
. -- 北京 ：法律出版社，2024
(华东政法大学70周年校庆文丛)
ISBN 978-7-5197-9063-9

Ⅰ. ①文… Ⅱ. ①黄… Ⅲ. ①文化产业-法律-中国
-教材 Ⅳ. ①D922.164

中国国家版本馆CIP数据核字(2024)第083109号

文化产业与法律
——中国文化娱乐法教程
WENHUA CHANYE YU FALÜ
—ZHONGGUO WENHUA YULE FA JIAOCHENG

黄虚峰 著

策划编辑 沈小英
责任编辑 陈 妮 张思婕
装帧设计 李 瞻

出版发行 法律出版社
编辑统筹 法治与经济出版分社
责任校对 王语童
责任印制 吕亚莉
经　　销 新华书店

开本 710毫米×1000毫米 1/16
印张 15.75 **字数** 317千
版本 2024年7月第1版
印次 2024年7月第1次印刷
印刷 北京中科印刷有限公司

地址：北京市丰台区莲花池西里7号(100073)
网址：www.lawpress.com.cn
投稿邮箱：info@lawpress.com.cn
举报盗版邮箱：jbwq@lawpress.com.cn

销售电话：010-83938349
客服电话：010-83938350
咨询电话：010-63939796

书号：ISBN 978-7-5197-9063-9
定价：88.00元

谨以此书献给华东政法大学70周年华诞！

以心血和智慧服务法治中国建设

——华东政法大学70周年校庆文丛总序

华东政法大学成立70周年了！70年来，我国社会主义法治建设取得一系列伟大成就；华政70年，缘法而行、尚法而为，秉承着“笃行致知，明德崇法”的校训精神，与共和国法治同频共振、与改革开放辉煌同行，用心血和智慧服务共和国法治建设。

执政兴国，离不开法治支撑；社会发展，离不开法治护航。习近平总书记强调，“没有正确的法治理论引领，就不可能有正确的法治实践。高校作为法治人才培养的第一阵地，要充分利用学科齐全、人才密集的优势，加强法治及其相关领域基础性问题的研究，对复杂现实进行深入分析、作出科学总结，提炼规律性认识，为完善中国特色社会主义法治体系、建设社会主义法治国家提供理论支撑”。

厚积薄发七十载，华政坚定承担起培养法治人才、创新学术价值、服务经济社会发展的重要职责，为构建具有中国特色的法学学科体系、学术体系、话语体系，推进国家治理体系和治理能力现代化提供学理支撑、智力支持和人才保障。砥砺前行新时代，华政坚定扎根中国大地，发挥学科专业独特优势，向世界讲好“中国之治”背后的法治故事，推进中国特色法治文明与世界优秀法治文明成果交流互鉴。

“宛如初升的太阳,闪耀着绮丽的光芒”——1952年11月15日,华东政法学院成立之日,魏文伯院长深情赋诗,“在这美好的园地上,让我们做一个善良的园工,勤劳地耕作培养,用美满的收获来酬答人民的期望”。1956年6月,以“创造性地提出我们的政治和法律科学上的成就”为创刊词,第一本法学专业理论性刊物——《华东政法学报》创刊,并以独到的思想观点和理论功力,成为当时中国法学研究领域最重要的刊物之一。1957年2月,更名为“法学”,坚持“解放思想、不断进步”的治学宗旨,紧贴时代发展脉搏、跟踪社会发展前沿、及时回应热点难点问题,不断提升法学研究在我国政治体制改革中的贡献度,发表了一大批高水平的作品。对我国立法、执法和司法实践形成了重要理论支持,在学术界乃至全社会产生了巨大影响。

1978年12月,党的十一届三中全会确定了社会主义法制建设基本方针,法学教育、法学研究重新启航。1979年3月,华东政法学院复校。华政人勇立改革开放的潮头,积极投身到社会主义法制建设的伟大实践中。围绕“八二宪法”制定修订、土地出租问题等积极建言献策;为确立社会主义市场经济体制、加入世界贸易组织等提供重要理论支撑;第一位走入中南海讲课的法学家,第一位世界贸易组织争端解决机构专家组中国成员,联合国预防犯罪和控制犯罪委员会委员等,都闪耀着华政人的身影。

进入新世纪,在老一辈华政学人奠定的深厚基础上,新一代华政人砥砺深耕,传承中华优秀传统法律文化,积极借鉴国外法治有益成果,为中国特色社会主义法治建设贡献智慧。16卷本《法律文明史》陆续问世,推动了中华优秀传统法律文化在新时代的创造性转化和创新性发展,在中国人民代表大会制度、互联网法治理论、社会治理法治化、自贸区法治建设,以及公共管理、新闻传播学等领域持续发力,华政的学术影响力、社会影响力持续提升。

党的十八大以来,学校坚持以习近平新时代中国特色社会主义思想为指导,全面贯彻党的教育方针,落实立德树人根本任务,推进习近平法治思想的学习研究宣传阐释,抓住上海市高水平地方高校建设契机,强化“法科一流、多科融合”办学格局,提升对国家和上海发展战略的服务能级和贡献水平。在理论法学和实践法学等方面形成了一批“立足中国经验,构建中国理论,形成中国学派”的原创性、引领性成果,为全面推进依法治国,建设社会主义法治国家贡献华政智慧。

建校70周年,是华政在“十四五”时期全面推进一流政法大学建设,对接国家重大战略,助力经济社会高质量发展的历史新起点。今年,学校将以“勇担时代使命、繁荣法治文化”为主题举办“学术校庆”系列活动,出版“校庆文丛”即是其重要组成部分。学校将携手商务印书馆、法律出版社、上海人民出版社、北京大学出版社等,出版70余部著作。这些著作包括法学、政治学、经济学、新闻学、管理学、文学等多学科的高质量科研成果,有的深入发掘中国传统法治文化、当代法学基础理论,有的创新开拓国家安全法学、人工智能法学、教育法治等前沿交叉领域,有的全面关注“人类命运共同体”,有的重点聚焦青少年、老年人、城市外来人口等特殊群体。

这些著作记录了几代华政人的心路历程,既是总结华政70年来的学术成就、展示华政“创新、务实、开放”的学术文化;也是激励更多后学以更高政治站位、更强政治自觉、更大实务作为,服务国家发展大局;更是展现华政这所大学应有的胸怀、气度、眼界和格局。我们串珠成链,把一颗颗学术成果,汇编成一部华政70年的学术鸿篇巨作,讲述华政自己的“一千零一夜学术故事”,更富特色地打造社会主义法治文化引领、传承、发展的思想智库、育人平台和传播高地,更高水准地持续服务国家治理体系和治理能力现代化进程,更加鲜明地展现一流政法大学在服务国际一流大都市发展、服务长三角一体化、服务法治中国建设过程中的新作为、新担当、新气象,向学校70年筚路蓝缕的风雨征程献礼,向所有关心支持华政发展的广大师生、校友和关心学校发展的社会贤达致敬!

七秩薪传,续谱新篇。70年来,华政人矢志不渝地捍卫法治精神,无怨无悔地厚植家国情怀,在共和国法治历史长卷中留下了浓墨重彩。值此校庆之际,诚祝华政在建设一流政法大学的进程中,在建设法治中国、实现中华民族伟大复兴中国梦的征途中,乘风而上,再谱新章!

郭为禄

叶　青

2022年5月4日

序

自20世纪90年代以来，中国文化产业发展迅速，成绩惊人，同时，问题也层出不穷，法治需求旺盛。法律如何回应、保障和促进文化产业的高质量发展，本书是作者思考后的成果。文化娱乐法以文化产业为调整对象，解决产业中的法律实践问题，构建公私混合型法律体系，属于跨部门的行业法。马克思在《对民主主义者莱茵区域委员会的审判》一文中写道："社会不是以法律为基础的，那是法学家们的幻想。相反地，法律应该以社会为基础。"①行业法植根于社会实践，弥补传统部门法在产业适用中的不足，同时也有助于推动法律制度在部门法结构之外的延伸与完善。本书以服务文化产业各类主体为己任，从培养未来的从业者入手，与从业者面临的涉法、风控等问题有效对接，定位务实。黄虚峰教授的《文化产业与法律——中国文化娱乐法教程》实现了其在开篇提出的三重目标。

本书体现的创新性令我印象最深刻。首先，我惊喜地发现每一章开篇的点题文字，言简意赅又意蕴深远。比如，本书第二章开宗明义提出"开发文化遗产资源也是保护文化遗产资源，开发的度如何掌握，则需要法律加以调整"。这段文字不仅帮助有的人纠正了开发等于破坏的固有思维，同时理性指出法

---

① 中共中央马克思恩格斯列宁斯大林著作编译局：《马克思恩格斯全集》（第6卷），人民出版社1961年版，第292页。

律在其中的关键作用。第三章开篇的“没有著作权法并不妨碍贝多芬创作恢弘巨作，但是，文化内容若以现代工业化复制的形式生产，必然需要著作权法”这段文字，指出了著作权法的诞生背景及其在当今机械和数字复制时代的必要性。本书的创新性集中体现在法律体系的构建方面。本着为行业解决法律问题的功能视角，既有的娱乐法或文化娱乐法方面的书籍往往从电影、电视、综艺、游戏、网络视听等行业来切分，但阐述的法律问题其实类型相似，这种构建体系忽略了文化娱乐业的共性，对每个行业涉及的法律分析呈同质化重复，而本书的构建体系跳出以往思路，将文化产业作为一个整体，分别从“文化”和“产业”两个维度，以产业实践中涉及的主要法律进行设置，详略得当，主次分明，体现了科学的系统性思维，又展现了结构设计的巧思妙想。本书提出的几个问题非常敏锐，比如，博物馆文创中公有领域复制权和文物管理权之间的冲突、行政法基本原则在过审影视内容下架中的适用等，令人耳目一新。

作为一部文化领域的法学研究专著，本书始终秉持高度的社会责任心和文化使命感。内容属性决定文化产业，必须坚持正确的思想导向，坚持社会效益第一，社会效益和经济效益相统一的原则。在满足人民文化需求，增强人民精神力量，传播传承中华优秀传统文化、革命文化和社会主义先进文化三个层次上，法律如何发挥作用，本书对此进行了思考，对文化产业的内容规管问题专章阐述，对文化遗产资源的的开发坚持以保护中华文脉为前提，对文化产业领域的监管和许可呼吁加强政府作用。

本书虽名为教程，但学术性很强，诸多问题都论证有力、逻辑严密。本书对文化产业的范围问题，从产业融合的背景切入，区分了文化产业化和产业文化化两个方面，论述文化产业范围的三大划分标准，最后据此标准提出本书对文化产业范围的主张；对文化产业法律体系的构建，从“基于文化”和“基于产业”的维度论证了本书构建体系的合理性，颇具说服力；文化领域的法学研究是法学研究中的短板，2023 年 5 月 17 日我读到黄虚峰教授发表在《中国社会科学报》上的文章《面向新时代文化领域的法学学科体系建设》时，就赞叹不已。在本书导言的第二节，我看到了其对这个问题更翔实的阐述。本书所有的案例都选取独到、评析恰当，体现了作者多年以来的收集和整理之功。

本书的务实性也很强。第一，本书是最好用的文化产业法律一本通，涵盖了文化产业经营过程中涉及的人、财、物、合同、管理等方面，内容审查和侵权治理方面，文化遗产资源的创新性发展和创造性转化方面，文化行政许可方面……众多问题被浓缩成一本法务实用手册。第二,本书案例设置贴近实际需求,具有行业实践的典型性、指导性和前沿性。第三,本书整理出文化艺术、广播影视、出版、互联网等方面的法律、法规和司法解释中的关键点,以帮助读者掌握在文化产业活动中需熟知的行政法律法规。

文化产业领域站C位的法律必然是著作权法,但是,仅有著作权法是远远不够的,如何从众多的法律中构建面向文化产业的法律体系,本书给出了亮丽的答卷。当年,黄虚峰教授以"美国音乐产业发展进程中的版权因素研究"这个富有创新性的选题作为博士后选题,便让我感到惊艳,这次,她又让我惊艳了。苹果公司联合创始人史蒂夫·乔布斯曾说:"创造力就是将事物联系在一起,那些有创造力的人,并没有真正创造出新事物,他们只是见识比较广罢了……他们经验更丰富,或者与其他人相比,他们对自己的经验思考得更深入。"黄虚峰教授就是这么一个在交叉领域深入思考的人。我作为她的合作导师,首先向她表示祝贺!同时,希望她再接再厉,取得更大成绩。

正如本书导言部分所写,为文化产业人了解法律规则,为法律人了解文化产业知识,因此,本书面向所有对文化和法律交叉领域有学习兴趣的读者。从我对文化产业的调研经历来看,有这类需求的读者数量不少,相信这本书一定会广受读者喜爱,特向广大读者朋友特此推荐。

2024年4月

目录

导 言

文化产业与法律相遇，中国的文化娱乐法诞生了。

书名“文化产业与法律：中国文化娱乐法教程”道出了本书写作的三重目标：一是研究文化产业领域的法治问题，践行在法治轨道上全面建设社会主义现代化国家；二是在法学研究领域，从文化娱乐法视角探索面向新时代文化领域的法学学科体系建设；三是为文化产业经营管理领域提供一本行业法学教科书，中国文化娱乐法服务的对象实为文化产业。

第一节　关于“文化产业与法律”

当我们说文化产业的时候，具体想到的有出版产业、电影产业、游戏产业等，所以，文化产业是一个产业丛。同时，文化产业领域的法律，并不是指某个以文化产业为调整对象的专门法，而是文化产业活动中需要遵循的全部法律规范，它涉及宪法、民法、商法、行政法等，所以，它是一个法律丛。当一个产业丛与一个法律丛相交，就有了“文化产业与法律”的关系问题。

一、文化产业的概念界定

文化产业的概念界定，从文化产业的定义表述、文化产业的特征属性、文化产业的范围三个方面进行阐述。

(一)文化产业的定义

文化产业的定义,无论是在学界还是在业界,都没有达成共识。本书的定义,依据2019年12月司法部发布的《中华人民共和国文化产业促进法(草案送审稿)》(以下简称《文化产业促进法(草案送审稿)》)第2条:"本法所称文化产业,是指以文化为核心内容而进行的创作、生产、传播、展示文化产品和提供文化服务的经营性活动,以及为实现上述经营性活动所需的文化辅助生产和中介服务、文化装备生产和文化消费终端生产等活动的集合。"

国家统计局发布的《文化及相关产业分类(2018)》中对文化及相关产业的定义是:"指为社会公众提供文化产品和文化相关产品的生产活动的集合。"《文化产业促进法(草案送审稿)》对文化产业的定义与之保持了政策上的连贯性,是对多年来中国文化产业实践探索的肯定和总结。《文化产业促进法(草案送审稿)》对文化产业的定义,也与联合国教科文组织在《保护和促进文化表现形式多样性公约》中对文化产业的界定保持基本一致。该公约对文化产业的界定是:"文化产业,指生产和销售文化产品和服务的产业。"文化活动、产品和服务又是指"从其具有的特殊属性、用途或目的考虑时,体现或传达文化表现形式的活动、产品与服务,无论它们是否具有商业价值。文化活动可能是目的本身,也可能有助于文化产品和服务的生产"①。

联合国教科文组织在这份文件里使用的"文化产业"一词,是复数形式,即"Cultural industries",这与阿多诺和霍克海默在《启蒙辩证法》一书中使用的单数形式"Cultural industry"即文化工业略有区别。文化产业一词使用复数,体现了这样一种观点:文化产业是以文化为核心内容进行产业化运作的产业集群,集群内产业之间有着明显的异质性,因此,它们之间难以合而为一。同时,与非文化产业相比,它们又具有共性,因此,它们可以归为一个集群。而这些共同特征正是它们被纳入文化产业范围的依据。

(二)文化产业的特征属性

根据《文化产业促进法(草案送审稿)》对文化产业的定义,文化产业具备如下特征属性:

1. 文化核心决定三大天然属性:意识形态性、内容无形性以及产品的准公共性

① 《保护和促进文化表现形式多样性公约》,载联合国教科文组织网站,https://www.unesco.org/en/legal-affairs/convention-protection-and-promotion-diversity-cultural-expressions。

文化产业运作的对象是文化，这是一种无形的内容。产业化的过程是将内容载体化的过程，围绕内容，创作之、制作之、营销之以及消费之。文化的意识形态性必然导致文化产业的意识形态性。也就是说，产业不仅能创造通常意义上的GDP，还能创造另一种“GDP”，即优雅（Grace）、多样化（Diversity）和积极向上的人格（Personality）。[①]

尽管学界对于文化的定义各有解释，但对于文化的无形性却观点一致。文化不占有任何实体空间，却无处不在，不可触摸却可以感知。生产和服务这种无形的内容对文化产业链上各主体提出前所未有的挑战。

对于消费者来说，使用这种无形内容的产品也是前所未有的体验。因为它具有准公共物品的属性，满足保罗·萨缪尔逊对准公共物品的定义：纯粹的公共产品或劳务是这样的产品或劳务，即每个人消费这种物品或劳务不会导致别人对该种产品或劳务消费的减少……而凡是可以由个别消费者所占有和享用，具有敌对性、排他性和可分性的产品就是私人产品。介于二者之间的产品称为准公共产品。[②]文化的特殊性造就文化产品的准公共性，一方面，文化产品的消费不符合“一次耗尽”的一般商品使用逻辑，另一方面，文化产品可以由个别消费者所占有。

综上所述，文化产业的“以文化为核心”使文化产业成为一类区别于一般产业的特殊产业，从而给产业内各主体在资源获取、价值判断、品牌维护、产品制作、产品宣发、产品营销、服务提供等方面设立了特殊标准，对产业外各主体在产业环境营造、制度体系构建、法律规范制定等都提出了全新的要求。

2. 产业范围具有分层性

文化产业有核心层和关联层之分。定义表述中的“创作、生产、传播、展示文化产品和提供文化服务”，概括了文化产业核心层的链上环节分布。内容的创作是起点，其余所有的环节——生产、传播、展示和提供服务都是创作的延伸。通过各环节的联动，完成产业化运作。

同时，产业核心活动的实现，需要关联层的支撑，从而形成完整体系。定义表述中“以及为实现上述经营性活动所需的文化辅助生产和中介服务、文化装备生产和文化消费终端生产等活动”是对关联层的区分，即关联层进一步细化为文化辅助生产、中介服务、文化装备生产、文化消费终端生产等。文化辅助生产，即为文

---

① 赵晶媛：《文化产业与管理》，清华大学出版社2010年版，第8页。

② Paul A. Samuelson, *The Pure Theory of Public Expenditures*, Review of Economics and Statistics, Vol. 36:4, p 387–389 (1954).

化生产提供辅助的那些生产活动，比如为电影制作提供辅助的影视城运作；中介服务，即为文化生产、传播以及营销等提供中介服务的那些活动，比如艺人经纪、项目融资、版权代理等；文化装备生产，即文化生产所需装备的研发、制造以及维护等的产业生产活动，可以是大型转播设备的生产，也可以是绘画颜料的生产；使无形的内容达到被消费的目的，需要借助有形的载体，用以展示和体验，于是促发文化消费终端的生产，比如游戏机的生产、电视机的生产等。

关联层是核心层的派生，而且它们的关联性必须是专属的。比如唱机生产业专为唱片产业而生，唇齿相依；舞台空间和设施专为演出产业而生，相辅相成。电子书阅览器制造业专为出版产业而生，属于文化消费终端生产。但手机制造业却不属于出版产业的文化消费终端生产，虽然手机也可以用来看书，然而，它们之间不是专属关系。房地产业中的文创空间如果专为文化企业提供服务，符合专属性要求，属于文化中介服务，因此，上海的文创园区要求文化企业入驻率在70%以上。

3. 产业活动的经营性

这是将文化产业与文化事业相区别的显著特征。文化事业和文化产业都是中国特色社会主义文化建设的重要组成部分。文化事业具有明显的非营利属性，主要承担为人民群众提供公共文化服务的使命，满足人民群众的一般性文化需求。文化产业则根据人民群众的差异性文化需求，进行一系列的文化生产、经营和销售活动，产业中的文化企业拥有完全意义上的法人财产权，以市场营利为目的，通过市场机制实现产品的流通和价值实现。因此，文化产业和其他产业一样，以追求产业利润为己任。

经营性使文化产业比文化事业更具市场适应能力、自我融资能力以及对资源的占有能力。同时，经营性使文化产业比文化事业更需要法律而不止行政手段来规范产业主体的活动和调整市场平等主体间的权利义务关系。

(三) 文化产业的范围①

文化产业的核心是内容，驱动力是技术。技术领域的变革带动文化产业的领域不断拓展，数字化新业态正不断涌现，使得对文化产业范围的把握难以固定。本小节就现阶段文化产业的范围提出一些看法。

1. 产业融合背景下思考文化产业的范围问题

产业融合是指不同产业或同一产业内不同行业相互渗透、相互交叉、相互融合

① 此小节讨论的文化产业范围，特指文化产业核心层的范围。

发展的产业动态,通过资源优化再生,实现产业升级和新的经济增长。在经济全球化和高新技术发展的当下,产业融合已经形成蓬勃趋势。文化产业因其渗透性强、融合效应好的自身优势,在产业融合方面的表现尤为强劲。

文化产业融合表现为文化产业内部各行业之间的融合和文化产业与外部其他产业的融合。文化产业融合发展,一方面释放出 1 + 1 > 2 的效应,另一方面重新提出文化产业的范围划分问题。

文化产业的内部融合主要体现为新闻与出版业、广播电视电影和录音制作业、文化艺术业、体育业、娱乐业①等之间的相互融合。一场通过融媒体直播的现场演出,是文化艺术业和广播影视业的融合;一部《夏洛特烦恼》,既是话剧又是电影,剧本也可以图文出版,这是文化艺术业、广播电视电影业以及新闻与出版业三者的融合;一款游戏组队竞赛,就是电竞,那是娱乐业和体育业的融合;一座影视城既是拍电影的辅助生产平台,也是文化旅游地,那是广播影视业和文化艺术业以及娱乐业的融合。

文化产业内部的产业融合现象一直存在,一场体育比赛既进行现场比赛又以广播电视节目形式播出;一部小说《红岩》,既改编成连环画,也改编成话剧和电影。

随着数字技术和互联网的兴起,文化产业的内部融合加剧,一个打破文化产业内部各行业壁垒的融合业态正在形成,有人称为"新文创"。现在的新文创将游戏、文学、动漫、影视、音乐、戏剧等各种娱乐形式集结在同一个 IP 之上,融通共生。这里的 IP,可以是传统意义上的版权作品,也可以是一个驰名的角色、形象甚至短语以及声音。文化产业融合新趋势的出现,一是由于新技术的兴起,文化产业内部各个行业在新媒体领域换地集合,二是由于互联网世界进入门槛低,人人都是创作者,人人又都是消费者,新技术的贯通性和参与的互动性,成就了当今文化产业融合现象,同时印证了植草益的观点,产业融合源于技术进步和规制的放松。②

文化产业与外部其他产业融合体现为产业之间,即文化产业与第一产业、第二产业、第三产业中非文化产业之间的融合。文化产业与农业融合形成创意农业,比如,用秸秆做成大型雕塑举办稻草艺术节。文化产业为制造业赋能,提高产品的创意附加值,比如,将齐白石的作品印在茶具上或布料上,而将齐白石的作品印在邮

① 根据《国家统计局关于执行国民经济行业分类第 1 号修改单的通知》(国统字〔2019〕66 号)中按第 1 号修改单修订的《国民经济行业分类》(GB/T 4754—2017)对文化、体育和娱乐业(R 门类)的分类。

② [日]植草益:《信息通信业的产业融合》,载《中国工业经济》2001 年第 2 期。

票上，则是文化产业与第三产业中非文化产业——邮政业的融合。文化产业也可以与多个产业融合，比如“泡泡玛特”盲盒是文化产业与第二产业——制造业和第三产业中非文化产业——博彩业的融合。

文化产业与外部其他产业的融合也非当今新现象。自古以来，木器、石器、陶器、皮具、玻璃制品以及金银玉器，哪个离得开创意设计？就连兵器都要雕刻青龙偃月的图案。文化产业的核心要素是创意，作为一种无形资产，它不仅可以物化为文化产品，也可以物化到所有的产品。随着国家经济结构调整和发展方式转变，文化产业具有的这种高渗透性和高附加值被认识到。2014 年 3 月，国务院发布《关于推进文化创意和设计服务与相关产业融合发展的若干意见》，就相关融合发展工作提出明确要求。我国将“在文化创意和设计服务领域开展高新技术企业认定管理办法试点，将文化创意和设计服务内容纳入文化产业支撑技术等领域，对经认定为高新技术企业的文化创意和设计服务企业，减按 15% 的税率征收企业所得税”。自此，文化产业与外部其他产业融合进一步加速，促进了传统产业的更新升级和新兴产业形态的崛起，文化创意赋能其他产业，迸发出前所未有的能量。

激励文化产业与外部其他产业的融合，展现了一种大文化产业发展观：把文化产业视为经济发展的重要一环，盘活中国丰富的历史文化资源，谋求融合发展，肯定文化创意和设计服务与装备制造、消费品工业、建筑业、信息业、旅游业、农业和体育产业的共融能量。

但是，文化产业融合，特别是文化产业与外部其他产业的融合，导致了文化产业边界的模糊性，这给文化产业范围的划定带来了困扰。

文化产业能够包容一切源于文化的广义性，就广义的文化概念而言，《辞海》如是定义：“文化，从广义来说，指人类社会历史实践过程中所创造的物质财富和精神财富的总和。”①但是，如果把艺术家的画印在杯子上是文化产业，那么，把艺术家的画印到火箭上也是文化产业？！最终的结论必然是：什么都是文化产业。显然，这种泛文化产业的主张将导致文化产业的自我迷失。

2. 本书主张的文化产业范围

国家统计局发布的法规性文件《文化及相关产业分类（2018）》将文化产业范围分为核心领域和相关领域，核心领域是指以文化为核心内容，为直接满足人们的精神需要而进行的创作、制造、传播、展示文化产品（包括货物和服务）等生产活

---

① 辞海编辑委员会：《辞海》，上海辞书出版社 1979 年版，第 1533 页。

动。具体包括新闻信息服务、内容创作生产、创意设计服务、文化传播渠道、文化投资运营和文化娱乐休闲服务等活动。相关领域是指为实现文化产品的生产活动所需的文化辅助生产和中介服务、文化装备生产和文化消费终端生产(包括制造和销售)等活动。在范围的列举上,《文化产业促进法(草案送审稿)》第2条第2款:"前款所称经营性活动的类别包含内容创作生产、创意设计、资讯信息服务、文化传播渠道、文化投资运营、文化娱乐休闲等。"与《文化及相关产业分类(2018)》基本一致,只是考虑到新闻活动的非经营性,《文化产业促进法(草案送审稿)》将"新闻信息服务"改成了"资讯信息服务"。

我国官方文件对文化产业范围的同一表述,为本书对文化产业范围的主张提供了指导。但是,以产业活动类别而非行业类别来概述文化产业范围仍然不够具体明确。考虑到文化产业当前的融合趋势以及未来出现新业态的可能性,也考虑到关联层的纳入,本书结合大卫·赫斯蒙德夫的观点(文化产业是指"那些基于文本的产业化生产和发行,主要依赖于符号创作者工作的产业")①,对文化产业的范围提出以下三个划分标准,并依据标准对文化产业的范围进行明确。

第一,满足精神需求的功能。文化产品以及服务的功能必为满足人们的精神需求,而非衣食住行用之需。这是界定文化产业范围的重要标准,有助于杜绝"万物皆可文化产业"的泛文化产业倾向。为什么一个国家的GDP达人均3000～5000美元会成为文化产业发展的爆点?因为这时候国民的精神需求呈井喷之势,文化产业与满足人们的精神文化需求相契合。《文化及相关产业分类(2018)》在对文化产业范围进行划分时,也强调"为直接满足人们的精神需要"这一点。我国文化产业学者胡惠林认为,文化产业是一个以精神产品的生产、交换和消费为主要特征的产业系统。②

在厘清文化产业范围时如何使用这一标准?以广告产业为例,广告本身充满创意,但绝大部分广告为物质需求类产品以及企业推广提供促销服务,广告本身的艺术性附属于促销商品的功能,故广告产业不在文化产业范围。但是,其中那些具有独立审美属性的广告媲美艺术作品,可纳入文化产业范围,这时其属于艺术行业;或者那些为文化产品和服务的促销而进行的广告,如电影海报,可纳入文化产业的范围,因为其属于电影产业中的文化辅助活动。依此类推,时装产业中那些具

---

① ［英］大卫·赫斯蒙德夫:《文化产业》(第3版),张菲娜译,中国人民大学出版社2019年版,第15页。

② 胡惠林:《文化产业发展与国家文化安全》,广东人民出版社2005年版,第124页。

有独立审美属性的服装,或者那些辅助文化产品和服务的时装,如戏服,可纳入文化产业的范围,但时装产业本身为满足人们“衣”的物质需求,故不在文化产业范围;茶业里蕴含茶文化,那些具有独立审美属性的茶器和茶艺表演,可纳入文化产业的范围,但茶业本身为满足人们“食”的物质需求,不在文化产业范围;直播带货过程中不乏主播表演,如果表演具备独立完整的艺术形式或者为推广文化艺术,可纳入文化产业的范围,但直播带货本身虽有表演成分和互联网技术加持,也不能掩盖其实现销售商品的功能,因此不在文化产业范围。不可否认,一般的广告、一般的服装,一般的茶器、一般的直播带货表演都颇具艺术性,令人赏心悦目,但它们的艺术性最终是服从于实用性的,本书主张不将这类纳入文化产业范围。

第二,基于创意形成确权的文本。文化产业的共性是“以文化为核心内容”,而“基于创意形成确权的文本”是“以文化为核心内容”的客观性转述。毕竟,直接以“以文化为核心内容”作为一种界定标准,缺乏可操作性。

基于创意形成确权的文本,这是所有文化产业进行产业化运作的前提。第一个关键词是“文本”。出版产业的起点是一件件图文原稿、影视演出产业的起点是一本本剧本(包括脚本、戏本)、音乐产业的起点是一部部曲谱(包括填词)、文旅产业的起点是一个个开发文案等。图文原稿、剧本、曲谱、文案……它们都是文本,实实在在的可见文本。

文本还得属于开发者,才有权开发,也有必要开发,这是第二个关键词“确权”的含义。比如,吴承恩的《西游记》是公共领域的文化资源,将吴承恩的《西游记》进行产业化开发,还需要树立一个起点,那就是形成有开发者权属的文本——央视版电视剧《西游记》的剧本、上海美术电影制片厂版动画片《大闹天宫》脚本、周星驰版《大话西游》剧本……又如,某地举行非遗展,邀请到本地和外地的非遗传承人进行现场技艺展示甚至出售根据技艺制作的产品,对这一文化产业的经营性活动而言,经营者进行项目开发的确权资源不是各种非遗资源(非遗资源属于公共资源),而是将各非遗资源聚集展示的项目开发文案。

接着追问:“开发者对手中的文本为什么享有权属?”因为文本基于创意形成,是受到法律认可的版权作品。央视版《西游记》的剧本、上海美术电影制片厂版《大闹天宫》的脚本、周星驰版《大话西游》的剧本都对吴承恩《西游记》附加了个性化创作,从而成为有创意价值的版权作品,开发者自有或经过授权获得这些版权作品,然后对确权的版权进行产业化开发。

说起“基于创意形成”,自然会提及创意产业。在创意产业大家庭中,文化产业被称为文化创意产业，特点是"以文化为核心内容"进行创意，其创意从文化中形成，从而与其他类型的创意产业，比如创意来自科学的科技创意产业，相区别。简言之，文化产业的文本基于创意，而创意来自文化。

从文化到创意，意味着文化资源转化为文化资本，完成文化资源的创新性转化，产业开发正式起步。所以，以文化为核心内容的文化产业，文化是资源，创意才是关键。甚至创意含量的高低直接决定各产业距离文化产业中心点的位置。当本文每每把"你认为电影、旅游、体育哪些属于文化产业？"的问题抛给受众时，回答"电影"时大家都毫不犹豫，对于"旅游"的判断则要迟疑一会，而对于"体育"的判断迟疑最久。对此进行分析可以发现：电影的剧本创意含量最高，旅游的策划文案创意含量次之，而体育展示的一系列即兴行为，没有文本，自然不属于文化产业。

以篮球运动和网游为例，同样都经历厂家到玩家再到专业玩家打比赛的过程，但篮球运动产业不属于文化产业，而网络游戏产业却属于文化产业。因为篮球运动员展示的是一系列即兴行为，事先没有剧本，而是根据通行规则进行更高、更强水平的竞技。而网络游戏是基于享有知识产权的文本——基本设定情境和角色的游戏软件。[①] 电竞运动员展示的行为是对文本的表演，犹如歌手对曲谱的表演。

第三，具有复制属性。复制是对"产业"的落实，因为复制，所以有产业，从而具备规模化和标准化。查阅《现代汉语词典》，可得"复制"一词的解释为："依照原件制作成同样的"。根据《中华人民共和国著作权法》（以下简称《著作权法》）第 9 条第 2 款对复制权的规定，复制是指"以印刷、复印、拓印、录音、录像、翻录、数字化等方式将作品制作一份或者多份"的行为。

印刷机的发明及应用，使得大规模化的生产与组织模式得以出现，进入"机械复制时代"。在机械化复制出现之前，文化产业的复制以手工复制为主，比如手工拓印、誊抄等。机械化复制的出现使流水线批量复制成为可能，这是现代文化产业的显著特征。据此，文字、声音、图片的复制构成出版产业，影像的复制构成影视产业以及游戏产业。那么，现场演出业的复制特征呢？同样的剧本被同样的演员或不同样的演员以原来的团队的表演作为样本进行重复演出，算不算复制？但即使是同样的演员，不同的演出场都会有不同的呈现，对于这种附加了再创作的"复

---

① 现代的电子游戏虽然复杂多样，但其核心内容仍然是两部分：游戏引擎以及艺术资源库。游戏引擎，是指由指令序列组成的计算机程序。它通过不同的指令指挥计算机应当何时从何处阅读资料、播放声音、在屏幕（或终端机）上显示图像、如何下载或储存信息等。因此，游戏引擎属于《著作权法》所定义的"计算机软件"。参见宋海燕：《娱乐法》（第 2 版），商务印书馆 2018 年版，第 332 页。

制”,有学者提出这是“艺术复制”。[①] 而大卫·赫斯蒙德夫则将这些基于半工业化或非工业化的方法进行内容复制的文化产业称为“周边文化产业”。[②] 周边文化产业的市场难以形成规模效应,这是由复制方式决定的。当然,周边文化产业同样以创意文本为起点,其重要性不可否认。从复制技术的发展历程来看,文化产业演变经历了手工复制、机械复制、数字复制三个阶段,每一次新的复制技术问世都会引发文化产业的重塑,同时对文化产业的法治提出挑战。

综上,本书认为文化产业范围界定的依据有三个:满足精神需求的功能;基于创意形成确权的文本;具有复制属性。

将复制技术的手工复制——机械复制——数字复制历时三阶段作为轴线,本书对当前文化产业的范围及分类主张如表 0 – 1 所示。

表 0 – 1　中国文化产业分类及各行业范围

类别	行业	产品和服务	界定理由
传统文化产业	艺术品市场	艺术作品以及有限复制件(艺术家签名),不包括文物	符合三个标准,但使用非工业化或半工业化复制方式,机械和数字复制技术下的艺术作品复制件归属出版产业
	现场演出业	现场演出的话剧、音乐会、演唱会、音乐剧、戏曲、脱口秀、体育表演赛等	符合三个标准,但附加了表演者的创意性劳动,属于艺术复制方式;如果使用融媒体技术进行了转播或直播,则归入广播电视产业
	文旅产业	文旅项目	符合三个标准,但一般而言,文案创意含量相对不高,复制体现前工业化特征。文旅开发更多依赖对文旅资源的管理权
现代文化产业	出版产业	书报刊、音像制品、电子书、数字化出版物(网络文学、有声书、数字音乐)、平面艺术作品复制件等	符合三个标准

① 潘智彪、李丹媛:《当代文化产业的复制特征》,载《学术界》2010 年第 3 期。

② [英]大卫·赫斯蒙德夫:《文化产业》(第 3 版),张菲娜译,中国人民大学出版社 2019 年版,第 13 页。

续表

类别	行业	产品和服务	界定理由
现代文化产业	广播影视产业	电影、电视剧、综艺节目、网络视频	符合三个标准
	游戏产业	电子游戏、网络游戏、剧本杀	符合三个标准,区别于以通用游戏规则为基础的体育游戏,游戏产业以确权的创意文本为基础
数字文化产业	数字文化产业正在蓬勃兴起,作为一种独立的产业形态是否已经形成,尚待观察。当前,网络文学和数字有声可分拆到出版产业、数字视频可分拆到广播影视产业、元宇宙娱乐可分拆到游戏产业		
说明	文化产业存在边界的模糊性,不排除存在特例。在产业融合背景下形成大文化产业观,是文化产业人的应有视野,也鼓励文化产业人积极投入其他行业从事文化创意+的工作。但是,对调整对象进行清晰的边界界定,是法律的要求,故本书对于文化产业核心层的范围界定提出以上观点		

二、文化产业领域中的法律

法律的定义有狭义和广义之分,狭义的法律特指全国人民代表大会及其常务委员会制定、颁布的规范性文件。宪法是由全国人民代表大会经过特定立法程序制定的,是制定普通法律的法律基础;基本法律是由全国人民代表大会制定的;法律是由全国人民代表大会常务委员会制定的。广义的法律是指法的整体,包括法律、有法律效力的解释及其行政机关为执行法律而制定的规范性文件。通常我们把由最高国家权力机关制定的规范性文件称作“法律”;最高国家行政机关制定的,称作“行政法规”;省级地方权力机关(人大及其常委会)制定的,称作“地方性法规”;最高国家行政机关的工作部门制定的,称作“部门规章”;省级地方人民政府制定的,称作“地方政府规章”。

《中华人民共和国立法法》第10条规定,全国人民代表大会和全国人民代表大会常务委员会根据宪法规定行使国家立法权。宪法和基本法律、法律是我国法的主要形式。行政法规、地方性法规、规章等,是从属于法律的规范性文件,也是我国法律体系的组成部分,同样是体现了国家意志的具有强制力的社会规范,但它们的法律地位和法律效力要低于宪法、基本法律和法律。

长期以来,由于文化领域的意识形态属性,我国在文化立法工作方面一贯坚持政策调控、立法谨慎的原则。文化领域依靠法规性文件实行管理,属于由全国人民代表大会及其常务委员会制定的法律很少。第十二届全国人大常委会成立之前，我国法律体系中作为文化领域的法律文件俗称“三部半”，就是《中华人民共和国文物保护法》（以下简称《文物保护法》）、《中华人民共和国非物质文化遗产法》（以下简称《非物质文化遗产法》）、《著作权法》以及有些人不认为属于文化领域的《中华人民共和国档案法》（以下简称《档案法》）。第十二届全国人大常委会在这方面加大了力度，先后审议通过了《中华人民共和国公共文化服务保障法》（以下简称《公共文化服务保障法》）、《中华人民共和国电影产业促进法》（以下简称《电影产业促进法》）、《中华人民共和国公共图书馆法》（以下简称《公共图书馆法》）。随着文化产业的发展，文化产业领域呼吁更多法律的出台。

（一）法律介入文化产业的必要性

现代文化产业发端于古登堡发明印刷机。中国的民族资本曾在20世纪20~30年代撑起出版产业、电影产业、唱片产业以及娱乐演出业，文化产业形成气候。新中国成立之初，计划经济体制确立，文化的市场化运作模式退出。随着改革开放背景下经济体制转变和中国加入世界贸易组织，文化产业快速发展。

从中国文化产业历史的简要回顾中可以发现，阐述文化产业与法律的关系问题，特别是法律制度建设的必要性问题，需要从经济体制转变的时代背景入手。

首先，随着经济体制转变，计划经济体制下的行政干预手段已不适应文化产业发展，催生了法律的需求。

新中国成立到改革开放的这段时期，中国的老百姓还是能在书店买到书籍和唱片、在剧场看到演出、在电影院看到电影，这说明文化产品的生产和服务始终存在；出版社、印刷厂和唱片录制厂、剧团剧院、电影制片厂、电影发行公司、电影院等也都始终存在，这说明文化产品生产和服务链上的活动主体基本齐备。若问跟当下的文化产业相比，有何不同？答案是：运作模式不同。

计划经济体制下，文化产品的生产和服务模式属于指令性计划模式，生产什么、生产多少、如何发行、怎么销售，都按照行政安排。所需的资金、人员、生产资料全部由政府下拨和调配到位。比如，电影制片厂接到任务拍一部电影，它无须操心市场调研问题、融资问题、版权授权问题、演职人员问题、拍摄场地问题，成片送审过关后也无须操心发行对接问题。因为在计划经济体制时期，文化单位的目标任务、人员编制、活动经费、岗位设置、人事任免都由上级行政主管部门负责。

市场经济体制下，文化产品和服务转为市场化运作模式，生产什么、生产多少、如何发行、怎么销售，都以市场为导向，各产业主体自主经营、自负盈亏，所需的资金、人员、生产资料全部由企业自己落实。再以电影制片机构拍摄一部电影为例，市场调研与咨询公司发生关系，融资环节与投资机构发生关系，原著授权与版权代理机构发生关系，演职人员到位需要与编剧公司、艺人经纪公司、群演公司等发生关系，拍摄场地需要与影视拍摄基地发生关系，送审通过后对接发行与发行单位和院线发生关系，衍生开发则与诸多IP开发单位发生关系，以前跟政府行政主管部门的关系继续在题材备案、成片送审等方面发生，但直接发生关系的方面已经明显减少。

从计划经济模式转变为市场化运作模式，文化产业主体间的组织架构随之发生变化。在计划经济模式下，产业各主体只与上级行政主管部门发生关系，政府机构集文化所有者、兴办者、管理者、经营者于一身，各产业主体是被动的执行者。在市场化运作模式下，政府从事无巨细的微观事务中解脱出来，成为宏观管理者，负责政策法规的宏观调控和内容方面的监管。所有产业主体之间则相互发生关系。我们看到，在产业的投入与产出之中，需要各主体之间形成协调有序的组织关系。这样的市场地位主体，不仅有法人，还有非法人组织和个人，关键是各产业主体在市场经济中是一个个产权清晰、自负盈亏、独立经营的地位平等的主体。这种情况下，原先靠政府行政干预手段建立与各产业主体的关系模式，已无法适应市场体制下的产业化运作。

其次，文化市场经济本质上是法治经济，文化产业自身发展依赖法律制度保障。

法律能够为文化产业带来什么？

第一，法律能够为文化产业保有一个健康产业生态。在指导产业主体承担社会责任、引导社会尊重知识产权、保障产业主体的财产权等方面发挥积极作用。文化产业主体要追求经济效益，更要追求社会效益，弘扬主旋律、服务弱势群体，推动中华文化走向世界等，法律的规制能够将产业主体往这条道上推进。文化内容的产品交易，实质上是权利交易，而非实物交易。在实物交易中，大家都有物权的概念，自觉意识到非法占有对方物品就是犯罪。但是，在权利交易场域，很少有人认识到“吃免费盗版大餐”的行为是犯罪，长此以往，原创枯竭，产业失序。同时，知识产权具有非排他性和准公共性，知识产权的保障必须依赖公权力才能落实。

第二，文化产业主体个个都是自负盈亏、自主经营的独立组织，相互之间地位平等，主体之间的有序配合唯有依靠法律。法律通过权利与义务的明确来设定主体之间的行为界限,帮助行为主体尽可能避免或减少摩擦、对抗、冲突,促成良性的法律秩序,从而增强市场经济的规范性与稳定性,为文化产业的健康发展奠定良好基础。

第三,文化产业主体个个都是自我发展、自我约束的组织,法律有助于组织自治。法律让主体了解自己什么能做、什么不能做,并且对违反法律的行为形成威慑力,这是政策不具备的法律效力优势。法律可以通过建构奖励和惩罚制度来引导文化产业主体经济行为的选择,从而实现对资源配置和流向的引导,促使经济主体在合理范围内充分发挥其积极性、创造性,从而为文化产业的发展提供持续的强劲动力。

总之,所有产业的有序发展都离不开法律,文化产业更是如此。从计划经济体制转变为市场经济体制,法律介入代替行政干预符合文化产业发展的内在规律性,是文化产业健康发展的保证。

(二)文化产业领域的法律体系构建

如何构建文化产业领域的法律体系?如果仅仅把服务于文化产业的相关法律堆集在一起,或者仅仅把文化产业领域的法律分列成出版业、影视业、游戏业、演出业、艺术品业等的适用法律,显然缺乏体系性。那么,构建原则又是什么?

有学者提出,应加强知识产权保护和传统文化保护。① 或有学者提出,制定统一的基本法和分门别类的具体部门法,同时健全市场准入和登记制度、市场管理制度和知识产权保护法律制度。② 或有学者提出,构建文化产业立法体系,从法律渊源形式上应包括文化产业的基本法、文化产业的部门法律、行政法规和文化产业规章,从内容上应包括文化市场主体法、文化市场行为法和文化市场管理法。③ 或提出,这些形形色色的文化产业分支都以著作权为交易对象,由合同建立交易关系和确定交易规则。④

学者们的观点为本书提供了借鉴和启示。对于文化产业领域法律体系的构建,本书主张回到“文化产业与法律”的视域:以宪法为根本,以法律为主体,从“基于文化”和“基于产业”两个维度,构建公私法混合型体系(见表0-2)。

---

① 李顺德:《中国的文化产业应该加强法律保护》,载《河南社会科学》2007年第4期。
② 张世君:《论我国文化创意产业法律保护体系之构建》,载《法学杂志》2011年第1期。
③ 张晓玲:《完善我国文化产业法律环境的思考》,载《经济纵横》2007年第3期。
④ 张今主编:《中国文化产业合同案例精选与评析》,知识产权出版社2011年版,“前言”第1页。

表0-2 文化产业领域法律体系构建

大依据	细分依据	适用法律模块	主要法律法规(法源)	作用
基于文化	意识形态性	内容规管法律制度	《宪法》相关条款、对于禁止性内容的相关法律规定、《民法典》关于人格权的条款等	引导内容与规范内容
	无形性	知识产权法律制度	《著作权法》《商标法》等	保障非排他性权益
	文化资源性	文化遗产保护法律制度	《文物保护法》《非物质文化遗产法》等	依法管理文化遗产资源的合理利用
基于产业	产业平权关系	合同法律制度	以《合同法》串起涉及人、财、物的相关法律	维护产业主体之间有序调节
	产业的纵向管理关系	行政管理法律制度	《行政许可法》、《行政复议法》、《行政诉讼法》以及《电影产业促进法》、《旅游法》、《广告法》,各行业行政法规性文件	促进政府文化行政管理和完善产业制度环境

1."基于文化"维度的阐释

从文化产业历史演变来看,传统文化产业包含手工出版行业、现场演出行业、艺术品交易行业、文化旅游行业;现代文化产业包含出版产业、广播影视产业、游戏产业,进入数字技术和新媒体时代,原先产业中存在的复制技术和显示媒介的差异化消失,文化产业各行业实现跨界融合,文化产业的新场景正在蓬勃形成中,未来必然有新的产业形态出现。在技术与内容的交互中,每个时代的文化产业各具时代特征,但"文化"不变。

从传播媒介的维度来看,作为内容的媒介载体,大致有纸类、声类、视频类,还有网络手机类,总体上都称为传媒产业,细分有纸媒产业、有声产业、影视产业以及数字传媒产业等。可以预料,未来还会出现新的传播媒介,但"文化"不变。

文化产业中细分行业还有其他的分类形态,以某一种类的版权作品开发为起点形成的产业,比如围绕音乐作品的开发形成音乐产业;将某几个细分行业融合起来的产业,比如动漫产业(漫画书出版产业+动画影视产业)、影视旅游产业(影视城+文旅产业)等。可以说,在产业融合背景下,未来会不断形成新的细分产业以及组合产业,但"文化"不变。

文化产业以内容为王、技术为翼,载体形式、呈现形式、生产形式随内容流传而流传。每一波新产业的涌现都不会完全取代旧产业,因此,上述提到的所有文化细分行业至今都是活的,活力的核心在于不变的"文化"。"基于文化"构建文化产业领域的法律体系有力把握文化产业的本质属性,也保证了法律体系自身的稳定性。

2."基于产业"维度的阐释

文化产业跟所有产业一样,受一般法律的约束。那为什么还要单就文化产业来构建专属性的法律体系呢?因为文化产业具有一般产业特征的同时,还具有其他产业所没有的特殊性。文化产业的特殊性对文化产业的法治提出要求,使其在文化产业领域的适用中呈现独特色彩。

在产业和企业两个层面,文化产业基于其特殊性与法律产生交集。从产业层面来看,文化产业肩负国家文化使命,在产品的内容质量方面有特殊标准,需要法律在内容的"可以"与"不可以"之间划出边界。与文化事业相对照,两者对于文化资源的保护和开发利用是一致的,但文化产业需要自己去经历市场锤炼,与政府行政的距离又相对较远,需要法律在文化资源开发的"度"上有明确指导。

从企业层面来看,文化企业与其他企业一样,运营管理也是围绕资源、人才和资金展开,所谓管"人"、理"财"、经营"物"。但是,其"人"、其"财"、其"物"具有与众不同的特点。其"人"是一拨创意群体,理查德·佛罗里达认为,"创意阶层的显著特点就是其成员从事着旨在'创造有意义的新形式'的工作",他们推崇"个性化""精英化""多样性与包容性"的价值观,对于这么一群"无领"人的管理,要求企业营造"波希米亚游戏室"式的企业文化,彻底放弃"泰勒制",就连雇佣合同都必须是"基于员工的个人需要和愿望签订的"新型雇佣合同。① 其"财"往往以项目制的形式开展,金额大,回报和风险等高,周期长。其"物"是无形 IP,资产轻,研发成本高,复制成本低,受盗版困扰大。同样是人力管理、资本管理和资源管理,文化产业因其"人""财""物"的特殊性在适用上对法律提出要求。正如美国新墨西哥大学法学院教授谢丽·L. 伯尔所说:"不了解娱乐业如何运作的律师在保护其客户时将处于劣势。"②这里仅举一例说明创意群体个人所得税适用的特殊情形:创意群体进行作品创作,从构思到完成,进行的持续时间不一,而且收入波动性强,可能几年颗粒无收,也可能一夜暴富。假定他 5 年完成一部作品,在第 5 年卖版权

---

① [美]理查德·佛罗里达:《创意阶层的崛起——关于一个新阶层和城市的未来》,司徒爱勤译,中信出版社 2010 年版,第 80、88～90、159 页。

② [美]谢丽·L. 伯尔:《娱乐法》,李清伟等译,上海财经大学出版社 2018 年版,第 1 页。

获得税前收入100万元,但前4年没有任何收入。而一个普通人每年固定税前收入20万元,5年共得100万元。综合5年,依据《个人所得税法》的规定,该创意人员的实际收入明显少于普通人,这种剧烈波动的收入情形在创意群体中很普遍。显然,税法需要关注这类特殊情形,才能激励内容创作,繁荣文化产业。本书在后续合同法部分会进一步提炼文化产业"人""财""物"的法律适用特殊情形。

第二节　行业法视角下国内文化产业相关领域法学研究综述

本书构建的文化产业领域法律体系,映照到法学研究领域,属于行业法(亦称领域法)。

根据全国人大常务委员会对中国特色社会主义法律体系的目标设计,中国特色社会主义法律体系可划分为七个主要的法律部门:宪法及宪法相关法、民法商法、行政法、经济法、社会法、刑法、诉讼与非诉讼程序法。

行业法超越传统部门法的学科,是一个以解决行业实际法律问题为目标的法律丛,所谓"七分产业,三分法律"①。按本书的通俗理解,部门法基于供应方视角,像自助餐厅供菜;行业法基于需求方视角,像食客挑菜落盘,如果需求特殊,可以定制。从理论上讲,每一个行业都应当存在一个法律丛,如体育法、农业法、房地产法、邮政法、能源法、教育法等。

随着文化产业的迅猛发展,产业对法律提出行业法的建设需求。目前,没有称"文化产业法"的行业法,那么,其事实上是否已经存在?与之相关的规范体系是怎样的?放大到"文化与法律"大域的学术研究领域,可考察到艺术法、传播法、娱乐法和文化法四个既有法学学科。②

一、艺术法相关研究综述

艺术法,顾名思义是艺术与法律的交叉领域,研究法律在艺术创作、艺术品市场、艺术授权方面的适用问题。在艺术创作方面,以艺术家为研究对象,探讨艺术家的权利和义务、艺术家基于创作作品而拥有的权利;以艺术品市场为研究对象,探讨艺术品一级市场和艺术品二级市场运作中涉及的法律规范和涉法实务;以艺

① 刘承韪:《娱乐法的规范意蕴与体系构建》,载《政法论坛》2019年第4期。

② 参见黄虚峰:《面向新时代文化领域的法学学科体系建设》,载《中国社会科学报》2023年5月17日法学版。

术作品的著作权为研究对象，探讨艺术授权的衍生开发中涉及的法律问题。

目前，该领域研究主要在美术与法律的交叉领域。

著作成果：周林是国内开展此领域研究最早的学者之一，1992 年出版《美术家著作权保护》[①]一书，后发表《艺术法实用手册》[②]、《艺术法：立法与实务》[③]等著作。1995 年，周林领衔翻译的《艺术法概要》[④]，将美国艺术法领域研究专家伦纳德·D. 杜博夫介绍到中国，《艺术法概要》[⑤]一书也已经出版第 4 版。法国艺术法专家帕特里克·杰·奥基夫为《艺术法实用手册》一书作序，写有《繁荣的艺术市场离不开艺术法》一文。在多年研究的基础上，郭玉军著有全二册的《艺术法》[⑥]，内容广阔深厚。宋震著有《艺术法基础》[⑦]、《艺术法概论》[⑧]和《艺术法重述：框架与案例》[⑨]。在《艺术法重述：框架与案例》一书，学者对艺术法领域的研究进行了梳理，对艺术法学科框架进行了思考，提出："艺术法是以艺术作品和文化遗产中的特定部分为保护客体的特殊法律部门，是规范特定艺术作品与特定文化遗产之间利益主体及其权利义务关系的具有普遍拘束力的社会规范的总和。由于'艺术作品中的特定部分'和'文化遗产中的特定部分'所涉及的领域极其广泛，所以这些涉及不同主体之间的利益问题，不可能通过一部专门的单行法来解决，而必须由著作权法、非物质文化遗产法、文物保护法、合同法、演出法、税法、公司法、拍卖法、保险法、商标法、行政法以及公共艺术政策等所组成的'法律丛'加以调整。"[⑩]在艺术法细分领域的著作类研究成果有刘双舟的《艺术市场法律制度》[⑪]，学者多年浸淫艺术品拍卖市场规制研究。郑臻的《艺术品拍卖人的审定义务研究》[⑫]，对艺术品拍卖人，即艺术品拍卖机构的合理审定问题进行了专门探讨。

论文成果：艺术法领域的著作成果研究集中在艺术法的提出、艺术法的域外借

---

① 周林：《美术家著作权保护》，北京工业大学出版社 1992 年版。

② 周林：《艺术法实用手册》，国际文化出版公司 1998 年版。

③ 周林：《艺术法：立法与实务》，知识产权出版社 2017 年版。

④ [美]伦纳德·D. 杜博夫：《艺术法概要》，周林等译，中国社会科学出版社 1995 年版。

⑤ [美]伦纳德·D. 杜博夫、克里斯蒂·O. 金：《艺术法概要》(第 4 版)，周林译，知识产权出版社 2011 年版。

⑥ 郭玉军：《艺术法》(全 2 册)，武汉大学出版社 2019 年版。

⑦ 宋震：《艺术法基础》，文化艺术出版社 2008 年版。

⑧ 宋震：《艺术法概论》，中国戏剧出版社 2017 年版。

⑨ 宋震：《艺术法重述：框架与案例》，知识产权出版社 2014 年版。

⑩ 宋震：《艺术法重述：框架与案例》，知识产权出版社 2014 年版，第 10 页。

⑪ 刘双舟：《艺术市场法律制度》，经济科学出版社 2021 年版。

⑫ 郑臻：《艺术品拍卖人的审定义务研究》，中国人民大学出版社 2020 年版。

鉴、艺术法体系构建、艺术家权益、艺术品市场涉法实务等问题,这些问题在论文类成果中得到更精专的研究。刘国林在1989年提出了艺术法体系的构建思路[①],并介绍了当代美国艺术家的权利和限制、艺术品交易和艺术品拍卖等过程中的法律适用状况[②]。徐国栋从外国法制史的研究视角证明了罗马法中包含了一套艺术法。[③] 对于艺术法体系的构思,还有不少学者撰写了论文。[④] 艺术家权益分析方面,赵书波的《美术作品作者财产权益保护研究》[⑤]、李娜的《艺术法视域中艺术家著作权的保护问题》[⑥]、葛伟军的《作为艺术法调整对象的艺术品》[⑦]对于艺术家基于创作的艺术品而享有的物权、版权和追续权问题在法律层面展开了探讨。针对引发争议的《中华人民共和国拍卖法》"不保真条款(第61条第2款)",彭翊炜从出卖人的物的瑕疵担保责任的视角进行了法理分析。[⑧] 对于艺术品一级二级市场倒挂现象,黄虚峰从税法的视角提出了问题和解决思路。[⑨] 艺术法研究领域新生力量不断加入,专门性研究加强,张函的《国际艺术品贸易中的法律问题》专攻艺术品国际贸易中涉及的合同关系、侵权救济、时效规则等问题。[⑩] 王聪丛的《艺术"挪用"引起的法律问题研究》,在刑法和著作权法框架内对艺术创作领域的"挪用"进行了合理使用的边界探讨。[⑪] 贺欢欢的《艺术品借展合同的效力》探讨艺术品借展合同的定性问题。[⑫] 吕晓晓的《与艺术品借展相关的法律问题研究》,针对艺术品特殊性产生的运输、存放、保险等环节中的法律问题,提出规则建议。[⑬]

我国文化产业领域相关法律研究中,艺术法研究开展得最早。宋震在《艺术法重述:框架与案例》第四编"艺术法的适用"中提出的观点,同样可以延展到整个文

---

① 刘国林:《确立我国艺术法体系的构想》,载《美术》1989年第5期。

② 刘国林:《当代美国艺术法综述》,载《新美术》1989年第4期。

③ 徐国栋:《优士丁尼罗马法与绘画、雕塑——罗马艺术法综论》,载《法学》2010年第3期。

④ 例如,吕睿:《艺术法体系构建研究》,载《齐鲁艺苑(山东艺术学院学报)》2014年第5期;周蕾、孙中伟:《构想中国艺术市场法律体系》,载《艺术市场》2013年第1期;郑曼曼:《浅析建立完善艺术法的必要性》,载《戏剧之家》2013年第9期;崔仕锦、崔仕绣:《试析我国艺术法的发展沿革与完善路径》,载《湖北美术学院学报》2020年第2期。

⑤ 赵书波:《美术作品作者财产权益保护研究》,中国艺术研究院2010年博士学位论文。

⑥ 李娜:《艺术法视域中艺术家著作权的保护问题》,载《长江丛刊》2017年第13期。

⑦ 葛伟军:《作为艺术法调整对象的艺术品》,载《上海大学学报(社会科学版)》2019年第1期。

⑧ 彭翊炜:《艺术品拍卖中"声明不保证规则"的正当性事由重构》,载《艺术管理》2019年第2期。

⑨ 黄虚峰:《从艺术税法视角剖析中国画廊业困境及解决之道》,载《文化产业研究》2015年第3期。

⑩ 张函:《国际艺术品贸易中的法律问题》,武汉大学2009年博士学位论文。

⑪ 王聪丛:《艺术"挪用"引起的法律问题研究》,中央美术学院2010年硕士学位论文。

⑫ 贺欢欢:《艺术品借展合同的效力》,华东政法大学2012年硕士学位论文。

⑬ 吕晓晓:《与艺术品借展相关的法律问题研究》,中央美术学院2009年硕士学位论文。

化领域的法律适用上，达到文化与法律的融合共生。随着时代的发展变化，艺术法研究领域也在不断突破。研究对象越来越广，从最初的美术品到艺术品再到音乐家作家的手稿以及数字藏品等，从视觉的空间艺术到听觉的音乐艺术再到综合视听的表演艺术等；研究领域进一步细化，从艺术家权益、艺术品展陈、艺术市场到艺术授权、艺术融资等。艺术法研究范围越来越与文化领域法律研究趋同。

艺术法研究的客体——艺术品是一种比较特殊的文化商品，其原件的物权和附着其上的著作权都非常有价值，艺术品原件的物权交易形成艺术品市场，对于附着其上的著作权开发形成艺术衍生品产业。艺术法是对艺术品市场和艺术衍生品产业进行的纵深研究。艺术品市场的工业化复制属性不显著，历史悠久的艺术品与文化艺术遗产资源交融，这些特殊性使得艺术法研究独树一帜。

二、传播法相关研究综述

传播是内容的传递。无论是非市场化运行的时事新闻类内容，还是广告资讯内容、基于版权的产业化内容，都离不开传播。

如图 0－1 所示，内容从创作者到受众，中间主要经过“制”和“播”两个层面的运作。传播法的调整对象在“播”的层面，这是传播法的特点。传播法是以言论自由的保障和限制、权力对大众传播媒介的管制以及传播者的相关权利为研究对象。[①] 内容传播通过媒介得以实现，传播与媒介骨肉相连，因此，传播法又称传媒法。笔者在查阅文献时发现一个有趣的现象，研究成果中著作类的成果以“传播法”命名的居多，论文类的成果以“传媒法”命名的居多。

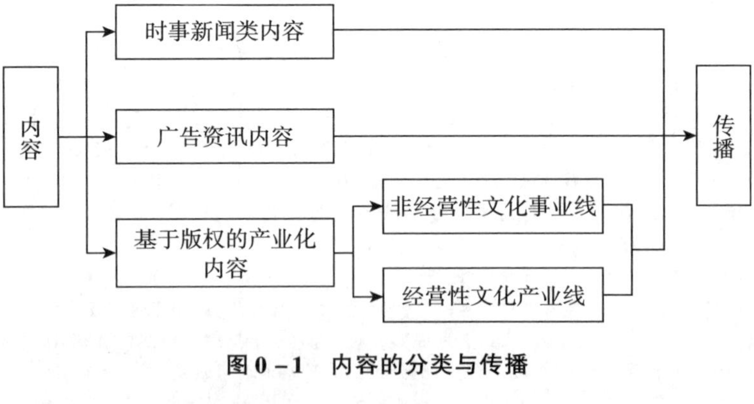

图 0－1　内容的分类与传播

著作成果：域外传播法成果主要有约翰·D. 泽莱兹尼的《传播法：自由、限制

① 宋震：《艺术法重述：框架与案例》，知识产权出版社 2014 年版，第 12 页。

与现代媒介》①以及与之配套的案例集《传播法判例:自由、限制与现代媒介》②,卡特、迪依和朱克曼合著的《大众传播法——美国法精要》③、韦恩·奥弗贝利的《媒介法原理》④、唐·R.彭伯的《大众传媒法》(第13版)⑤等。5本著作介绍了美国传播法的体系、内容以及背后的法理,并提供了不少美国司法判例。

国内学者在传播法领域的著作成果颇丰,大致集中在公民政治权利、新闻传播、大众传播等几个方面。传播什么和如何传播是传播法回答的实务问题。主要有:魏永征、周丽娜合著的《新闻传播法教程》⑥、孙旭培的《新闻传播法学》⑦、姚泽金的《法治新闻传播学》⑧等,各书对新闻传播法的理论原理和体系构建进行了研究;吴飞的《平衡与妥协——西方传媒法研究》⑨和《大众传播法论》⑩,从大众传播着眼,研究中外大众传播领域的法制问题;雷润琴的《传播法——解决信息不对称及相关问题的法律》⑪,以中国传播法为研究对象,不仅涉及"播"的层面,而且涉及"制"的层面以及公民的政治权利层面,在研究的广度上进行了拓展;戴永明的《传播法规与伦理》⑫对新闻从业者在进行新闻传播中的合规问题进行了梳理;卢家银的《群己权界新论——传播法比较研究》⑬,从中西对照的视野探讨了公民的表达权问题。互联网兴起给传播治理带来了全新挑战,顾里平的《新媒体传播中的法规与伦理》⑭、邵国松的《网络传播法导论》⑮对于网络空间的传播合规问题进行了思考。

论文成果:我国传播法的研究大致兴起于20世纪末,第一篇与"传播法"最为

---

① [美]约翰·D.泽莱兹尼:《传播法:自由、限制与现代媒介》,张金玺、赵刚译,清华大学出版社2007年版。

② [美]约翰·D.泽莱兹尼:《传播法判例:自由、限制与现代媒介》,王秀丽译,北京大学出版社2004年版。

③ [美]卡特、迪依、朱克曼:《大众传播法——美国法精要》(第5版),法律出版社2004年版。

④ [美]韦恩·奥弗贝利:《媒介法原理》,周庆山等译,北京大学出版社2011年版。

⑤ [美]唐·R.彭伯:《大众传媒法》(第13版),张金玺、赵刚译,中国人民大学出版社2005年版。

⑥ 魏永征、周丽娜:《新闻传播法教程》(第6版),中国人民大学出版社2019年版。

⑦ 孙旭培:《新闻传播法学》,复旦大学出版社2008年版。

⑧ 姚泽金:《法治新闻传播学》,中国政法大学出版社2012年版。

⑨ 吴飞:《平衡与妥协——西方传媒法研究》,中国传媒大学出版社2006年版。

⑩ 吴飞:《大众传播法论》,浙江大学出版社2004年版。

⑪ 雷润琴:《传播法——解决信息不对称及相关问题的法律》,北京大学出版社2005年版。

⑫ 戴永明:《传播法规与伦理》,上海交通大学出版社2009年版。

⑬ 卢家银:《群己权界新论——传播法比较研究》,商务印书馆2020年版。

⑭ 顾里平:《新媒体传播中的法规与伦理》,中国传媒大学出版社2021年版。

⑮ 邵国松:《网络传播法导论》,中国人民大学出版社2017年版。

相关的 CSSCI 文献是林锦峰于 1998 年发表的《传播法制化的必要性与传播法的思考》一文[①]。

詹海宝对近 20 年来中国传播法领域的论文成果进行了图谱分析，从时间分布图谱、研究机构和作者分布谱图、关键词共现图谱、研究前沿时序图谱等路径分别进入，还"通过共引文献路径信息发现一些对传媒法发展有长远影响的重要文献，这些文献是组成传媒法研究的知识基础，如北京大学法学院的学者侯健、中国传媒大学法律系的学者刘文杰以及清华大学法学院的学者叶红耘的研究成果等"，"在我国传媒法领域成果被引量较高的学者有魏永征、吴汉东、王迁、秦珂以及陈力丹等几位学者"[②]。陈雪丽的论文《中国传媒法学文献综述的学理特征》[③]从研究论文的专指程度、研究内容涵盖的时间范围、研究者所使用的治学方法三个方面考察了中国传播法领域研究成果的学理特征与不足。学者王伟亮将 2015～2020 年的论文成果作了详尽的年度研究综述[④]，综述分新闻传播与公民、法人的人格权研究、新闻传播活动与著作权研究、广告法研究、媒体法律规制、网络空间法治 5 个大类对每年的相关级别论文进行梳理。以上论文都是打开传播法领域文献库的钥匙。

对于传播法的法律体系和法律属性，很多学者发文提出自己的看法，如耿成雄的《关于"传媒"立法的一点思考》[⑤]、李立景的《传媒法学的体系初论》[⑥]、李丹林的《传媒法学学科建设刍议》[⑦]和《论传媒法的宪法属性》[⑧]等。其中，李丹林认为：

---

① 林锦峰：《传播法制化的必要性与传播法的思考》，载《中山大学学报（社会科学版）》1998 年第 1 期。

② 詹海宝：《近二十年中国传媒法研究动态的科学知识图谱分析》，载孙红主编：《"何薇新闻奖"优秀文选》（第二辑），中国国际广播出版社 2019 年版。

③ 陈雪丽：《中国传媒法学文献综述的学理特征》，载《当代传播》2016 年第 4 期。

④ 参见王伟亮：《2015 年中国传媒法研究综述——基于新闻传播学类 CSSCI 来源期刊和北大中文核心期刊之论文》（一、二、三、四），载《青年记者》2016 年第 4 期、第 7 期、第 10 期、第 13 期；《2016 年中国传媒法研究综述——基于新闻传播学类 CSSCI 来源期刊和北大中文核心期刊之论文》，载《青年记者》2017 年第 4 期；《2017 年中国传媒法研究综述——基于新闻传播学类 CSSCI 来源期刊和北大中文核心期刊之论文》，载《青年记者》2018 年第 4 期；《2018 年中国传媒法研究综述——基于新闻传播学类 CSSCI 来源期刊和北大中文核心期刊之论文》，载《青年记者》2019 年第 4 期；《2019 年中国传媒法研究综述——基于新闻传播学类 CSSCI 来源期刊和北大中文核心期刊之论文》，载《青年记者》第 7 期；王伟亮、刘逸帆：《2020 年中国传媒法研究综述——基于新闻传播学类 CSSCI 来源期刊和北大中文核心期刊之论文》，载《中国广播》2021 年第 6 期。

⑤ 耿成雄：《关于"传媒"立法的一点思考》，载《今日财富》2016 年第 15 期。

⑥ 李立景：《传媒法学的体系初论》，载《新闻界》2005 年第 1 期。

⑦ 李丹林：《传媒法学学科建设刍议》，载《现代传播（中国传媒大学学报）》2005 年第 1 期。

⑧ 李丹林：《论传媒法的宪法属性》，载《南京社会科学》2011 年第 3 期。

“传媒法是调整传媒组织与国家的关系，传媒组织与一般社会成员的关系的法律规范，其核心是调整政府权力与公民权利的关系”。网络空间治理是传媒法学的新兴研究领域，王颖和季为民的文章《互联网时代新闻传播法研究的新问题、新特点和新趋势》对近年来学者们在该领域的成果进行了梳理，发现“近两年研究主题明显变化，新媒体、自媒体、人工智能、反转新闻等研究进入其中，大数据的研究也受到关注，显示互联网和信息技术对新闻业和媒介发展影响巨大”①。以平台为核心的网络内容服务提供商是网络传播的媒介组织，对于它们的权利探讨和行为规制是研究热点，如崔保国和刘金河的《论网络空间中的平台治理》②、范玉吉的《基于“权力—权利”二元结构的算法治理研究》③等。对于文化产业推广展播环节的研究存在文化产业法治与传播法的重叠领域，彭桂兵的《综艺节目影像著作权“二元”划分的剖析与完善》④、林爱珺的《网络玩梗背后的表达失语与价值观消解》⑤、袁锋的《网络影评类短视频合理使用问题研究——以转换性使用为视角》⑥等，既是传媒法领域，也是文化产业领域的法学研究论文。

《宪法》第35条明确规定：“中华人民共和国公民有言论、出版、集会、结社、游行、示威的自由。”同时，《宪法》第51条明确规定：“中华人民共和国公民在行使自由和权利的时候，不得损害国家的、社会的、集体的利益和其他公民的合法的自由和权利。”依照宪法关于公民表达权的自由和限制条款构建法律体系，是传播法的特点。内容在传播过程中，势必会与公共领域的利益发生冲突，这时就形成了新闻伦理与媒介法律规制；会与私人领域的利益发生冲突，这时就形成了与公民、法人的人格权或著作权的冲突；网络空间是传统空间在网络上的呈现，但也出现了不少新问题，随着《民法典》、《网络安全法》以及新修《著作权法》的施行，网络空间的传播法研究呈现新动态和新趋势。

三、文化法相关研究综述

《宪法》第47条明确规定：“中华人民共和国公民有进行科学研究、文学艺术

---

① 王颖、季为民：《互联网时代新闻传播法研究的新问题、新特点和新趋势》，载《陕西师范大学学报(哲学社会科学版)》2021年第1期。

② 崔保国、刘金河：《论网络空间中的平台治理》，载《全球传媒学刊》2020年第1期。

③ 范玉吉：《基于“权力—权利”二元结构的算法治理研究》，载《青年记者》2021年第7期。

④ 彭桂兵：《综艺节目影像著作权“二元”划分的剖析与完善》，载《当代传播》2015年第6期。

⑤ 林爱珺：《网络玩梗背后的表达失语与价值观消解》，载《人民论坛》2022年第4期。

⑥ 袁锋：《网络影评类短视频合理使用问题研究——以转换性使用为视角》，载《中国出版》2019年第3期。

创作和其他文化活动的自由。国家对于从事教育、科学、技术、文学、艺术和其他文化事业的公民的有益于人民的创造性工作,给以鼓励和帮助。”法律的生命力在于实施,对于宪法赋予我国公民的文化权利,国家如何保障实施?《宪法》第22条规定:“国家发展为人民服务、为社会主义服务的文学艺术事业、新闻广播电视事业、出版发行事业、图书馆博物馆文化馆和其他文化事业,开展群众性的文化活动。国家保护名胜古迹、珍贵文物和其他重要历史文化遗产。”具体而言,国家通过发展文化事业和促进文化产业来守护人民的文化遗产,促进文化资源的创新性发展和创造性转化,保障公民文化权利的实现。

以宪法为准绳,以“国家保护文化权利、规范文化现象的一切法律规范之总和”①为内容,文化法研究正呈现雏形②,尤以论文为主。1998年第4期的《法学杂志》刊出张庆福和崔智友的的文章《加强文化法制建设》,提出“准确把握文化法的实质,保证文化法制建设沿着为人民服务,为社会主义服务的方向健康发展”,“文化法不是文化行政管理法”,因为“法律的实质是保护人民的权利”③。随着文化体制改革的不断深化,政府从事无巨细的管理者转变为全方位的服务者,文化法治建设的出发点得以明确,那就是推动宪法深入实施,保障公民文化权利。文化法体系的建设从文化行政管理法框架中跳出来,扭转“立法时考虑如何管理人民,执法时考虑如何管住人民”的行政思维。之后,学者王永浩④、赵永辉⑤、刘武俊都发出了建设文化法的呼声。对于文化法的宗旨,刘武俊提出“为文化产业推进、文化体制改革、文化产权保护、公共文化服务体系等提供全方位的法律保障”⑥,打造文化强国,最终为保障公民文化权益。

与刘武俊差不多时期,学者们⑦开始围绕“建设一个什么样的文化法”陆续发

---

① 宋慧献、周艳敏:《论文化法的基本原则》,载《北方法学》2015年第6期。

② 学界也有“文艺法”概念的提出,关注的对象范围与文化法相似,从公民的文化权利出发,本书倾向使用“文化法”一词。

③ 张庆福、崔智友:《加强文化法制建设》,载《法学杂志》1998年第4期。

④ 王永浩:《关于加强我国文化立法工作的思考》,载《社会科学家》2006年第6期。

⑤ 赵永辉:《从法律和文化的视角试谈我国的文化法建设和再完善》,载《法制与社会》2007年第5期。

⑥ 刘武俊:《为法律体系打上文化法的补丁》,载《民主与科学》2013年第2期。

⑦ 肖金明:《文化法的定位、原则与体系》,载《法学论坛》2012年第1期;唐明良:《论文化立法的基本原则与基本规律》,载《理论与研究》2012年第6期;周叶中、蔡武进:《论我国文化法的场境、意境与面向》,载《法学杂志》2015年第2期;郑毅:《文化法若干基本范畴探讨》,载《财经法学》2018年第1期;刘谢慈:《新时代背景下文化法的范畴界定与实施方法》,载《求索》2018年第3期;周刚志、李琴英:《论“文化法”:契机、体系与基本原则》,载《江苏行政学院学报》2018年第6期。

文。对于《乌克兰文化法》的立法宗旨和基本框架,肖梅林等3位学者撰文述略①。对于文化法的定义和性质,肖金明提出:“文化法是法律体系的重要组成部分,它与行政法、经济法等其他法律部门相互关联且自成体系,并与其他领域的法律一样以宪法为基石,以宪法确立的文化政策与文化权利作为基础,是国家和地方制定的调控文化行为、调整文化关系和保障文化权利的规范体系。”文化法不属于行政法,“属于社会法的范畴,旨在保障公民文化权益的实现和满足人民群众精神生活需要,具有权利法、责任法、促进法等特征”②。关于文化法的体系,周刚志和李琴英提出,文化法体系由“文化权利保护法、文化遗产保护法、公共文化服务法、文化产业相关法四个部分组成”③。

随着文化法总体研究的不断深入,细化领域的研究随之跟进。主要集中在文化权利法律研究、文化遗产法律研究、公共文化服务法律研究、文化产业促进法律研究等方面。

文化权利法律研究方面:有石东坡的《试析文化权利宪法规范的实施保障问题——以比较法学视域中的“文化宪法”研究为参照》④、张双梅的《论文化权的法学建构与实现》⑤等。高鲁嘉在《文化权利国家保障机制建设的中国图景》中提出,保障公民文化权利是国家义务,建议出台一部《文化基本法》。⑥

文化遗产法律研究方面:文化遗产依据感知性可分有形的文物遗产和无形的非物质文化遗产两大类。《文物保护法》和《非物质文化遗产法》分别在1982年和2011年通过并施行。文化遗产的法律研究已过立法呼吁阶段,进入法宣、执法和修法的研究,关于两部法律的释义和案例、遗产资源法律保护的相关文献可谓硕果累累。文化产业起步于文化遗产资源的创新性发展和创造性转化,《文物保护法》第4条、《非物质文化遗产法》第37条涉及资源利用。本书仅就文化遗产资源合理利用方面的研究成果试作梳理。在文旅产业发展中一度出现“所有权与经营权分离”的现象,2003年国家文物局、中国文物报社编写的《中华人民共和国文物保护

① 肖梅林、孟莉霞、夏秋菊:《〈乌克兰文化法〉立法宗旨与基本框架述略》,载《山东图书馆学刊》2014年第1期。

② 肖金明:《文化法的定位、原则与体系》,载《法学论坛》2012年第1期。

③ 周刚志、李琴英:《论“文化法”:契机、体系与基本原则》,《江苏行政学院学报》2018年第6期。

④ 石东坡:《试析文化权利宪法规范的实施保障问题——以比较法学视域中的“文化宪法”研究为参照》,载《云南师范大学学报》(哲学社会科学版)2012年第5期。

⑤ 张双梅:《论文化权的法学建构与实现》,载《学术研究》2021年第7期。

⑥ 高鲁嘉:《文化权利国家保障机制建设的中国图景》,载齐延平主编:《人权研究》(第24卷),社会科学文献出版社2021年版。

法——以案说法》对所有权与经营权剥离为什么不利于文物保护作了深度分析。[①] 学者陆建松[②]、张璇[③]从国有文物权属的法律视角质疑了这种现象。国家对盘活文物资源的重视程度日益提升,从而使以博物馆为主的文物的确权、管理、使用等问题显得愈加重要,这方面的研究成果有胡卫萍等的《博物馆文化资源开发的产权确认与授权思考》[④]、赵炳初的《博物馆文物借展合同中的法律问题及解决》[⑤]等。国有博物馆文创开发中的代为管理权以及再创作中产生的知识产权等都是学者们热议的焦点,形成了相当数量的成果。[⑥] 非遗资源保护以行政保护为主,高轩著有《我国非物质文化遗产行政法保护研究》[⑦]一书,在合理利用中涉及与知识产权法交叉的部分。这方面的专著和论文数量可观,李秀娜著有《非物质文化遗产的知识产权保护》[⑧]、王鹤云和高绍安合著有《中国非物质文化遗产保护法律机制研究》[⑨],这两本专著在阐明非物质文化遗产的特殊性基础上,全面梳理了现行知识产权制度对非遗保护的现状,指出非遗法律保护与知识产权法律制度之间有融合,但也存在冲突。对于公有领域的资源如何衔接开发者的权属问题[⑩],有学者提出担忧[⑪],也有学者提出了解决方案[⑫]。

---

① 国家文物局、中国文物报社编著:《中华人民共和国文物保护法——以案说法》,文物出版社2003年版,第48~53页。

② 陆建松:《论国有文物的国家所有权——对文物单位所有权与经营权分离现象的质疑》,载《中国博物馆》2002年第3期。

③ 张璇:《国有文物所有权相关问题研究》,载《市场论坛》2020年第1期。

④ 胡卫萍、刘靓夏、赵志刚:《博物馆文化资源开发的产权确认与授权思考》,载《重庆大学学报(社会科学版)》2017年第4期。

⑤ 赵炳初:《博物馆文物借展合同中的法律问题及解决》,山西大学2019年硕士学位论文。

⑥ 张百成:《博物馆藏品的著作权归谁所有——以故宫博物院为例的博物馆藏品著作权法律问题探析》,载《中国文化报》2013年7月30日,第11版;徐文艳:《博物馆馆藏文物商标抢注现象研究》,载《中国文物报》2016年5月20日;聂洪涛、李宁:《保护与创作:博物馆文创产品著作权法律问题分析》,载《中国博物馆》2020年第1期。

⑦ 高轩:《我国非物质文化遗产行政法保护研究》,法律出版社2012年版。

⑧ 李秀娜:《非物质文化遗产的知识产权保护》,法律出版社2010年版。

⑨ 王鹤云、高绍安:《中国非物质文化遗产保护法律机制研究》,知识产权出版社2009年版。

⑩ 董新中:《非物质文化遗产私权保护理论与实务研究》,知识产权出版社2016年版。

⑪ 黄春华、肖黎明:《非物质文化遗产:权属不明令人忧》,载《检察日报》2007年4月26日;龚丹韵:《仅靠知识产权保护不了文化遗产》,载《解放日报》2006年3月28日。

⑫ 李宗辉:《非物质文化遗产的法律保护——以知识产权法为中心的思考》,载《知识产权》2005年第6期;李顺德:《非物质文化遗产的法律界定及知识产权保护》,载《江西社会科学》2006年第5期;齐爱民:《非物质文化遗产的知识产权综合保护》,载《电子知识产权》2007年第6期;齐爱民、赵敏:《非物质文化遗产的商标权保护模式》,载《知识产权》2006年第6期;肖海:《非物质文化遗产的地理标志保护模式》,载《求索》2008年第2期。

公共文化服务法律方面：在《公共文化服务保障法》于2017年施行之后，《公共图书馆法》也于2018年施行，虽然期待中的《中华人民共和国博物馆法》等还在出台路上，但实现了保障公民文化权利的法律建设的重大突破。之前学者们撰文呼吁立法，如陆晓曦所撰的《“公共文化服务保障法”立法支撑研究》①非常有力地阐述了立法的必要性，提供了参考，从设施、服务、经费、人才等提出了全面的立法建议。国家图书馆出版社策划出版了《公共图书馆法》立法支撑研究丛书，包括《国外公共图书馆法研究》②《读者权益与图书馆服务研究》③《公共图书馆文献资源建设法律保障研究》④等。之后，学者们着重在法的进一步完善方面提出专业建议，如《〈公共文化服务保障法〉与〈公共图书馆法〉比较研究》⑤《理念、价值及其可能限度——文化哲学视域下的〈中华人民共和国公共文化服务保障法〉再解读》⑥《图书馆应急性公共文化服务中的法律问题研究——以重大突发公共事件为背景》⑦等，从设施、服务和条件保障等方面进一步细化法规配套问题。数字化技术赋能公共文化服务，也带来了涉及知识产权的问题，这方面也有学者成果呈现，如赵力的《数字公共图书馆著作权限制研究》⑧、易玲的《文化法2.0时代博物馆知识产权风险控制研究》⑨等。

文化产业促进法律方面：繁荣文化事业，政府的角色是服务者，发展文化产业，政府的角色则是促进者。文化产业领域出台的促进法，目前只有一部《电影产业促进法》，《文化产业促进法（草案送审稿）》正待审议中。跟公共文化服务法律研究一样，前期的研究主要集中在立法呼吁和体系构想，主要有：张世君的《论我国文化创意产业法律保护体系之构建》、程雁雷和宋宏的《文化体制改革情境下的文

---

① 陆晓曦：《“公共文化服务保障法”立法支撑研究》，国家图书馆出版社2016年版。

② 李国新、段明莲等：《国外公共图书馆法研究》，国家图书馆出版社2013年版。

③ 李东来主编：《读者权益与图书馆服务研究》，国家图书馆出版社2012年版。

④ 肖希明、张勇等：《公共图书馆文献资源建设法律保障研究》，国家图书馆出版社2011年版。

⑤ 张伟：《〈公共文化服务保障法〉与〈公共图书馆法〉比较研究》，载《河南图书馆学刊》2020年第2期。

⑥ 赵晶莹：《理念、价值及其可能限度——文化哲学视域下的〈中华人民共和国公共文化服务保障法〉再解读》，载《图书馆研究与工作》2020年第2期。

⑦ 欧阳爱辉、李东梅：《图书馆应急性公共文化服务中的法律问题研究——以重大突发公共事件为背景》，载《新世纪图书馆》2020年第9期。

⑧ 赵力：《数字公共图书馆著作权限制研究》，知识产权出版社2018年版。

⑨ 易玲：《文化法2.0时代博物馆知识产权风险控制研究》，载《法学评论》2019年第4期。

化产业立法构想》[①]、张双梅的《中国文化产业立法之效率原则研究》[②]。贾旭东等的《文化产业促进法立法的必要性和可行性》[③]和《论文化产业促进法的调整对象》[④]提出了具体的促进法方案。[⑤] 在《电影产业促进法》颁布之后,学者们在电影行业法方面进一步研究,著作类的成果主要集中在法的释义方面。论文类的成果在细化领域有进一步的深入:以《电影产业促进法》的颁布为标志性事件,程麒台连续发表《论以〈电影产业促进法〉为核心的中国电影法渊源》[⑥]《〈电影产业促进法〉的司法适用观察》[⑦]《新中国电影相关法律、法规、政策的历史发展脉络》[⑧],对新中国电影产业的法制历程进行了阶段性总结。《我国电影产业融资法律问题研究——以〈中华人民共和国电影产业促进法〉第40条为视角》[⑨]《我国电影产业融资法律制度研究》[⑩]《论电影发展的资金支持——〈中华人民共和国电影产业促进法〉第三十七条解析》[⑪]《〈电影产业促进法〉与制片贷款融资问题》[⑫]等文章对于电影产业促进中的资金保障问题进行了切实的分析和探讨。《与电影有关的知识产权问题研究——以〈电影产业促进法〉为视角》[⑬]《〈电影产业促进法〉视角下的电影衍生品版权保护》[⑭]等文章,围绕《电影产业促进法》第7条对电影产业促进中的知识产权问题进行了细化研究。电影审查制度历来是电影产业的重点话题,《行政法视角下浅析我国电影审查制度》[⑮]和《我国电影审查制度之规范分析——以

---

① 程雁雷、宋宏:《文化体制改革情境下的文化产业立法构想》,载《学术界》2012年第2期。

② 张双梅:《中国文化产业立法之效率原则研究》,载《探求》2021年第3期。

③ 贾旭东:《文化产业促进法立法的必要性和可行性》,载《福建论坛》2015年第2期。

④ 贾旭东、宋晓玲:《论文化产业促进法的调整对象》,载《山东大学学报(哲学社会科学版)》2021年第2期。

⑤ 参见言之有范:《文化立法领域专家解读〈文化产业促进法(草案送审稿)〉》,载《人文天下》2019年第23期。

⑥ 程麒台:《论以〈电影产业促进法〉为核心的中国电影法渊源》,载《电影艺术》2017年第1期。

⑦ 程麒台:《〈电影产业促进法〉的司法适用观察》,载《中国电影市场》2020年第4期。

⑧ 程麒台:《新中国电影相关法律、法规、政策的历史发展脉络》,载《中国电影市场》2021年第7期。

⑨ 刘承韪、李梦佳:《我国电影产业融资法律问题研究——以〈中华人民共和国电影产业促进法〉第40条为视角》,载《北京联合大学学报(人文社会科学版)》2017年第2期。

⑩ 陆韵寒:《我国电影产业融资法律制度研究》,华东政法大学2020年硕士学位论文。

⑪ 程麒台:《论电影发展的资金支持——〈中华人民共和国电影产业促进法〉第三十七条解析》,载《电影评介》2017年第19期。

⑫ 沈鲁、詹荔:《〈电影产业促进法〉与制片贷款融资问题》,载《电影文学》2017年第15期。

⑬ 来小鹏:《与电影有关的知识产权问题研究——以〈电影产业促进法〉为视角》,载《当代电影》2017年第2期。

⑭ 姚锋、谭悦:《〈电影产业促进法〉视角下的电影衍生品版权保护》,载《兰州文理学院学报(社会科学版)》2019年第4期。

⑮ 颜秋萍、张恺文:《行政法视角下浅析我国电影审查制度》,载《经济师》2021年第4期。

〈电影产业促进法〉为主要视角》[1]两篇论文继续在《电影产业促进法》颁布之后对电影审查制度进行了审视。电影产业促进中保护市场主体的权利是电影产业化运作的关键,《我国电影监管中市场主体的权利保护——〈电影产业促进法〉问题与完善》[2]一文对于《电影产业促进法》适用中存在的市场主体权利保护不到位问题进行了揭示并提出完善建议。票房造假是电影市场的顽疾,也是《电影产业促进法》重点打击的违法行为,《论新〈电影法〉对偷漏瞒报票房的立法措施与监管》[3]、《电影票房造假行为的法律性质研究——基于对〈电影产业促进法〉的解析》[4]两篇论文对此进行了"后促进法时代"的分析。《浅析〈电影产业促进法〉对国产电影的法治保障》[5]和《论〈电影产业促进法〉对民族地区影视产业的促进作用》[6]关注了《电影产业促进法》通过法律保障电影公共事业方面的成效。以上文章关注的是《电影产业促进法》颁布以来法律与电影产业的关系领域,但基于共性特征,这些思考和探讨对于整体文化产业与法律的关系领域同样可以观照。

文化法以保障文化权利为逻辑起点,以加强政府责任为主要线路。无论是管理还是治理,无论是服务还是促进,都是从政府的视角出发,属于公共管理的法制领域,《文物保护法》《非物质文化遗产法》《公共文化服务保障法》《公共图书馆法》《电影产业促进法》都是公法。从这一点来看,文化法与文化政策存在同一性。

四、娱乐法相关研究综述

娱乐法是对娱乐产业发展中法律需求的回应。是否存在一部娱乐法?以美国为例,早在 1954 年,《加利福尼亚法律评论》春季号就专门刊载了一组关于"娱乐产业与法"的系列文章。1960 年《权利与作者:文学作品与娱乐法手册》一书书名中使用了"娱乐法"一词。1985 年,梅尔文·西蒙斯基(Melvin Simensky)提出对娱乐法的定义:在美国法律实践中,它是规范娱乐行业中各种活动和行为的原则与规则总体。乔恩·M. 加荣(Jon M. Garon)也认可娱乐法的存在:"经过 10 年的思

---

① 姚国建、谈文栋:《我国电影审查制度之规范分析——以〈电影产业促进法〉为主要视角》,载《邵阳学院学报(社会科学版)》2017 年第 3 期。

② 刘珂冰:《我国电影监管中市场主体的权利保护——〈电影产业促进法〉问题与完善》,载《辽宁经济管理干部学院 辽宁经济职业技术学院学报》2017 年第 3 期。

③ 徐蒙南:《论新〈电影法〉对偷漏瞒报票房的立法措施与监管》,载《视听》2018 年第 1 期。

④ 古嵘辉:《电影票房造假行为的法律性质研究——基于〈电影产业促进法〉的解析》,载《电影艺术》2017 年第 5 期。

⑤ 徐晴:《浅析〈电影产业促进法〉对国产电影的法治保障》,载《中国电影市场》2018 年第 5 期。

⑥ 兰健华:《论〈电影产业促进法〉对民族地区影视产业的促进作用》,载《艺术科技》2017 年第 9 期。

考,我改变了我以往的认知。或许,我以前的回答太武断。……事实上,娱乐法一直在深度塑造着政治、法律和经济的现实。"[①]杰夫里·赫威茨(Jeffrey Helewitz)认为"娱乐法由法律原则和商业惯例组成,法律原则控制商业实践并产生法律论域,商业惯例则确保娱乐商业运作有利可图"。[②]

英国学者安妮·雅克的文章《英美两国娱乐法概况——有关演员声望与名次的法律的产生》[③]本身是探讨演员声望与名次带来的无形价值如何从法律认定并保护的问题,但文章开头介绍了在英美两国出现的娱乐法。对于美国娱乐法概况,中国学者也有文章进行相关介绍,朱海波的《娱乐法基本问题研究——以美国法为参照》[④]和梁钦的《浅观娱乐法在欧美的发展与在中国的发展现状》[⑤]是较早的两篇。

2003 年,《中国版权》杂志发表张平的论文《版权·文化产业·娱乐法》[⑥],从文献发表的时间看,这是国内学者题目中最早出现"娱乐法"一词的论文。2017 年北京市影视娱乐法学会成立(现改名北京市文化娱乐法学会),《中国娱乐法评论》也于 2019 年创刊。

2018 年,李清伟发表《娱乐法——律师业的蓝海》[⑦]一文,今天,各大律所都开始设立娱乐法部门。孔祥俊认为,"前些年娱乐法在我国还鲜为人知,近年来却逐渐引人注目,这与娱乐业迅速发展和积极推动息息相关"[⑧]。

"娱乐"一词在中国语境中似乎带有肤浅的意味。所以,在中国将娱乐与严肃的法律结合起来需要勇气,余锋的《中国娱乐法》就是这么一部勇气之作,学者从娱乐行业从业者的使用需求出发撰写了一部中国本土娱乐法,对影视全产业链运作中涉法实务、制作环节的人员权利以及演出行业涉法问题进行了全面考察和研究。之前,2014 年商务印书馆出版有美国华裔学者宋海燕的《娱乐法》[⑨],之后,

---

① 余锋:《中国娱乐法》,北京大学出版社 2017 年版,第 3 ~ 4 页。

② 宋震:《艺术法重塑:框架与案例》,知识产权出版社 2014 年版,第 13 页。

③ [英]安妮·雅克:《英美两国娱乐法概况——有关演员声望与名次的法律的产生》,莱夫译,载《全球法律评论》1990 年第 1 期。文章原载《英美法律评论》杂志,1988 年第 1 期。

④ 朱海波:《娱乐法基本问题研究——以美国法为参照》,载《宁波广播电视大学学报》2008 年第 4 期。

⑤ 梁钦:《浅观娱乐法在欧美的发展与在中国的发展现状》,载《法制博览》2014 年第 9 期。

⑥ 张平:《版权·文化产业·娱乐法》,载《中国版权》2003 年第 4 期。

⑦ 李清伟:《娱乐法——律师业的蓝海》,载《上海律师》2018 年第 10 期。

⑧ 孔祥俊为余锋《中国娱乐法》一书所作的序言。参见余锋:《中国娱乐法》,北京大学出版社 2017 年版,序言。

⑨ 宋海燕:《娱乐法》,商务印书馆 2014 年版。

2018年上海财经大学出版社出版了美国学者谢丽·L.伯尔的《娱乐法》[①]。三本《娱乐法》都立足对娱乐产业内各行业的运作情况的基本把握,涵盖电影产业、电视产业、音乐产业、演唱会与综艺以及游戏产业,涉及著作权、商标权、人格权、内容审查、人员雇佣与艺人经纪、全球交易等法律方面的研究。

在娱乐产业的细分行业,还有其他学者的著作成果。影视产业被誉为娱乐产业的核心,关于影视产业法律的著作成果也最多。宋杰的《电影与法律:现状、规范、理论》[②]是国内最早关注电影法的著作。魏永征、李丹林的《影视法导论——电影电视节目制作人须知》[③]被认为是国内出现最早的娱乐法著作[④],它不仅将研究对象从电影扩至电视,而且真正从"制"的层面集合相关法律。创办国内第一家影视娱乐领域专业律师事务所的高戬主编的《影视娱乐法》[⑤];音乐产业领域有黄虚峰的《美国音乐产业发展进程中的版权因素研究》[⑥]、蒋凯的《中国音乐著作权:管理与诉讼》[⑦];出版产业领域有黄先蓉的《出版法律基础》[⑧];演出产业领域有郑智武的《演出法概要》[⑨]。

行业法适应娱乐业实务,越来越多的实务界律师或文化企业法务加入研究者队伍,他们从自己的从业经验出发,为业界提供了实务指导类书籍。如杨吉的《娱乐业的玩"法"》[⑩]以问题为导向,给从业者提供了对号入座的指点;还有王军和司若主编的《中国影视法律实务与商务宝典》[⑪]、米勒的《媒体制作人法律实用手册》[⑫]、李振武的《娱乐江湖——娱乐法的圈地运动》[⑬]等。

行业法研究离不开大量的案例评析类著作,娱乐法也不例外。张今主编的《中国文化产业合同案例精选与评析》[⑭]一书,收集了文化产业领域49个典型的合同

---

① [美]谢丽·L.伯尔:《娱乐法》,李清伟等译,上海财经大学出版社2018年版。

② 宋杰:《电影与法律:现状、规范、理论》,中国电影出版社1993年版。

③ 魏永征、李丹林主编:《影视法导论——电影电视节目制作人须知》,复旦大学出版社2005年版。

④ 李清伟:《娱乐法四题:诞生、概念、属性与原则》,载《上海大学学报(社会科学版)》2019年第1期。

⑤ 高戬主编:《影视娱乐法》,清华大学出版社2017年版。

⑥ 黄虚峰:《美国音乐产业发展进程中的版权因素研究》,知识产权出版社2019年版。

⑦ 蒋凯:《中国音乐著作权:管理与诉讼》,知识产权出版社2008年版。

⑧ 黄先蓉编著:《出版法律基础》,武汉大学出版社2013年版。

⑨ 郑智武:《演出法概要》,浙江大学出版社2020年版。

⑩ 杨吉:《娱乐业的玩"法"》,中国社会科学出版社2017年版。

⑪ 王军、司若主编:《中国影视法律实务与商务宝典》,中国电影出版社2017年版。

⑫ [美]米勒:《媒体制作人法律实用手册》,何勇等译,人民邮电出版社2009年版。

⑬ 李振武:《娱乐江湖——娱乐法的圈地运动》,中国法制出版社2018年版。

⑭ 张今主编:《中国文化产业合同案例精选与评析》,知识产权出版社2011年版。

案件，并按图书出版、音乐制作和表演、影视制作和传播、网络传播、委托创作、著作权转让与许可分门别类，根据著作权法、合同法、民事诉讼法等作出相应的评析。孔祥俊、谢兰芳主编的《中国娱乐法案例评注》①，关怀泛娱乐产业市场参与者的法律需求，整理归纳了包括文学出版、影视、综艺节目、网络游戏、艺人经纪、音乐、动漫、体育与电竞赛事等领域中发生的典型司法案例，聚焦新兴业态中的新问题，并进行理性清晰的评注。2021年，郑宁主编的《娱乐法原理与案例教程》②和刘承韪主编的《娱乐法导论》③先后出版，两书将丰富的行业案例统一在娱乐法框架下，此类书籍还有李振武编著的《娱乐法诉讼：案件审理实务》④，周俊武主编的《星路律程：行走娱乐圈法律之道》⑤《当明星撞上法律》⑥《周公观娱：玩转娱乐法》⑦三本，王军和李燕蓉主编的《中国影视娱乐产业经典案例指引》⑧。

娱乐法研究如何细化和深入？越来越多的年轻学者加入，如曹文龙的《娱乐立法基本问题研究》⑨；也有年轻学者张释文用英文撰写关于中国娱乐法研究的书《合规指引：通往中国文娱市场之路》⑩；对于行将进入的元宇宙时代，高全喜思考虚拟时空与娱乐法的问题⑪，陈曦关注营改增过程中娱乐法律师的应对⑫。

正如北京市文化娱乐法学会秘书长刘毅所言："娱乐有理，娱乐有道，娱乐有度，娱乐有法。"⑬这16字道出了娱乐法的必要性。但是，中国本土的娱乐法研究还需要厘清以下问题：

（1）娱乐法的概念。什么是娱乐法，大多数学者持集合说，正如孔祥俊所定义的那样："娱乐法不是一个单独的法律部门或者部门法，而是与娱乐业关系密切的相关法律制度的集合。"⑭安妮·雅克定义："由于娱乐行业的特定问题和由于其业

---

① 孔祥俊、谢兰芳主编：《中国娱乐法案例评注》，法律出版社2020年版。
② 郑宁主编：《娱乐法原理与案例教程》，法律出版社2021年版。
③ 刘承韪主编：《娱乐法导论》，中国政法大学出版社2021年版。
④ 李振武编著：《娱乐法诉讼：案件审理实务》，法律出版社2015年版。
⑤ 周俊武主编：《星路律程：行走娱乐圈法律之道》，法律出版社2008年版。
⑥ 周俊武主编：《当明星撞上法律》，法律出版社2016年版。
⑦ 周俊武主编：《周公观娱：玩转娱乐法》，法律出版社2020年版。
⑧ 王军、李燕蓉主编：《中国影视娱乐产业经典案例指引》，中国电影出版社2018年版。
⑨ 曹文龙：《我国娱乐立法基本问题研究》，重庆大学2018年硕士学位论文。
⑩ 张释文：《合规指引：通往中国文娱市场之路》，中国民主法制出版社2020年版。
⑪ 高全喜：《娱乐法：虚拟世界与未来生活》，载《东方法学》2018年第2期。
⑫ 陈曦：《娱乐法律师关注"营改增"的四个维度》，载《中国律师》2016年第6期。
⑬ 刘承韪：《娱乐法的规范意蕴与体系构建》，载《政法论坛》2019年第4期。
⑭ 孔祥俊为余锋《中国娱乐法》一书所作的序言。转引自余锋：《中国娱乐法》，北京大学出版社2017年版，序言。

务实践的结果而产生的特种需要,要求把法律的不同部门集合到一起以达成一个更为紧凑的法律体。”[①]但也有学者持提炼说,李清伟给娱乐法下的定义是:“调整娱乐行为及娱乐社会关系的法律规范的总和。这种规范普遍适用于娱乐行业,包括电影、电视、音乐、游戏、出版,艺术、体育等行业。”[②]

(2)娱乐法的属性和构成体系。李清伟的定义基于娱乐法具有部门法属性的认识,认为娱乐法是部门法的学者还有朱海波等。但是,大多数学者认为娱乐法是行业法。比如,余锋、张平、刘承韪等。对于娱乐法的构成体系,中心法律必然是著作权法,但对于著作权法之外的法律纳入,学者们存在不同看法。余锋提出“铃铛说”,李振武将娱乐法从娱乐人格权、娱乐财产权、娱乐合同权益、娱乐资本权益四个方面展开。

(3)娱乐法研究对象的范围。娱乐法的研究对象是娱乐产业,但是,参考国家标准化管理委员会批准发布的法规性文件《国民经济行业分类与代码(GB/T 4754—2017)》,我国娱乐业大类(89 大类)仅包括室内娱乐活动、游乐园、彩票活动、文化娱乐体育经纪代理和其他娱乐业 5 个中类,相反,通常在美国被认为属于娱乐业的新闻出版业(85 大类),播送、电视、电影和影视录音制作业(86 大类),文化艺术业(87 大类)和体育业(88 大类)不在其列。很明显,依据行业划分政策,中国娱乐业的范围较窄。由于娱乐业的范围窄化,中国学者在论文中面对这个问题时出现了概念替换的现象,常常替代的用词有“文化产业”[③]“新文化及娱乐业”[④]“泛娱乐产业”[⑤]等。显然,拿来主义并不适用中国本土的环境。

(4)娱乐法的研究内容。易继明提出围绕四个基本问题展开研究:内容创新、创新主体、组织运作、公共利益平衡。[⑥] 北京市海淀区律师界与产业界对话,指出了娱乐产业的热点法律问题:演艺人员经纪、融资模式及合规性法律、跨国贸易、影

---

① [英]安妮·雅克:《英美两国娱乐法概况——有关演员声望与名次的法律的产生》,莱夫译,载《全球法律评论》1990 年第 1 期。文章原载《英美法律评论》杂志,1988 年第 1 期。

② 李清伟:《娱乐法四题:诞生、概念、属性与原则》,载《上海大学学报(社会科学版)》2019 年第 1 期。

③ 曹文龙:《我国娱乐立法基本问题研究》,载易继明主编:《中国娱乐法评论》(2019 年卷,第 1 期),华中科技大学出版社 2019 年版,第 40 ~ 63 页。

④ 易继明:《迎接娱乐时代的到来》,载易继明主编:《中国娱乐法评论》(2019 年卷,第 1 期),华中科技大学出版社 2019 年版,发刊词。

⑤ 孔祥俊、谢兰芳主编:《中国娱乐法案例评注》,法律出版社 2020 年版,“序言”。

⑥ 易继明:《娱乐法研究基本问题——在北京市影视娱乐法学会改制会员大会暨 2017 年年会上的讲话》,载《私法》2018 年第 1 期。

视制作发行的重难点法律风险、权益保护的路径。[①] 在宏观和微观之间，对于娱乐法的研究内容，学界和业界还需进一步达成共识。

五、本节总述

文化产业领域法律体系，以解决文化产业实际问题为目标，从基于文化和基于产业两个维度构建有机整体，包括内容创作、生产、传播、展示和提供服务的过程中涉及的相关法律规范。对标文化产业领域法律体系，上述艺术法、传播法、文化法和娱乐法研究总述如下：

（1）艺术法是研究艺术品市场涉及的法律丛，涵盖了艺术品从创作、传播、展示、交易和提供服务的过程线，包括艺术家权益、一级市场（画廊和展会）、二级市场（拍卖），国际交易、艺术授权等。依照前述本书对文化产业核心层的界定，艺术法是对文化产业核心层中的一个行业——艺术品市场法治进行的深入研究。

（2）传播法是研究所有内容在传播层面的活动中涉及的法律丛，包括新闻、广告资讯、文化事业线内容、文化产业线内容，涵盖了所有内容在公有领域的规制，在私有领域与公民、法人发生的著作权和人格权的关系，在传统空间和互联网空间传播中传媒组织与国家、一般社会成员之间的关系。与文化产业领域法律相比，有两点根本不同：其一，文化产业领域法律体系的宪法依据是公民文化权的自由和限制，而传播法的宪法依据是公民表达权的自由和限制；其二，文化产业包括内容的“制”和“播”，而传播法仅涉及“播”。

（3）娱乐法是研究娱乐行业解决实际问题涉及的法律丛。与本书界定的文化产业领域法律体系相对照，存在两点不同：其一，研究对象的范围有差异。本书主张的文化产业核心层范围包括出版、广播影视、游戏、艺术品、演出和文旅。这不仅与美国娱乐法的研究范围不一致，也与国内目前娱乐业的范围界定大相径庭。其二，本书主张的文化产业领域法律体系是公法私法混合型，而娱乐法是单纯私法型。娱乐法接下来面临一个中国化的改造任务，如何与中国文化产业发展相适应，是娱乐法研究的应然。

（4）文化法研究文化领域法律体系。以宪法赋予公民的文化权利为出发点，构建国家保障公民文化权利，保护历史文化遗产的法律建设体系。国家从文化事业和文化产业两条线保障公民进行文化创作、文化生产、文化欣赏、文化消费等的权利，从这个意义上说，文化产业法律体系是文化法体系的一个部分。但是，与本

---

① 武涛、刘进军等：《娱乐产业热点法律问题解读》，载《中关村》2019年第8期。

书界定的文化产业领域法律体系相对照，两者也存在区别——法律视角的区别，文化法以政府为视角，文化产业领域法律体系以文化产业各活动主体为视角，即文化产品的创作者、生产者、传播者、展示者以及服务的提供者的视角。

虽说文化产业相关领域的法律研究存在艺术法、传播法、娱乐法、文化法等的区别，但各法研究都集合在文化与法律的大旗下，存在诸多共性：都属于文化领域的法律丛，具有跨部门的行业法特征；文化的精神属性使得各法研究的内容必然包含涉及公权领域的内容规管和涉及私权领域的人格权保护；文化的无形性使得各法研究必然涉及著作权以及部分其他知识产权法律问题。

改革开放以来，文化领域的法治建设渐成门类，期待各支研究在保持特性的基础上共通共融，促进中国特色社会主义文化法学学科体系的完善。

第三节 本书导读

文化产业及其相关领域的法律用书已有不少，笔者也曾出版《文化产业政策与法律法规》①一书。在借鉴既有成果的基础上，本书在写作理念、适用面向、体例框架、内容布局、典型性与研究性等方面努力突破以往，形成特色。

一、关于“文化娱乐法”提法

本书初拟的书名是《文化产业与法律——中国娱乐法教程》，使用“娱乐法”还是“文化娱乐法”，经历过挣扎。促使本书最后使用“文化娱乐法”名称的因素有以下三个。

第一，中国本土的娱乐法服务文化产业，更符合中国法治国情。党的二十大报告提出，“坚持全面依法治国，推进法治中国建设”“繁荣发展文化事业和文化产业”。文化产业法治是文化领域法治的重要组成部分。文化娱乐法的提法，真正让法律肩负起“在法治轨道上全面建设社会主义现代化国家”的使命。也许赞成娱乐法提法的人会说，正因为娱乐会放纵，所以更需要法律来规制。但是，法律并不仅仅用以规制产业，更重要的是促进产业发展。随着文化产业的迅猛推进，行业领域呼吁法律介入，期待构建行业法来为产业健康有序的发展提供法治保障和法律促进。文化娱乐法的提法，不仅有效解决了娱乐法在中国的服务面向窄化问题，

---

① 黄虚峰：《文化产业政策与法律法规》，北京大学出版社2013年版。

而且能够点出本行业法的时代使命，那就是立足服务所有"以文化为核心内容"的产业。

第二，文化娱乐法的提法，更适应中国历史和社会土壤。不少学者使用文化娱乐业的概念，如傅才武的《近代化进程中的汉口文化娱乐业（1861—1949）》①、高福进的《"洋娱乐"的流入：近代上海的文化娱乐业》②等。当然，娱乐业的概念使用也有，但用"文化"加持"娱乐"，如同"让阳光照进麦田"③，不仅及时阻止了当下社会将文化娱乐化的倾向，而且有助于挖掘娱乐业本身蕴含的审美动态、精神思潮和价值追求，引领娱乐的文化化。

第三，文化娱乐法提法已悄然出现。学者郑宁等出版《文化娱乐法前沿问题研究》④一书，使用"文化娱乐法"的概念，触发了本书书名的定夺。该书在上篇部分增加了公法视角，聚焦文娱行业的监管和治理问题，属于公私法混合型体系，与本书对文化产业领域法律体系的构建理念一致。中国首家娱乐法学会，2016 年名为"北京市影视娱乐法学会"，现在也改名为"北京市文化娱乐法学会"，这何尝不是又一个佐证。

总之，使用"文化娱乐法"的名称，更契合当今中国文化产业大发展的时代需求，是适合中国国情的提法。文化产业领域的法律研究"小荷才露尖尖角"，名号有待商榷，学者们先干起来再说。

二、关于读者面向

在法治轨道上建设中国的文化产业，既需要文化产业人了解法律规则，保护合法权益，重视行为合规，及时把控风险，又需要法律人了解文化产业知识，基于产业特性和行业实践来理解法律、适用法律。本书的主要目的，就是为上述两类人才的培养提供一本实用的教程。

加入世界贸易组织和文化市场化是中国发展文化产业的时代背景，也对文化体制改革提出必然要求。在计划体制下，企业主要承担制作、生产和物流的工作，无须操心市场对接、策划立项、筹资聘人以及宣发规划等事务，因为这些职能都由政府发挥。随着文化体制改革的启动，政府的以上职能全部释放出来，需要产业领域自己承担起来，转换为具体的人才岗位，如影视制片人、文旅项目制作人、演出策

① 傅才武：《近代化进程中的汉口文化娱乐业（1861—1949）》，湖北教育出版社 2005 年版。

② 高福进：《"洋娱乐"的流入：近代上海的文化娱乐业》，上海人民出版社 2003 年版。

③ 李薇：《让阳光照进麦田》，载《学术评论》2013 年第 5 期。

④ 郑宁等：《文化娱乐法前沿问题研究》，中国政法大学出版社 2020 年版。

划人、演艺经纪人、艺术策展人、图书策划人、游戏开发人、IP 代理人等。

但是,两个方面的原因造成此类人才岗位一度处于空缺状态。一方面,文化计划体制的30 年跨度,使老一辈的民族文化产业管理人才已经老去,人才断层。另一方面,各高校没有设置专门培养文化产业领域经营管理人才的专业,既有的工商管理学科无法回应文化产业基于"文化"特殊性提出的人才培养要求。

为了接住政府释放出来的那部分"业务",填补人才空缺,产业和教育系统迅速作出回应。产业方面,通过人才转岗,现做现学,让人才自学成才。我们看到一批导演成了制片人,也看到一批作家做起了 IP 代理人,一批艺术家成了策展人,一批编辑成为图书策划人……同时,2004 年,文化产业管理专业作为教育部试点专业予以设置,至今,已有近 200 所高校开设了文化产业管理或更加细分的电影管理、音乐管理、戏剧管理、艺术管理等专业。笔者所在的华东政法大学传播学院文化产业管理系就是其中之一,自 2005 年首次招生以来,很多毕业生已经成为策展人、制片人、经纪人、IP 代理人以及娱乐法律师。娱乐法律师是一个小众且精英的群体,他们不再是传统意义上为解决争议而服务的律师,而更像制片人、经纪人和律师的结合体,为文化产业保驾护航。

文化产业经营管理人才,是文化艺术、经济和法律领域的复合型人才。作为管理者,他们需要具备交叉领域的综合视野,需要从行业的视角了解和运用相关法律的知识和能力,从而把控各类风险。当然,本书也适合所有对文化和法律交叉领域有学习兴趣的读者。

三、关于本书特色

第一,这是独著的教材书,有一以贯之的理念和表达风格。书中有很多精彩的章节,对文化产业的界定、对文化产业相关领域法学研究的综述、对于网络平台的内容审查梳理、对于文化遗产资源的分类、对于文物资源开发的法律问题、对于非遗资源合理利用中涉及知识产权交叉的部分、对于版权法与产业的紧密结合、对于合同法的适用、对于产业实践中涉及行政许可管理的内容,都是亮点,推荐给读者。

第二,化身行业主体的视角。以现实法律问题为中心,围绕"人财物"的经营管理、与产业其他主体之间的业务往来、与政府之间的遵循以及救济关系等。对于这些行业需求进行最新的法律回应。所以,在正文中,笔者专门设置了案例评析、经典案例、行业实务等模块。

第三,公法私法复合型。本书的法律体系构建属于公法私法复合型。以整书为例,有公法领域的《文物保护法》《非物质文化遗产法》等,也有私法领域的《著作权法》《民法典》关于人格权和合同法的内容。以第一章“内容规管”为例,本章以宪法条款为依据论证内容规管的正当性,在展开的第二节和第三节内容中,涉及公法的禁止性内容,也涉及私法的人格权、知识产权等。

第四,兼顾文化产业各行业。文化产业是一个巨大的产业集群,根据本书对文化产业核心层的界定,其涉及出版产业、广播影视产业、游戏产业、艺术品市场、现场演出业、文旅产业以及成长中的数字文化产业。本书在参考内容和案例选取时,尽可能关照到所有行业,体现视野的广度。

第五,注重法律与行业的契合度。本书作为一部有关行业法的书,具有跨部门法的特点,涉及的法律较多,若以产业需求论,很多部法律都会涉及。为避免落入无边无际的状况,本书注重法律与行业的契合度。《著作权法》与文化产业严丝合缝,将之居于构建体系的最中心。《文物保护法》和《非物质文化遗产法》主要对合理利用方面的条款进行剖析,没有整部法律的展开。对于合同法和行政法,都是采用先一般性概述再结合文化产业特殊性进行重点梳理的方式,这是考虑到文化产业经营管理人才没有系统学习过法律的情况。考虑到这是一本面向经营管理人才的行业法律参考书,本书对程序法内容进行了淡化处理。

总之,本书做到了学科领域的几个“也许第一次”:对文化产业的范围界定提出了明确的标准和范围,对文化和法律交叉领域的研究进行了系统全面的综述,将文化资源以“可再生”和“不可再生”为标准进行了分类,对文物资源领域涉及合理利用方面的法律问题进行了梳理,对非遗资源领域合理利用方面涉及知识产权的问题进行了厘清。

在文化娱乐法的学科建设方面,本书以建设中国特色社会主义法治体系为指导方针,对娱乐法进行了中国化的探索,使之服务于中国的文化产业。本书将文化娱乐法作为一门独立法学学科进行了学科建设的梳理、提出了体系构建原则和体系构建框架。

相信本书会给每一位读者带来耳目一新的感受。但是,细心的读者会发现,对于行政法部分和合同法涉及资金的部分,本书撰写的内容比较少。如果还有机会出版修订版,将诚邀其他专门法领域的专家加盟。同时,由于笔者能力有限,书中错漏之处在所难免,欢迎广大读者批评指正。

复习思考题：

1. 根据《文化产业促进法（草案送审稿）》对于文化产业的定义，理解文化产业的特征属性和范围。

2. 概述文化领域的法学学科体系建设现状。

3. 请思考数字文化产业在文化产业发展历程中的阶段性问题、产业形态的独立性问题及其对行业法律提出的挑战。

第一章 文化产业中的内容规管

资本是逐利的,但文化有责任。

内容规管就是对内容的规制和管理,涉及内容引领和内容合规。

内容引领从文化产业的三大使命理解。《宪法》第22条规定:"国家发展为人民服务、为社会主义服务的文学艺术事业、新闻广播电视事业、出版发行事业、图书馆博物馆文化馆和其他文化事业,开展群众性的文化活动。"国家通过发展文化事业和文化产业保障公民的文化权利,文化事业为人民提供最基本的公共文化服务,而文化产业以市场化方式满足公民个性化的文化需求,这是文化产业的第一大使命。在中国加入世界贸易组织的背景下,文化产业需要守卫中国文化消费市场阵地,这是文化产业的第二大使命。随着国家越来越强盛,文化产业和文化事业一起,是"向外传播中华文化,讲好中国故事"的担当,这是文化产业的第三大使命。三大使命要求文化产业承担内容引领的神圣职责。

文化产业从事内容的创作、制作、传播和营销,产品内容包含价值取向、思想观念、意识形态等,对人的意志有强大的影响,进而影响社会秩序。而文化资本具有的逐利性可能会将内容带离正面影响,走向负面,严重的甚至会对国家、社会、集体或个人产生危害。因此,内容合规是文化产业健康发展的基本要求,也是文化产业承担社会责任的体现。

第一节　内容规管的宪法依据

宪法是国家的根本大法,是治国安邦的总章程。在整个法律体系中,宪法处于最高的地位,具有最高的法律效力,是其他法律的立法依据。虽然其他的一般法律也都是行为准则,但宪法乃是各政党、一切国家机关、武装力量、社会团体和全体公民的最根本的行为准则。

文化产业实施内容规管,要以宪法为依据,以宪法为准绳。现行宪法于 1982 年 12 月 4 日第五届全国人民代表大会第五次会议表决通过。颁布实施以来,为与中国社会发生的变革相适应,全国人民代表大会先后 5 次对宪法的部分内容和条款进行修改。

作为文化产业内容规管法律制度的依据,宪法条款主要有第 1 条第 2 款、第 22 条第 1 款、第 47 条和第 51 条。其中,第 1 条第 2 款和第 22 条第 1 款称为“坚持党的领导和为人民服务、为社会主义服务方向条款”(以下简称坚持党的领导和“两为”方向条款)。第 47 条和第 51 条称为“文化自由和限制条款”。

具体而言,《宪法》第 1 条第 2 款规定:社会主义制度是中华人民共和国的根本制度。中国共产党领导是中国特色社会主义最本质的特征。禁止任何组织或者个人破坏社会主义制度。第 22 条第 1 款规定:国家发展为人民服务、为社会主义服务的文学艺术事业、新闻广播电视事业、出版发行事业、图书馆博物馆文化馆和其他文化事业,开展群众性的文化活动。这两个条款为文化产业内容规管法律制度明确了建设目标和方向,那就是坚持中国共产党的领导,坚持为人民服务、为社会主义服务。

第 47 条规定:中华人民共和国公民有进行科学研究、文学艺术创作和其他文化活动的自由。国家对于从事教育、科学、技术、文学、艺术和其他文化事业的公民的有益于人民的创造性工作,给以鼓励和帮助。

该条被称为文化自由条款,这是宪法赋予公民的基本权利。包括公民进行科学研究的自由、文学艺术创作的自由以及其他文化活动,比如跳广场舞、艺术欣赏等的自由。其中,文学艺术创作的自由是指公民依法享有的进行文学艺术创作活动的自由,是文化自由权中的重要一束权利。所有文化产品的生产营销都发端于文学艺术创作，宪法赋予公民文学艺术创作的自由权，自然赋予文化产业各从业主体[1]的文学艺术创作自由权。

第 51 条规定：中华人民共和国公民在行使自由和权利的时候，不得损害国家的、社会的、集体的利益和其他公民的合法的自由和权利。该条是对公民自由和权利的限制。在我国《宪法》第二章中，第 51 条的位置十分特殊，它位于所有基本权利条款之后，又位列义务条款之前。《宪法》第 51 条的这种体系安排，使得它成为一个概括限制条款，适用于所有《宪法》本身没有明文限制的其他基本权利条款。[2]我国《宪法》并没有明文规定对创作自由的限制，那么它自然受到《宪法》第 51 条的限制。因此，《宪法》第 47 条和第 51 条之间是前后关联的。

一、坚持党的领导和"两为"方向条款概述

文化产业之所以称为"文化"产业，是因为它与文化有着紧密的联系，即使文化产业具有市场化特征，也是指其经营方式市场化，而非文化本身的市场化，诸如图书、报刊、音像、戏剧等，其经营活动可以纳入市场经济的轨道，但这类文化所体现的价值取向、思想观念、意识形态，则不能由市场主导，不能偏离社会主义先进文化的方向。因此，在文化产业的内容创作中，应坚持党的领导和"两为"方向，接受社会主义文化法律的规范，以保障我国文化产业的健康发展。

（一）坚持党的领导条款的明确及其内涵

2018 年 3 月 11 日，第十三届全国人民代表大会第一次会议经投票表决，通过了《中华人民共和国宪法修正案》，这是现行宪法颁布施行后的第 5 次修改。《宪法》第 1 条第 2 款"社会主义制度是中华人民共和国的根本制度"后增写一句："中国共产党领导是中国特色社会主义最本质的特征。"

坚持党的领导，就是要坚持党对一切工作的全面领导。党的二十大报告指出，坚决维护党中央权威和集中统一领导，把党的领导落实到党和国家事业各领域各方面各环节，使党始终成为风雨来袭时全体人民最可靠的主心骨，确保我国社会主义现代化建设正确方向，确保拥有团结奋斗的强大政治凝聚力、发展自信心，集聚起万众一心、共克时艰的磅礴力量。

中国特色社会主义制度的最大优势是中国共产党领导。坚持党的领导，是中国革命、建设、改革事业发展的必然。中国共产党作为执政党的地位主要源于历史

---

① 在我国的宪法实践中，法人和非法人组织也可以作为基本权利的主体。

② 张翔：《基本权利的体系思维》，载《清华法学》2012 年第 4 期。

的形成及其所代表的无产阶级的先进性,这是历史正当性的体现。同时,中国共产党始终代表最广大人民的根本利益,坚持党的领导能够确保人民的主体地位、能够充分实现人民当家作主的权利。

文化产业面向广大消费者创作、制作、营销内容产品,归口宣传阵地,肩负光荣使命。消费者既是受众又是人民,文化产业坚持党的领导,就要始终坚持马克思主义在意识形态领域的指导地位,把握正确的政治方向,用党的指导思想策划审查产品内容;通过产品内容传达党的声音,过滤杂音,帮助人民群众确立正确的世界观、人生观、价值观和正确的思想方法;通过雅俗共赏的方式,将弘扬时代主旋律的精神贯穿在人民喜闻乐见的各类题材内容中。

(二)坚持"两为"方向条款的明确及其内涵

1980年7月26日《人民日报》发表了题为《文艺为人民服务、为社会主义服务》的社论。社论郑重宣布:"我们的文艺工作的总的口号应该是:文艺为人民服务,为社会主义服务。"此后,"文艺为人民服务,为社会主义服务"就替代了此前的"文艺为政治服务、文艺为工农兵服务",成为中国社会主义文化建设的一项根本政策,简称"两为"方向。1982年第五届全国人民代表大会第五次会议通过现行《宪法》,明确:"国家发展为人民服务、为社会主义服务的文学艺术事业、新闻广播电视事业、出版发行事业、图书馆博物馆文化馆和其他文化事业,开展群众性的文化活动。"

作为社会主义文化总政策的"两为"方向,由国家的根本大法加以规定,是我国法律有别于世界上其他国家或地区法律的重要特点。就文化产业来说,"为人民服务"以法的形式对文化产业活动的服务对象作了规定,"为社会主义服务"以法的形式确认了文化产业为社会主义服务的方向,从而保证文化产业活动符合和适应社会主义制度的基本要求。

"文艺为人民服务"是指为广大的工人、农民、士兵、知识分子、干部和一切拥护社会主义、热爱祖国的人们服务,是对文艺服务对象的表述。它坚持了中国共产党"全心全意为人民服务"的根本宗旨,保证正确的舆论导向和发展方向。"文艺为社会主义服务"就是为社会主义的经济、政治、军事、文化等各项事业的根本需要服务。在社会主义初级阶段,就是要为发展社会生产力、为社会主义现代化建设的伟大事业服务,为建设有中国特色的社会主义的文化服务。这是对文艺的政治性质、思想内容和社会功能的规定。

为什么要坚持为人民服务?因为人民性是文化产业的价值归依,人民是历史的创造者，是时代的先锋。作为人民中的一员，文化工作者的时代使命是忠实记录和反映这个时代的历史变迁，为代表历史发展方向的开拓者、创立者、劳动者讴歌立传。邓小平同志在全国文学艺术工作者第四次代表大会上的讲话："人民是文艺工作者的母亲。"2020 年习近平总书记在全国教育文化卫生体育领域专家代表座谈会上指示："衡量文化产业发展质量和水平，最重要的不是看经济效益，而是看能不能提供更多既能满足人民文化需求，又能增强人民精神力量的文化产品。"①

为什么要坚持为社会主义服务？因为改革开放以来的实践和建设发展所取得的举世瞩目的成就已经证明了中国特色社会主义道路的初步成功，说明社会主义道路具有蓬勃的生机和旺盛的活力。所以，一切热爱祖国和人民，具有历史责任感的文化工作者都应该珍惜全党和全国人民几十年的艰苦探索，运用文艺形式，为改革开放和发展社会主义市场经济，为推动社会主义精神文明建设而创作文艺作品，生产文化产品，提供文化服务。

文化产业遵循为人民服务的方向，就是不断地生产人民喜欢的文化内容，满足人民不同层次的、多方面的、健康向上的文化消费需求，提供适应人民群众鉴赏情趣和审美习俗的文化产品和文化服务。文化产业为社会主义服务，就是要在文化产业活动中坚持社会主义意识形态的主导地位，抵制和反对资本主义的、封建主义的和其他的腐朽思想，加强社会主义精神文明建设。社会主义代表了广大人民的根本利益，人民需要社会主义，正在建设社会主义，因此为社会主义服务仍然是坚持了中国共产党"全心全意为人民"的根本宗旨。

二、文化自由和限制条款概述

文化产业居于文化市场的供给侧，作为内容的供给方，主要涉及文化自由权利中的创作自由权。宪法赋予公民进行文学艺术的创作自由权，文化产业中的创作活动，涉及 IP 的原创及再创作、涉及营销文案的创意写作等，属于文学艺术自由的规范领域，据此，文化产业中从业人员和各机构拥有内容创作的自由。创作主体可以是自然人，如作家、音乐家、画家、摄影家、编剧等，也可以是法人，如影视出品单位、话剧出品单位等。

如前述及，创作自由的权利既得到宪法的保障又受到宪法的限制，从而明确了

① 习近平：《在教育文化卫生体育领域专家代表座谈会上的讲话》，载中华人民共和国中央人民政府网 2020 年 9 月 22 日，https://www. gov. cn/xinwen/2020 - 09/22/oontent _5546157. htm? eqid = a12779e2000570dc00000003646d6a82。

创作自由的相对性。

为什么保障创作自由权？

文学艺术创作是人类创造性的活动，离不开人的想象力。而想象力不能被局限在既有的模式内，因为那将扼杀人的发展。① 我国著名画家吴冠中曾经这样说："艺术作品的诞生有其怀孕和分娩的自然规律，它既不听长官意志，也不服从搞运动来催生。"邓小平同志1979年在中国文学艺术工作者第四次代表大会上的祝词深刻地阐述了这个道理："文艺这种复杂的精神劳动，非常需要文艺家发挥个人的创作精神。写什么和怎样写，只能由文艺家在艺术实践中去探索和逐步求得解决。在这方面，不要横加干涉。"

"八二宪法"明确创作自由条款，是对人性尊严的价值肯定，只有充分尊重创作者的"自我"，尊重文学艺术创作规律，才能促进文学艺术创作的繁荣，推进人类文明进步。

创作者将内在的构想通过文字、图像、肢体动作等符号表达出来，才构成一场文学艺术创作活动的完整过程。内在的构想阶段，创作的自由场是创作者的内心世界，不对外造成直接的影响或损害，创作者拥有绝对的自由。当创作者将内在思想外化为媒介表达和行为实现，以使他人或社会得以知悉其内心构想，这时的自由场与他人交错，势必受到限制。就生活常识而言，即便宪法要对艺术自由施以最高程度的保护，但总不能保护一位画家在交通繁忙的十字路口自由地去信手涂鸦而妨碍交通，更不能保护艺术家以杀人作为其艺术的表现形式，②自然也不能保护一位行为艺术家在展会现场进行性爱表演。③ 所以，在实际生活中，对创作自由的限制是必要的。一方面，公民进行文学艺术创作往往会与其他公民产生密切的联系，在这种社会行为中有可能会出现侵犯他人权利的情况；另一方面，即使公民没有侵犯具体的其他公民的合法权利，也有可能会做出一些其他损害国家、集体、社会等公共利益的行为。此时，国家公权力基于保护公益的目的也会对公民的创作自由进行一定的限制，而且国家有时也会为了文化战略的目标，引领公民文化活动而对公民的文化自由进行干预。

---

① 杜强强：《宪法上的艺术自由及其限制——以"敏感地带"行为艺术案为切入点》，载《法商研究》2013年第6期。

② 杜强强：《宪法上的艺术自由及其限制——以"敏感地带"行为艺术案为切入点》，载《法商研究》2013年第6期。

③ 参见《京城行为艺术展甘肃人成力——表演性爱行为被处劳教一年》，载闽南网2011年5月8日，http://www.mnw.cn/news/china/9557.html。

文化的作用既表现在对社会发展的导向上，又表现在对社会的规范、调控上。文化产业又称“内容产业”，内容一旦在受众中传播，总会对社会产生积极或消极的影响。如何鼓励积极的内容，限制消极的内容？《宪法》对于坚持党的领导和“两为”方向的条款规定，为内容规管制度指明了方向，是对文化产业内容创作活动的引领。《宪法》对于文化自由和限制的条款规定，赋予公民在合法范围内进行自由创作的权利，为文化产业内容创作活动画定了界线。

需要指出的是，前述内容“中华人民共和国公民有进行科学研究、文学艺术创作和其他文化活动的自由”是《宪法》第47条的前款内容，法条还有后款内容：“国家对于从事教育、科学、技术、文学、艺术和其他文化事业的公民的有益于人民的创造性工作，给以鼓励和帮助。”第47条后款明确了在底线之上皆为公民自由创作的空间，符合人类文化的多元和丰富属性。同时，“有益于人民”的表述又有着强烈的“中国问题意识”，也与坚持党的领导和“两为”方向遥相呼应。

第二节　公共领域和私人领域的内容规管

为了保障国家安全、维护社会公序良俗，保护国家的、社会的、集体的利益和其他公民的合法的自由和权利，依据宪法以上条款，《中华人民共和国刑法》（以下简称《刑法》）、《中华人民共和国民法典》（以下简称《民法典》）以及其他法律对涉及公共领域和私人领域的内容制作和传播作出与宪法相一致的禁止性法律规定，文化产业所创作、制作、经营、提供服务的文化产品内容一律受到这些规范的制约。

一、公共领域的内容规管

公共利益优先，是国际公认的原则。我国法律十分重视保障国家、社会和集体的公共利益，并对危害公共利益的行为予以制裁。文化产品的内容中涉及国家、社会、集体的公共利益部分，主要由刑法、行政法调整。其要求主要体现在维护国家荣誉和安全、保守国家秘密、维护社会正常秩序三个方面。

（一）维护国家荣誉和安全方面

维护国家安全就是维持和保护国家政权和社会制度的平安、稳定。在我国，维护国家安全是指保卫中华人民共和国人民民主专政的政权和社会主义制度，保障改革开放和中国式现代化建设的顺利进行。国家安全涉及国家的国格尊严、领土完整、主权独立，关系到民族凝聚、社会稳定、人民幸福。任何国家都高度重视自身的安全,通过立法严格禁止任何危害国家安全的行为。

1.禁止使用或者变相使用国旗、国歌、国徽

尊严对一个国家至关重要,没有尊严的国家是垮塌的国家,维护国家尊严,需要一切公民和组织每时每刻都把国家放在心上,爱护国家荣誉,珍惜国家资源。

对IP的再创作是内容创作的重要部分,国旗、国歌、国徽无疑是最著名的IP,那么,能否将国旗、国徽的图案印制在不同材质的载体上?能否对国歌的歌曲、歌词进行改编?答案是:不能!国旗、国歌、国徽是国家的象征,神圣不容亵渎!《中华人民共和国国旗法》(以下简称《国旗法》)、《中华人民共和国国歌法》(以下简称《国歌法》)、《中华人民共和国国徽法》(以下简称《国徽法》)都对此类行为进行了禁止。《国旗法》第20条规定:"国旗及其图案不得用作商标、授予专利权的外观设计和商业广告,不得用于私人丧事活动等不适宜的情形。"《国歌法》第8条规定:"国歌不得用于或者变相用于商标、商业广告,不得在私人丧事活动等不适宜的场合使用,不得作为公共场所的背景音乐等。"《国徽法》第13条规定:国徽及其图案不得用于:"(一)商标、授予专利权的外观设计、商业广告;(二)日常用品、日常生活的陈设布置;(三)私人庆吊活动;(四)国务院办公厅规定不得使用国徽及其图案的其他场合。"

案例评析

与国歌歌词谐音的创意广告词为何违法?①

【基本案情】2006年6月,海南省海口市一家在建商场的墙体广告词"钱进,钱进,钱进进",以国歌歌词谐音进行商业宣传,被海口市工商局依法查处。

【评析】这则广告词看似很有创意,且没有直接使用中华人民共和国国歌的歌词,也未以中华人民共和国国歌的曲调为广告的背景,但是,广告词与国歌中的某一段落相类似,属于对国歌歌词的变相使用,违反了《国歌法》第8条和《中华人民共和国广告法》(以下简称《广告法》)第9条第1款的规定(案发当时为2006年,则违反了《广告法》第7条第1款的规定)。

---

① 参见《"钱近,钱进,钱进进"一商场竟用国歌谐音做广告》,载新浪网,https://news.sina.com.cn/c/2006-03-31/07358575699s.shtml。

2. 禁止任何危害国家安全的言论和行为

对危害国家安全行为的治罪,《刑法》第二编第一章“危害国家安全罪”专章列出。其中,第103条“分裂国家罪 煽动分裂国家罪”和第105条“颠覆国家政权罪 煽动颠覆国家政权罪”,分别对煽动分裂国家、破坏国家统一、颠覆国家政权、推翻社会主义制度的犯罪行为的刑事处罚作出了明确规定。

如果制作传播于国家安全不利的内容,但不具备煽动犯罪的认定要件或者情节显著轻微,造成危害不大、非出于故意的,不认为是犯罪。按照行政法规的规定,予以行政处罚或者处分。

3. 维护国家统一、主权和领土完整

祖国是各族人民的共同家园,维护国家统一、反对分裂国家,是中华民族的核心价值追求,是全国各族人民的基本文化认同,是中国社会的普遍社会意识。国家的主权和领土完整,是每一个国家的利益核心,是联合国宪章等一系列国际文件确认的当代国际关系基本准则。中国的主权和领土完整不容侵犯和分割。公民有维护国家统一、主权和领土完整的义务。

案例评析

电视剧《亲爱的,热爱的》出现“问题地图”①

【基本案情】2019年7月,有网友反映当时热播的电视剧《亲爱的,热爱的》第39集中存在“问题地图”。8月1日,自然资源部发表声明称,根据《中华人民共和国测绘法》(以下简称《测绘法》)、《地图管理条例》、《地图审核管理规定》,对《亲爱的,热爱的》一剧中相关内容进行了初步核查,发现该剧存在登载使用的地图未履行地图审核程序。同时该剧登载使用的地图存在错误表示我国藏南地区和阿克赛钦地区国界线、我国台湾岛和海南岛底色与大陆不一致、漏绘我国南海诸岛和南海诸岛归属范围线、克什米尔地区表示不符合国家有关规定等问题。据此,自然资源部已责成属地管理部门对涉嫌违法违规的行为依法进行处理。

① 参见田之路:《自然资源部回应“问题地图”版图专家谈中国地图的正确表现方式》,载腾讯网,https://new.qq.com/rain/a/20190803A0CR2J00。

【评析】正确的国家版图是国家主权和领土完整的象征，体现了国家在主权方面的意志和在国际社会中的政治、外交立场，具有严肃的政治性、严密的科学性和严格的法定性。《测绘法》第 38 条规定："地图的编制、出版、展示、登载及更新应当遵守国家有关地图编制标准、地图内容表示、地图审核的规定。互联网地图服务提供者应当使用经依法审核批准的地图，建立地图数据安全管理制度，采取安全保障措施，加强对互联网地图新增内容的核校，提高服务质量。"近些年，文化产业和创意设计领域多次发生问题地图的反面案例，需要引起警惕。

（二）保守国家秘密方面

保守国家秘密是公民的法定义务。《中华人民共和国保守国家秘密法》（以下简称《保守国家秘密法》）及其实施细则旨在强化国家秘密保护。对于违反《国家秘密法》的规定，故意或者过失泄露国家秘密且情节严重的行为，《刑法》第 398 条故意泄露国家秘密罪、过失泄露国家秘密罪，第 111 条为境外窃取、刺探、收买、非法提供国家秘密、情报罪，第 282 条非法获取国家秘密罪；非法持有国家绝密、机密文件、资料、物品罪对于刑事处罚作了具体规定。

有统计表明，在泄密事件中，大众传媒是一条重要的渠道。许多国家的间谍机关也把大众传媒作为获取情报的重要来源。所以，《保守国家秘密法》第 27 条专门规定："报刊、图书、音像制品、电子出版物的编辑、出版、印制、发行，广播节目、电视节目、电影的制作和播放，互联网、移动通信网等公共信息网络及其他传媒的信息编辑、发布，应当遵守有关保密规定。"文化产业与大众传媒关系密切，因此，对于大众传媒的这条专门规定，同样值得文化产业从业人员谨记。在具体工作中，遇到涉及国家秘密界限不清的事项，一定要按照规定送有关部门、机关审定。

案例评析

属于国家秘密的非遗技艺不可泄露[①]

【基本案情】2008 年南京金线金箔厂发现其保管的国家级非遗项目"南京金箔锻制技艺"的核心技术"金箔生产用新型乌金纸"制造工艺被泄密。该工艺

① 参见康保成主编：《中国非物质文化遗产保护发展报告（2011）》，社会科学文献出版社 2011 年版，第 19 页。

属国家技术机密，关系着中国金箔产业的发展命脉。金箔厂立案后，国家保密局和科技部分别介入。经侦查，对涉嫌泄密的两名该厂技术人员陆某和陶某进行了抓捕。2009 年 5 月，南京市下关区人民法院以故意泄露国家秘密罪，判处陆某有期徒刑 1 年 6 个月，缓刑 2 年；以故意泄露国家秘密罪和职务侵占罪，数罪并罚判处陶某有期徒刑 2 年。

【评析】当前，国家鼓励并支持合理利用非物质文化遗产资源，进行产业化开发。于是，一些非物质文化遗产资源成了香饽饽。但是，开发非物质文化遗产，不仅要遵循生产性保护原则，而且，某些非遗项目具有保密性，属于国家机密的，更是受《国家秘密法》的保护。

（三）维护社会正常秩序方面

宪法规定国家有维护社会秩序之责，国家法律在弘扬社会主义核心价值观、维持公序良俗、保护弱势群体、爱护民族团结等方面明确规范。结合文化产业的“内容”特点，本小节梳理相关禁止性规定，望从业者切记。

1. 禁止歪曲、丑化、亵渎、否定英雄烈士事迹和精神

英雄烈士事迹和精神是中华民族的共同历史记忆和社会主义核心价值观的重要体现。今日民族独立、国家繁荣、人民幸福，是近代以来革命英烈用生命和鲜血换来的，全社会都应当崇尚、学习、捍卫英雄烈士。2018 年 4 月 27 日，《中华人民共和国英雄烈士保护法》（以下简称《英雄烈士保护法》）通过，国家保护英雄烈士，对英雄烈士予以褒扬、纪念，加强对英雄烈士事迹和精神的宣传、教育，维护英雄烈士的尊严和合法权益。

《英雄烈士保护法》分别从内容引导和内容合规的维度对文化领域从业机构和从业者提出要求，其中第 18 条提出：“文化、新闻出版、广播电视、电影、网信等部门应当鼓励和支持以英雄烈士事迹为题材、弘扬英雄烈士精神的优秀文学艺术作品、广播电视节目以及出版物的创作生产和宣传推广。”第 22 条中明确规定：“任何组织和个人不得在公共场所、互联网或者利用广播电视、电影、出版物等，以侮辱、诽谤或者其他方式侵害英雄烈士的姓名、肖像、名誉、荣誉。任何组织和个人不得将英雄烈士的姓名、肖像用于或者变相用于商标、商业广告，损害英雄烈士的名誉、荣誉。”

案例评析

擅自将英烈姓名用于商业用途，侵害英雄烈士人格利益和社会公共利益[①]

【基本案情】某网络科技公司为互联网平台企业，其将运营的平台称为“雷锋社群”，将付费会员称为“雷锋会员”、微信公众号称为“雷锋哥”、发布有“雷锋会员”等文字的宣传海报和文章，以“雷锋社群”名义多次举办商业活动并以“雷锋社群会费”等名目收取客户费用共计30万余元。浙江省杭州市上城区人民检察院提起民事公益诉讼。杭州互联网法院判决某网络科技公司停止使用雷锋同志姓名的行为，并在浙江省省级报刊向社会公众发表赔礼道歉声明。

【评析】本案是《民法典》实施后首例保护英烈姓名的民事公益诉讼案件，也是2022年最高人民法院发布的涉英烈权益保护十大典型案例之一。雷锋是国家建设中无私奉献的英雄烈士，雷锋精神蕴含爱党爱国、乐于助人、钻研进取等丰富内涵。将商业运作模式假“雷锋精神”之名推广，既曲解雷锋精神，与社会公众的一般认知相背离，也损害人民群众的特定感情，损害社会公共利益。本案通过司法手段，为网络空间注入缅怀英烈、敬仰英烈的法治正能量。

2. 禁止传播淫秽、色情内容

淫秽、色情物品在我国受到严格禁止。《刑法》第六章“妨碍社会管理秩序罪”有“制作、贩卖、传播淫秽物品罪”专节（第九节）。对应文化产业中通过各种载体进行内容提供，以内容产品进行传播牟利，以及进行营利性现场表演的活动，《刑法》第363条对于“制作、复制、出版、贩卖、传播淫秽物品牟利罪；为他人提供书号出版淫秽书刊罪”、第364条对于“传播淫秽物品罪；组织播放淫秽音像制品罪”、第365条对于“组织淫秽表演罪”作了明确的规定。

《刑法》第367条对“淫秽物品的范围”作出了如下定义：“本法所称淫秽物品，是指具体描绘性行为或者露骨宣扬色情的诲淫性的书刊、影片、录像带、录音带、图片及其他淫秽物品。有关人体生理、医学知识的科学著作不是淫秽物品。包含有色情内容的有艺术价值的文学、艺术作品不视为淫秽物品。”这是我国法制关于淫

---

① 参见韩旭光：《涉英烈权益保护十大典型案例》，载中华人民共和国最高人民法院官网2022年12月8日，https://www.court.gov.cn/zixun-xiangqing-382301.html。

秽物品的范围界限作出的最权威认定。

3.禁止危害未成年人身心健康的内容

传播淫秽、色情内容破坏公序良俗,同时对淫秽、色情内容的严格禁止还为了保护未成年人。因为未成年人的自制力和甄别能力较弱,对低俗的性信息缺乏足够的免疫力。我国一贯十分重视保护未成年人的身心健康。《中华人民共和国未成年人保护法》第50条规定:“禁止制作、复制、出版、发布、传播含有宣扬淫秽、色情、暴力、邪教、迷信、赌博、引诱自杀、恐怖主义、分裂主义、极端主义等危害未成年人身心健康内容的图书、报刊、电影、广播电视节目、舞台艺术作品、音像制品、电子出版物和网络信息等。”

4.禁止破坏民族团结的内容

我国是一个统一的多民族国家。《宪法》第4条第1款庄严载明:“中华人民共和国各民族一律平等。国家保障各少数民族的合法的权利和利益,维护和发展各民族的平等、团结、互助关系。禁止对任何民族的歧视和压迫,禁止破坏民族团结和制造民族分裂的行为。”我国还是《消除一切形式种族歧视国际公约》的加入国,所以禁止宣扬民族歧视和压迫,是我国承担的国际义务。《刑法》第249条对于“煽动民族仇恨、民族歧视罪”,第250条对于“出版歧视、侮辱少数民族作品罪”进行了明确的规定。

文化产业领域的从业人员,要慎重把握民族问题的尺度。多民族国家特质为文艺创作提供了丰富的民族文化素材,但是,文化产品的内容应首先建立在尊重各民族风俗习惯和宗教信仰的基础上,真正平等、平和、真实地呈现多民族文化和精神。

5.禁止制作、复制、发布不实内容,扰乱社会秩序

各类媒体上传播的内容包括新闻、广告资讯和以著作权为基础的创作性内容。以新闻和广告资讯形式制播的内容必须以真实性为原则,以创作形式制播的内容允许虚构或演绎,但其必须明确提示或标注,未加提示或标注的,致使社会公众、新闻媒体产生误解,成为“不实信息”,会因为扰乱社会秩序而面临行政处罚。如果编造虚假信息,散布谣言,情节严重的,根据我国《刑法》和最高人民法院、最高人民检察院《关于办理利用信息网络实施诽谤等刑事案件适用法律若干问题的解释》第5条的规定,可以按寻衅滋事罪追究刑事责任。

行业实务

创作类短视频必须明确提示或标注

在数字网络环境下，短视频成为内容形式的新风口，受到各大平台和受众的喜爱。依据视频内容，短视频可分为新闻广告资讯类视频和创作类视频，前者以真实性为最高要求，后者可以虚构或演绎，但必须对外注明其创作性的标识。

流量经济下，为博取眼球，各种平台上出现一些摆拍类短视频、剧情类短视频、蹭热点短视频，此类短视频看似新闻事件，实为剧本打底。如果此类短视频不进行明确标注，造成不良社会影响，轻则行政拘留和封禁账号，重则刑法惩处。

创作类短视频跟影视剧、影视节目的创作一样，有剧本很正常，但要注意边界：1. 应明确标明视频的虚构性质。2. 创作内容合规合法，不能违反公序良俗和侵害其他公民的合法权益。

二、私人领域的内容规管

文化产品的内容会涉及公民、法人的合法权益保障问题，如果内容侵害了他人的权益，要承担相应的法律责任。文化产业的内容与公民、法人的合法权益的关系，主要由民法调整，这在法理上称为私法关系。对于私法范围的纠纷采取告诉乃论、不告不理的原则，当事人有自主行使诉权的权利。民法理论把侵害公民、法人权益的行为称为侵权行为。侵权行为必须同时具备四项构成要件：①损害事实的客观存在；②致害行为的违法性；③致害行为与损害事实和后果之间具有因果关系；④致害人主观上有过错。

从文化产品内容合规视角来看，一般发生的侵权，主要是对他人的人格权利方面。人格权，是指人对自身最基本的权利，对其特定的人格利益最重要的权利，事关人格尊严和人身自由。《民法典》第990条第1款列举了人格权的类型，主要有自然人享有的生命权、身体权、健康权、姓名权、名称权、肖像权、名誉权、荣誉权、隐私权等9种类型的人格权①，其中的名称权、名誉权、荣誉权可以为法人和非法人

① 《民法典》“人格权编”没有也不可能把所有的人格权都列举出来，因此，这里用“等权利”。例如，个人的声音随着人工智能开发被越来越多地利用，声音作为一种人格权利的保护正在引发呼吁。

组织所享有。

传统人格法理论重视对人格精神利益的保护,而忽略了现代商业社会中人格权也常用来获取经济利益,因此,现代的民法理论逐渐认同了人格权的财产属性。[①] 在文化产业实践中,民事主体人格权中的姓名权(名称权)、名誉权、肖像权引发纠纷较多,以下介绍这三类行为发生的状况以及要注意的边界问题。

(一)侵害姓名权(名称权)行为

姓名权(名称权),是以姓名、名称等主体的外在标志为内容的人格权。《民法典》第1012条规定:"自然人享有姓名权,有权依法决定、使用、变更或者许可他人使用自己的姓名,但是不得违背公序良俗。"第1013条规定:"法人、非法人组织享有名称权,有权依法决定、使用、变更、转让或者许可他人使用自己的名称。"

随着我国社会主义市场经济不断发展,具有一定知名度的自然人或法人,因其姓名(包括笔名、艺名、译名、网名、别号等)或名称(包括简称、字号等)被公众不断知晓,其姓名(名称)蕴含的无形价值被商业化开发利用的现象日益普遍。从许可人的视角看,他(她)往往通过合同等方式为特定商品、服务代言并获得经济利益,这里涉及如何保护自己的姓名权(名称权)或合法使用自己姓名权(名称权)的领域。从被许可人的视角来看,开发利用他人的姓名(名称)需要获得他人的授权,未经许可擅自使用可能构成侵权。

典型案例

迈克尔·杰弗里·乔丹与国家工商行政管理总局商标评审委员会、乔丹体育股份有限公司"乔丹"商标争议行政纠纷案[②]

【诉讼结论】申请注册商标,侵犯他人在先姓名权,即使该商标的宣传、使用、获奖、被保护等情况形成了"市场秩序",主张该注册商标合法有效的,人民法院不予支持。

【基本案情】再审申请人迈克尔·杰弗里·乔丹(以下简称迈克尔·乔丹)

---

① 梁慧星:《民法总论》,法律出版社2007年版,第92页。

② 参见《指导案例113号:迈克尔·杰弗里·乔丹与国家工商行政管理总局商标评审委员会、乔丹体育股份有限公司"乔丹"商标争议行政纠纷案》,载中华人民共和国最高人民法院官网2020年1月14日,https://www.court.gov.cn/shenpan/xiangqing/216751.html。

与被申请人国家工商行政管理总局商标评审委员会（以下简称商标评审委员会）、一审第三人乔丹体育股份有限公司（以下简称乔丹公司）商标争议行政纠纷案中，涉及乔丹公司的第6020569号“乔丹”商标（即涉案商标），核定使用在国际分类第28类的体育活动器械、游泳池（娱乐用）、旱冰鞋、圣诞树装饰品（灯饰和糖果除外）。再审申请人主张该商标含有其英文姓名的中文译名“乔丹”，属于2001年修正的《商标法》第31条规定的“损害他人现有的在先权利”的情形，故向商标评审委员会提出撤销申请。

商标评审委员会认为，涉案商标“乔丹”与“Michael Jordan”及其中文译名“迈克尔·乔丹”存在一定区别，并且“乔丹”为英美普通姓氏，难以认定这一姓氏与迈克尔·乔丹之间存在当然的对应关系，故裁定维持涉案商标。再审申请人不服，向北京市第一中级人民法院提起行政诉讼。

北京市第一中级人民法院于2015年4月1日作出（2014）一中行（知）初字第9163号行政判决，驳回迈克尔·杰弗里·乔丹的诉讼请求。迈克尔·杰弗里·乔丹不服一审判决，提起上诉。北京市高级人民法院于2015年8月17日作出（2015）高行（知）终字第1915号行政判决，驳回迈克尔·杰弗里·乔丹上诉，维持原判。迈克尔·杰弗里·乔丹仍不服，向最高人民法院申请再审。最高人民法院提审后，于2016年12月7日作出（2016）最高法行再27号行政判决：一、撤销北京市第一中级人民法院（2014）一中行（知）初字第9163号行政判决；二、撤销北京市高级人民法院（2015）高行（知）终字第1915号行政判决；三、撤销国家工商行政管理总局商标评审委员会商评字〔2014〕第052058号关于第6020569号“乔丹”商标争议裁定；四、国家工商行政管理总局商标评审委员会对第6020569号“乔丹”商标重新作出裁定。

【裁判要点】

1. 姓名权是自然人对其姓名享有的人身权，姓名权可以构成商标法规定的在先权利。外国自然人外文姓名的中文译名符合条件的，可以依法主张作为特定名称按照姓名权的有关规定予以保护。

2. 外国自然人就特定名称主张姓名权保护的，该特定名称应当符合以下三项条件：（1）该特定名称在我国具有一定的知名度，为相关公众所知悉；（2）相关公众使用该特定名称指代该自然人；（3）该特定名称已经与该自然人之间建立了稳定的对应关系。

3. 使用是姓名权人享有的权利内容之一,并非姓名权人主张保护其姓名权的法定前提条件。特定名称按照姓名权受法律保护的,即使自然人并未主动使用,也不影响姓名权人按照商标法关于在先权利的规定主张权利。

4. 违反诚实信用原则,恶意申请注册商标,侵犯他人现有在先权利的"商标权人",以该商标的宣传、使用、获奖、被保护等情况形成了"市场秩序"或者"商业成功"为由,主张该注册商标合法有效的,人民法院不予支持。

姓名具有能够商品化的价值,与姓名权人在我国的知名程度、知名领域密切相关,因此,在确定姓名权的保护内容和保护范围时,应综合考虑权利人的知名程度、知名领域及争议商标指定的商品类别。《中华人民共和国商标法》(以下简称《商标法》)第32条规定,申请商标注册不得损害他人现有的在先权利,也不得以不正当手段抢先注册他人已经使用并有一定影响的商标。《商标审查标准》认为在先权利包含了姓名权,并规定未经许可使用公众人物的姓名申请注册商标的,或者明知为他人的姓名,却基于损害他人利益的目的申请注册商标的,应当认定为对他人姓名权的侵害。也就是说,从保护的程度和条件来讲,普通人物姓名和公众人物姓名在我国是不同的。对普通人而言,如果自己的姓名被他人申请注册为商标,只有在申请人明知该姓名为他人所有且基于损害姓名人利益目的而故意申请的情况下才能寻求保护。而公众人物姓名则没有此限制,企图以公众人物姓名注册为商标必须以获得公众人物许可为前提。

此外,在商业化利用中还存在不正当使用他人姓名(名称)的其他情形,在未经授权的情况下,使用与他人姓名在外观上、称呼上和观念上相类似的姓名,变更拼音、字画,全然不变更文字而发音相类似,以及虽有语音不同而观念上则属同一者,均成立姓名权之侵害。[①] 比如,有药厂推出止泻药名"泄停封"[②],文具厂推出涂改液名"流得滑",这种采用"谐音梗"的方式使用他人姓名的,即属于上述情形。

(二)侵害名誉权行为

名誉权,是指公民和法人就其自身属性和价值所获得的社会评价,享有的保有和维护的人格权。《民法典》第1024条规定:"民事主体享有名誉权。任何组织或

---

① 龙显铭:《私法上人格权之保护》,中华书局1948年版,第90页。

② 现改名"泻立停"。

者个人不得以侮辱、诽谤等方式侵害他人的名誉权。名誉是民事主体的品德、声望、才能、信用等的社会评价。”①权利人有要求他人对其进行客观公正的评价，排除他人对其名誉的侵害的权利。

1. 文艺创作自由与名誉权保护的平衡

艺术源于生活。文艺作品依托于现实，同时又具有虚构性，这导致文艺作品可能侵害他人名誉权。如何划分文艺创作自由与名誉权保护之间的界限？《民法典》第1027条规定：“行为人发表的文学、艺术作品以真人真事或者特定人为描述对象，含有侮辱、诽谤内容，侵害他人名誉权的，受害人有权依法请求该行为人承担民事责任。行为人发表的文学、艺术作品不以特定人物为描述对象，仅其中的情节与该特定人的情况相似的，不承担民事责任。”

文艺创作是否侵害他人名誉权，关键是要判断该作品所描述的对象是否可以合理地指向现实中的特定人。如果不以特定人为描述对象，仅是其中描述的某些情节与现实中的特定人的情况相似的，不构成侵犯该特定人的名誉权。如果以真人真事或者特定人物为描述对象，但不含侮辱诽谤内容，没有损害他人名誉的故意的，也不构成侵犯他人名誉权。

行业实务

以真人真事为描述对象的创作自由与名誉权保护

2006年，霍元甲曾孙霍某某向北京市海淀区人民法院提起诉讼，起诉电影《霍元甲》制片方中国电影集团北京制片厂及发行方安乐电影有限公司侵犯名誉权。霍某某认为，影片对于霍元甲有关生平及霍氏家族的描述严重失实，这对众多的霍元甲直系后人构成了一定程度的伤害。虽然法院最后驳回霍氏后人的诉讼请求，认为影片《霍元甲》虽有夸张和虚构之处，但并无侮辱诽谤之描写，故该片并未对霍元甲的名誉构成侵犯，但是，有关专家还是认为，对于霍元甲母亲、女儿被杀，霍家惨遭灭门的情节，电影编剧的处理的确是欠妥的。霍氏后人仍然健在，而且有三代以内的近亲属，这样的处理会给霍氏后人造成精神上

① 中国审判理论研究会民事审判理论专业委员会编著：《民法典人格权编条文理解与司法适用》，法律出版社2020年版，第16页。

的伤害,是客观事实。[①] 相似案件还有杨某某诉电视剧《林海雪原》制片方、薛某某诉电视剧《杨三姐告状》制片方、贾某某诉电视剧《敌后武工队》制片方等。

此类案件有共同点:根据真人真事创作,甚至用的就是当事人的真名(有特定指向);影视剧部分内容与当事人的真实情况有较大偏差;虚构的内容为艺术加工需要,无恶意。司法实践中,此类案件的法院判决较少支持对名誉权的保护。

虚构是文艺创作的前提性条件,有助于增强艺术作品表现力。根据真人真事创作文艺作品,离不开适度虚构,构成名誉权侵害的认定,一般以是否含有侮辱诽谤内容、是否存在主观故意为要件。若真人真事涉及历史和文化名人时,广电总局在《电影剧本(梗概)备案须知》中规定:"涉及历史和文化名人的,还需出具本人或亲属同意拍摄的书面意见。"

如果描写真人真事的文学作品,对特定人进行侮辱、诽谤损害其名誉,使此人的社会评价较之前明显降低,则构成名誉权侵权。除了"指名道姓"式直接侵害他人名誉权,此种侵害行为还表现为"含沙射影""指桑骂槐"等侵犯名誉权的形态。

案例评析

艺术批评宜针对作品本身[②]

【基本案情】2010 年 4 月,郭某某发表《艺术家还是要凭作品说话》一文,批评了目前一位"大红大紫的书画名家"的创作。其中写道:"现在有一位经常在电视、报纸上大谈哲学国学、古典文学、书画艺术的所谓的大红大紫的书画名家。这位名家其实才能平平,他的中国画人物画,不过是'连环画的放大'。他画来画去的老子、屈原、谢灵运、苏东坡、钟馗、李时珍等几个古人,都犹如复印式的东西。人物造型大同小异。他的人物画虽然是写实的,但其中不少连人体

① 刘玉民、陈国强:《法眼看大片——影视作品招致的法律问题》,中国发展出版社 2007 年版,第 24 页。

② 参见"法学专家评说范曾状告郭庆祥侵犯名誉权案",载中国新闻网,https://www.chinanews.com.cn/cul/2011/06-28/3143101.shtml。

比例，结构都有毛病。他的书法是‘有书无法，不足为式’，装腔作势，颇为俗气。他的诗不但韵律平仄有毛病，而且，在内容上，不少是为了自我吹嘘而故作姿态，不足挂齿。”“第二次交货前，我跑到他的画室去看个究竟，出乎意料的是，他将十来张宣纸挂在墙上，以流水操作的方法作画。你猜怎么着？每张纸上先画人头，再添衣服，最后草草收拾一番写款，由他的学生盖章。这哪是画画？分明是在画人民币嘛。”2010 年 9 月，范某起诉文章作者郭某某，称文章已经对自己的名誉权造成严重侵害，要求被告郭某某赔偿原告精神损失费 500 万元。本案历经北京市昌平区人民法院一审和北京市中级人民法院二审，判决被告郭某某向原告范某书面道歉并赔偿原告精神损害抚慰金 7 万元。

【评析】涉案文章是否侵犯名誉权，有两个焦点：一是“流水线作画”是否客观事实？二是文章中的评价用词属于对艺术作品的批评还是对艺术家人格的侮辱？对于“流水线作画”有图为证，法院认可其为客观事实。但该文并未主要围绕作品和其创作方式，从文艺评论专业的角度展开论述，而是转为对作者人格的褒贬，使用的“才能平平”“装腔作势”“自我吹嘘”等贬损他人人格的语言，与文章所谈论的基本事实并无直接、必然联系，已超出了评论的合理限度。文艺批评应该针对艺术作品本身进行评价，把握“对事不对人”的尺度。

2. 人物题材创作中涉及的死者名誉权问题

人物题材是文艺创作的经常性题材，但人物题材必然使用真实姓名描写真人真事。如果描写对象是特定的，而且已经过世，就会涉及死者名誉权的问题。

自然人死亡后不再是权利主体，不能享有民事权利，当然就不能享有名誉权。但死者的名誉遭侵害，其近亲属会因此受到伤害，因此对死者名誉的保护，既是对死者人格利益的保护，也是对死者近亲属利益的保护。

行业实务

一份联合声明的背后

2020 年 8 月 6 日，凤凰传奇影业在官方微博发表声明，“我司系三毛家人及三毛作品著作权所有者皇冠出版社唯一授权的影视化版权方，《流浪的三毛》与我司等均无任何关系！如任何第三方的行为涉及侵权，凤凰传奇影业将保留通过法律维护自身权益的权利”。此前有网络传言称刘某某主演的院线电影《流浪的三毛》即将开机，该声明系凤凰传奇影业针对该网络信息作出的严正声明。声明透露，除凤凰传奇影业以外的任何公司均无权拍摄三毛生平故事之影片。①

基于已故名人的故事素材进行影视化创作，涉及死者名誉权。如何避免法律风险，这份联合声明告诉我们，权利方应及时声明，而使用方需要事先获得名人家属方的同意。然而，一旦已故名人的影视化创作需要家属同意，就会带来死者家属过度干预的问题，面对即使合理的创作，可能有不理解之处。两者如何平衡？的确是个两难问题，值得大家讨论。

3. 公众人物名誉权保护的“轻微伤害容忍”原则

演艺明星、体育明星、政府官员等一般被统称为公众人物。由于他们同社会公共生活有较广泛的联系，他们的言行直接影响公共事务或公共利益，他们的相关言行应当受到公众的监督，满足公众的知情权。并且，公众人物平常在媒体的聚焦下具备一定话语权，与普通大众相比处于一种较强势的地位。因此，对公众人物名誉权的保护肯定区别于普通大众。

我国现有法律中并无“公众人物”的概念，司法实务中也未将“恶意原则”引入名誉权诉讼领域。但我国各地法院在遇到公众人物的名誉权案件时，有相当多的判例均不约而同地遵循“轻微伤害容忍”原则。因为基于公平原则和权利义务相一致原则，公众人物既然从其知名度当中获得了利益，享有更多社会资源，就应当对其知名度所导致的不利和社会监督予以容忍。例如，在2006年的“张某某诉文新集团名誉权侵权案”中，法院的判决认为“虽然该报道会给张某某带来一定的负面影响，但撰写该报道并无主观恶意”。“张某某作为演艺界人士，对歌迷的热情和媒体的追逐，对可能带来的轻微损害应给予适度的理解和宽容。”②

（三）侵害肖像权行为

肖像权，是指自然人在自己的肖像上体现的精神利益和物质利益所享有的人格权。《民法典》第1018条规定：“自然人享有肖像权，有权依法制作、使用、公开或者许可他人使用自己的肖像。肖像是通过影像、雕塑、绘画等方式在一定载体上

---

① 《三毛家人与版权方发布联合声明：未授权拍摄〈流浪的三毛〉》，载新浪网，http://news.sina.com.cn/c/2020-08-06/doc-iivhvpwx9538890.shtml。

② 周俊武：《星路律程——行走娱乐圈法律之道》，法律出版社2008年版，第94页。

所反映的特定自然人可以被识别的外部形象。”

肖像是个人外部形象和特征的再现，不仅指五官、面部，还包括身形、体态等可被辨识的表征。如果人的外表作为风景照片或者其他公共场合的照片中的陪衬，不是肖像；众多人的外表构成的图形，也不是肖像。①

可辨识性是肖像的首要认定条件。在实践中，判断“可辨识”，会以一般公众认知为标准，并结合载体形式、展现特征、展现时间以及场合等相关背景综合考量。自然人照片中的形象能与其本人建立一一对应关系，具有可辨识性，属于其肖像。演员剧照中形象能与其本人建立一一对应关系的，具有可辨识性，属于其肖像。但是，脸谱化演员是否具有肖像权，就要依据可辨识性加以确定，即该形象是否能与其本人建立稳定的一一对应关系。如“章某某诉某在线案”中，二审法院认为，章某某饰演的“孙悟空”完全与其个人具有一一对应的关系，即该形象与章某某之间具有可识别性。在相对稳定的时期内，在一定的观众范围里，一看到章某某扮演的孙悟空形象，就能认出其饰演者为章某某。因此，对肖像权的保护范围应当进行适当的扩张解释，将与肖像有密切联系的形象解释为涵盖在肖像权之中。在某一角色形象能够反映饰演者的体貌特征并与饰演者具有可识别性的条件下，应当将该形象作为自然人的肖像予以保护②。

现代社会，无论是新闻报道、大众娱乐还是商业广告、公共管控，几乎都与肖像利用密切相关，肖像也从画像、相片向影视、雕塑、绘画等传统载体发展，延伸至诸如微信表情、“手办”、漫画等。那些参照个人形象创作的“虚拟形象”，包括美术形象、游戏形象、表演形象等，当该虚拟形象能够充分体现出特定人的体貌特征，一般公众通过该形象能够直接与该特定人建立一一对应关系时，可以视为该特定人形象具有肖像权。在“赵某某诉某涯在线侵犯卡通肖像权一案”中，一审法院认为，“卡通漫画作为绘画艺术的一种形式，只要能反映具有可识别性的自然人形象，就可以成为保护肖像权的对象”③。

---

① 群体肖像，如果在较为私密、非正式场合形成的群像，除合理使用外，群像中任意个人使用该群像，都应当经其他人同意许可。在相对公开场合形成的群像，如毕业集体照、会议合影等，可视为个人向群体让渡了部分肖像利益，故群体中的个人、相关组织者可以不经每个个人许可进行使用，但是，除此之外的第三人仍应取得群像中每个个人、著作权人的许可方可使用。若群像中的个体已经达到可轻易辨识的程度，需要取得授权方可使用。

② 北京市第一中级人民法院民事判决书，(2013)一中民终字第05303号。

③ 《一中院受理赵某某告天涯、谷歌卡通形象侵权二审案》，载北京法院网2011年3月3日，https://bjgy.bjcourt.gov.cn/article/detail/2011/03/id/880542.shtml。

1. 公民肖像权使用的一般规则

《民法典》第1018条规定，肖像权所有人有权依法制作、使用、公开或者许可他人使用自己的肖像。这是对肖像权积极权能的规定。制作肖像，即将肖像以绘画、雕塑、相片等形式予以再现。使用肖像，即将肖像进行展示、商业化利用等。商业化利用包括成为注册商标、制作广告、成为特定商品出售等。公开肖像，即决定肖像在何种范围、以何种方式、向哪些对象展示的权利。许可他人使用，通过许可他人使用，可以使权利人的人格因素通过出让使用实现更大范围的财产价值析出。允许他人制作肖像并获得报酬的，可推定同意将该肖像复制、传播和公开。①

《民法典》第1019条中规定："任何组织或者个人不得以丑化、污损，或者利用信息技术手段伪造等方式侵害他人的肖像权。未经肖像权人同意，不得制作、使用、公开肖像权人的肖像，但是法律另有规定的除外。"这是对肖像权消极权能的规定。2019年年初一段1994年版《射雕英雄传》视频中，黄蓉饰演者朱某的脸被换成了杨某的，支持这种操作的是一种AI换脸技术，通过人工智能算法和机器学习进行模型联系，再将该模型训练运用于对象视频中，将待更换的肖像跟视频中对象人脸进行自动匹配，达到"以假乱真"的效果。AI换脸、声音克隆等深度伪造行为在使用中打破了真实和虚假的界限，具有欺骗性，都属于法条规定的禁止使用情形。

谈到对于文艺创作中侵害公民肖像权问题的认识，必然要提及20世纪90年代初"贾某某状告《秋菊打官司》剧组一案"。当时，北京电影学院青年电影制片厂剧组拍摄《秋菊打官司》一片时，在陕西宝鸡进行纪实性摄影，为取得真实的场景效果，未与当地群众进行协商就进行了纪实性拍摄，有300多人进入了镜头。其中，一位叫贾某某的买棉花糖的公民上镜大约4秒钟。她患过天花，脸上有麻子，结果受到了熟人的嘲笑。为此，她状告青年电影制片厂侵犯其肖像权。此案最后以调解结案，一直没有得到一个清楚的判决。② 从贾某某状告《秋菊打官司》剧组一案的法庭争议，到《民法典》第1019条的明确规定，我国法治文明建设越来越走向成熟，公民个体的权利也日益受到保护和尊重。

艺术创作的纪实手法具有真实表达的力量感。那么，2021年1月1日《民法

---

① 中国审判理论研究会民事审判理论专业委员会编著：《民法典人格权编条文理解与司法适用》，法律出版社2020年版，第194页。

② 参见贾某某诉北京电影学院青年电影制片厂侵害肖像权案，北京市第一中级人民法院(1995)中民终字第797号民事裁定书。

典》正式实施起,在来不及取得对方同意的情况下,该如何合法地在公共场合对路人进行偷拍、跟拍、街拍？这里介绍美国好莱坞影视公司的两种做法。一种叫“镜头前的口头豁免”(On-Camera Verbal Release)。电影公司在拍摄当事人的过程中,须明确告诉当事人:目前正在拍摄某部纪录片,当事人入镜的场面有可能不被采纳,也有可能被采纳并出现在日后公开发布的影视媒体中。这时,只要被采访的当事人在听到上述说明后没有提出反对意见,同意继续拍摄,而拍摄镜头又忠实地记录了上述这一幕,那么,就可以视为电影公司已经获得了当事人的“口头豁免”。另一种叫“警示牌”。电影公司在拍摄时,常常会在拍摄区域贴出一个警告指示牌,并注明“拍摄进行中,请绕行。若进入拍摄地,视为同意入镜”的声明,以免除自己的责任。①

为了平衡肖像权人与社会公众利益,《民法典》第1020条规定了可以不经肖像权人同意,合理使用公民肖像权的行为,它们包括:①为个人学习、艺术欣赏、课堂教学或者科学研究,在必要范围内使用肖像权人已经公开的肖像。②为实施新闻报道,不可避免地制作、使用、公开肖像权人的肖像。③为依法履行职责,国家机关在必要范围内制作、使用、公开肖像权人的肖像。④为展示特定公共环境,不可避免地制作、使用、公开肖像权人的肖像。⑤为维护公共利益或者肖像权人合法权益,制作、使用、公开肖像权人的肖像的其他行为。

2. 肖像作品权利人使用公民肖像权的规则

《民法典》第1019条第2款对肖像作品权利人作出了限制性规定:“未经肖像权人同意,肖像作品权利人不得以发表、复制、发行、出租、展览等方式使用或者公开肖像权人的肖像。”根据肖像的特点,参照《著作权法》第3条规定,可成为肖像权作品的有美术作品、建筑作品、摄影作品和视听作品。同时,鉴于对于声音利益的保护参照肖像权的规定,还可能构成音乐、戏剧、曲艺、舞蹈、杂技艺术作品。根据人格权保护的优先性原则,肖像作品权利人未经肖像权人允许,不得就该作品进行使用或公开,包括但不限于以发表、发行、出租、展览等方式。

生活中会发生艺术家著作权与模特肖像权冲突的案例,特别是在那些以人体作为创作素材的艺术活动中尤为常见。② 不可否认,艺术家在创作过程中会融入主观创造,有时人物形象还是在参照多位模特之后凝练而成。但只要作品人物形

---

① 宋海燕:《娱乐法》(第2版),商务印书馆2018年版,第220~221页。

② 参见程胜清:《裸体油画〈尘〉引发法律争议　模特向画家主张权利》,载人民美术网2012年4月25日,http://www.peopleart.tv/21600.shtmlh。

象能与模特本人建立能被识别的特定联系,模特就拥有肖像权。在影视行业,影视剧演员同意出演作品时,即被推定其对制作方在合理范围内制作、使用其肖像的授权,而艺术行业没有此惯例。因为美术作品肖像一般只涉及个位数模特,而影视剧的演员成百上千,难以做到肖像的一一授权。因此,建议艺术从业者通过书面合同的形式与模特明确权利义务关系,避免法律风险。

3. 演员剧照中的肖像权使用规则

肖像权的商业化使用过程中,比较多地会涉及一类特殊的公民,他们不仅像其他公民那样拥有作为人格权的肖像权,而且,他们的肖像会与其创作的角色纠缠在一起,因此常常卷入诉讼,他们就是影视剧中的演员。

根据我国《著作权法》的规定,电影、电视作品的著作权均属于制片方享有,那么,影视演员在剧照中是否还具有肖像权?影视演员同意饰演角色,其实质就是对其肖像在电影、电视中许可使用的默认,但在目前的演出合同中,条款内容还没细化到对演员的人物剧照用于除电影、电视宣传领域外的商业领域如何处置。在我国的司法实践中,此类案件出现了不同的判决标准。

在卓某诉伊利公司等使用其父在影视作品中扮演的角色形象侵害肖像权一案中,法院认为:"原告之父思某某在影片《马可·波罗》中扮演的贝克托的形象是特定历史人物的艺术形象,尽管该艺术形象与其本人的生活形象差别不大,也不能认为是思某某个人形象在客观上的再现。因此,被告伊利公司为其产品'伊利牌奶茶粉'做广告所使用的《马可·波罗》电影中思某某所扮演的部落酋长贝克托的镜头,不构成侵犯演员思某某的肖像权。原告的主张不能成立。"①而在"蓝某某诉天伦王朝饭店有限公司等肖像权、名誉权侵权一案"中,法院判决指出:"蓝某某对其塑造的'秦二爷'享有肖像权,反映表演者面部形象特征的电影剧照上不仅承载了电影的某个镜头,也承载了表演者的面部形象,具有一幅肖像作品,涉案剧照上存在着肖像权与肖像作品著作权的双重权利,著作权的行使不能淹灭肖像权。电影的著作权人在以电影播放形式行使著作权时无须征得表演者的同意,但超出于使用或宣传电影作品有关的活动范围的使用就得征得表演者的许可或有特殊约定。"②

影视剧照中的演员形象表现了演员的个体特征,即使是同一个角色,不同的演

① 蒋凯:《中国音乐著作权管理与诉讼》,知识产权出版社2008年版,第218页。

② 蒋凯:《中国音乐著作权管理与诉讼》,知识产权出版社2008年版,第218页。

员塑造的艺术形象也有所不同，因此，必然承载着演员的人格利益。如果影视剧照能够反映影视演员本人的外部特征，足以使他人辨认出是该演员，则应认定该剧照具有肖像的特征，在法律上应视为该演员的肖像。不过，虽然影视演员对于其生活照与影视剧照都可享有肖像权，但两者还是有区别的。因为演员的同意出演，意味着其对制作方制作、使用其肖像的授权，是演员对自己肖像使用权的出让。当然，作为著作权人的制作方，在使用影视剧照时也有一个合理使用的问题，如果用于影视剧宣传之外的商业领域时，就需要取得事先的使用约定。第三方使用剧照中的演员肖像，则需要取得演员对于肖像权和制片方对于著作权的双重许可。

然而，上述结论对于特型演员并不适用。所谓“特型演员”，是指影视剧中出现为世人所熟悉的著名历史人物或当代名人的时候，为了在银幕上真实地再现这些人物的外貌，需要容貌相似或经过化妆达到形似的演员来扮演。特型演员通过特定造型以已有的特定人物外形出演，目的就是希望观众忽略其本人肖像，而尽可能地被辨认为就是某个特定人物。因此，在这种情况下，演员不宜主张其自身的肖像权。换言之，即使在公众看来，特型演员所饰演的艺术形象与本人的生活形象差别不大，也不能认为是其个人形象在影视剧中的再现，因此相应的特型演员对于剧照不应享有肖像权。

案例评析

艺龙网的“某躺”表情包被判侵权

【基本案情】艺龙网是知名旅游信息服务网站。2016 年 7 月 25 日，艺龙网在其新浪官方微博号“艺龙旅行网”中发布了“某躺”的配图微博，以图片配台词的形式，在每张图片中添加台词字幕，通过介绍“某躺”，代入与网站业务相关的酒店预订。

某躺图片来自电视剧《我爱我家》的剧照，剧中，演员葛某扮演纪春生（二混子），该角色在剧中将身体完全瘫在沙发上的放松形象被称为“某躺”，成为 2016 年网络热词。葛某认为艺龙网擅自加工和使用其肖像图片，具有明显的商业属性，遂将其告上法院。艺龙网辩称：剧照与个人肖像不能等同，两者之间存在明显区别，剧照使观者直接联想到本人时，该剧照才能等同于肖像。受众看到“某躺”时想到的是其背后的文化内涵而非演员本人，其效果并非肖像性质，与传统商业使用肖像存在区别，不会使网络用户误认。该案经过北京市海淀区法院一审和北京市中级人民法院二审,最终判定艺龙网使用"某躺"表情包侵犯葛某肖像权,赔偿葛某7.5万元,并赔礼道歉。

【评析】艺龙网对演员葛某剧照的商业性使用,需同时获得电视剧著作权和演员肖像权的双重许可。本案仅涉及演员肖像权问题,争议的焦点之一就是剧照中的人物形象如何能够对应演员本人的肖像权。对此,一审法院进行了如下论述:剧照涉及影视作品中表演者扮演的剧中人物,当一般社会公众将表演形象与表演者本人真实的相貌特征联系在一起时,表演形象亦为肖像的一部分,影视作品相关的著作权与肖像权并不冲突。《我爱我家》中的"某躺"造型确已形成特有的网络称谓,并具有一定的文化内涵,但一般社会公众看到该造型时除了联想到剧目和角色,也不可避免地与葛某本人相联系,该表现形象亦构成原告的肖像内容。①

由此可见,对一个演员而言,无论是现实中的真实形象,还是在影视剧中扮演的角色形象,只要相关形象能够反映该演员的体貌特征,并且在公众中建立该形象与演员之间的一一对应关系,就属于该演员的肖像权保护范围。

表情包是随着社交网络出现的新事物,因其表意简洁、风格有趣,成为受人欢迎的图文符号,其自身视情况被认定为计算机软件作品或美术作品。同时,其制作、使用和传播也应在法律规定范围内,尊重他人权益。

4. 声音保护参照肖像权的有关规定

生活当中,大家都用到过名人声音导航。随着新兴科技的发展,声纹模拟越来越多地被使用到各个领域,进行商业化开发,如,为虚拟形象配音,模仿甚至冒充那些著名的声音等。

《民法典》第1023条第2款规定:"对自然人声音的保护,参照适用肖像权保护的有关规定。"

自然人的声音是个人标识之一。个人的声调、响度、音色等物理特征各不相同,组成了独一无二的声纹,具有很强的唯一性,其稳定性远超自然人的容貌。参照肖像权保护的规定,自然人对自己的声音具有支配权,未经本人允许,他人不得对本人声音进行录制、保存。自然人对自己的声音具有使用权,既可以进行商业化运用,也可以进行各种改编、加工、再创作,未经本人允许,他人不得对其本人的声

① 北京市第一中级人民法院民事判决书,(2018)京01民终97号。

音进行使用(不限于商业运作)、加工(无论是否具有主观恶意)。自然人对自己的声音具有公开权,即决定在何种场合、何种范围向哪些对象进行公开呈现。特别需要说明的是,公众人物的讲话或者录音用于公共事务应予允许。但是,公众人物在私人场合的谈话或者录音,所体现的声音利益仍然需要保护,其所表达的内容也属于隐私权保护的范畴。①

声音标识具有可识别性,不仅可以用于区别自然人,还可用于标志商品或服务,消费者也可较为轻易地建立声音与特定产品或者服务之间的联系。2014年修改的《商标法》,放弃了此前单一的"可视性"标准,将声音纳入可以注册的范围内。声音商标与声音权益的保护存在两点不同。第一,参照肖像权保护的声音权益只能由自然人享有,但是,声音商标的权利人可以是自然人,也可以是法人和非法人组织。比如,腾讯QQ的提示音"嘀嘀嘀嘀嘀嘀",获准注册为声音商标。第二,纳入可注册范围的声音需要具备显著性和独特性,比如为《舌尖上的中国》配音的李立宏的声音、为《动物世界》配音的赵忠祥的声音等,第一时间能让听众锁定其中的联系。

第三节　文化产业内容审查制度

对涉及政治性、色情、暴力性等内容进行审查,是世界各个国家和地区的通行做法。区别在于审查制度略有不同,采取的形式也多种多样。从实施模式而言,主要有审查制和分级制两种。审查制是指进入传播环节前的内容,经过审查机构的审查,获得通过(包括修改后通过)或者不通过两种结论,通过的可以进入后续环节,不通过的就此终止。分级制是指进入传播环节前的内容,经过审查机构的审查,确定其所属级别,然后根据级别进入后续与其级别相配套的传播渠道,与对应的受众接触。我国根据具体国情,对文化产业内容采取审查制,为文化产业的健康发展保驾护航。

一、内容审查制度概述

严格的内容审查制度,表明国家对于内容产业繁荣发展的重视,防止有害内容

① 中国审判理论研究会民事审判理论专业委员会编著:《民法典人格权编条文理解与司法适用》,法律出版社2020年版,第215页。

损害国家、社会、集体和个人的利益,防止有害内容毒害未成年人。

自新中国成立以来,历经实施积累和规范调整,我国形成了具有中国特色的内容审查制度。

(一)审查特点

我国传统媒体时代的内容审查制度主要有前置审查、政府审查、多重审查三大特点。

1. 前置审查

所谓前置审查,是指对文化产品的内容进行传播前的过审。

审查提交的是已经制作完成的内容母件,包括书的样稿、音乐母盘、电影标准拷贝、演出节目及其视听资料等。审查机构对提交的内容进行审查把关,审查通过的内容依法发给许可证,然后进入后续环节,而且,内容不容许再行改动。前置审查有助于政府完全掌控即将面世的内容。

2. 政府审查

我国内容审查是政府审查,具体由国务院各文化行政主管部门主导。图书、音像、电子出版物、连续性电子出版物等的内容审查由国家新闻出版署主导;电影审查由国家电影局主导;电视剧审查由国家广播电视总局主导;演出展会审批由文化和旅游部主导。

政府审查与一般行业协会审查或社团发起审查不同,审查机构的设置、审查专家名单、审查标准和审查程序等,都在政府主导下确立。“这种审查性质是由我国的文化审检理念决定的。”①

3. 多重审查

我国内容审查设置在产业链多个环节实施多重审查,在制作前进行题材立项审查、在传播前进行产品内容审查。不仅如此,内容审查通过后,如果内容的名称或情节有所改动,需要重新申报审查;如果从事其他事项,如参展、参赛、出口等,还需要履行另外的备案手续。

多重审查还表现在产业活动主体资质的审查与内容审查互为关联。以出版行业为例,根据《出版管理条例》第62条的规定,出版单位,印刷或者复制单位、发行单位如果对于禁止内容审查不力,情节严重的,会被原发证机关吊销许可证。

---

① 魏永征、李丹林主编:《影视法导论——电影电视节目制作人须知》,复旦大学出版社2005年版,第77页。

(二)审查标准

内容审查主要集中在题材立项和内容制作两个阶段,审查申请单位需要了解官方审查机构的审查标准,以备自审和送审。简单来讲,需要对"是否属于重大革命和历史题材?""是否违反一般禁载规定?"作出判断。这是我国对于文化内容审查的两项重要标准。

1. 重大革命和历史题材

重大革命和历史题材,简称"重大题材"。哪些选题属于重大题材的范围?目前还没有设立文化产业全国性行业组织,因此,对重大题材的范围还没有出台统一的标准。查阅现行实施最严格的出版行业和影视行业关于重大题材的规范性文件,2003 年国家广电总局颁布的《关于调整重大革命和历史题材电影、电视剧立项及完成片审查办法的通知》有这样的表述:"凡以反映我党我国我军历史上重大事件,描写担任党和国家重要职务的党政军领导人及其亲属生平业绩,以历史正剧形式表现中国历史发展进程中重要历史事件、历史人物为主要内容的电影、电视剧,均属于重大革命和历史题材影视剧。"国家新闻出版署 2019 年修订的《图书、期刊、音像制品、电子出版物重大选题备案办法》,明确列出了属于重大题材的 12 种选题。具体包括:

(1)有关党和国家重要文件、文献选题。

(2)有关现任、曾任党和国家领导人讲话、著作、文章及其工作和生活情况的选题,有关现任党和国家主要领导人重要讲话学习读物类选题。

(3)涉及中国共产党历史、中华人民共和国历史上重大事件、重大决策过程、重要人物选题。

(4)涉及国防和军队建设及我军各个历史时期重大决策部署、重要战役战斗、重要工作、重要人物选题。

(5)集中介绍党政机构设置和领导干部情况选题。

(6)专门或集中反映、评价"文化大革命"等历史和重要事件、重要人物选题。

(7)专门反映国民党重要人物和其他上层统战对象的选题。

(8)涉及民族宗教问题选题。

(9)涉及中国国界地图选题。

(10)反映香港特别行政区、澳门特别行政区和台湾地区经济、政治、历史、文化、重要社会事务等选题。

(11)涉及苏联、东欧等社会主义时期重大事件和主要领导人选题。

(12)涉及外交方面重要工作选题。

2. 一般禁载规定

对于内容审查的一般性禁载,《文化产业促进法(草案征求意见稿)》第 11 条具体规定了 8 种禁止情形:“任何组织和个人创作、生产、传播、展示文化产品和提供文化服务,应当遵守宪法和法律法规,遵守公共秩序,尊重社会公德,不得危害国家统一、主权和领土完整,不得危害国家安全、荣誉和利益,不得宣扬恐怖主义、极端主义,不得违反国家民族宗教政策、煽动民族仇恨、破坏民族团结,不得歪曲、丑化、亵渎、否定英雄烈士事迹和精神,不得宣扬邪教、迷信、淫秽、赌博、暴力、吸毒和教唆犯罪,不得损害未成年人身心健康,不得侵害他人名誉、隐私、知识产权和其他合法权益。”

文化产业的各行业门类之间存在较强的异质性,所以各行业进行行业内容审查时,除了遵守文化产业共通的内容审查标准,还会根据自己行业的运行特点,增加其他的标准。比如,现行《营业性演出管理条例》规定了“表演方式恐怖、残忍,摧残演员身心健康的”“利用人体缺陷或者以展示人体变异等方式招徕观众的”等禁止性情形。

在进行内容审查时,只要产品内容的主旨、主题和主要内容违反了上述禁载情形的任何一条,审查就会通不过。如果个别情节、画面、用词用句等含有禁载内容,则会进入修改再复审程序。

二、互联网环境下的内容审查制度

互联网的出现彻底改变了内容传播形式,基于网络便捷、可供、同步交互等特性的网络内容在生产、上传、储存、聚合、分发等方式上都区别于以往,内容审查制度经受全面冲击。

(一)互联网环境对内容审查制度提出挑战

播出的融媒介优势吸引内容纷纷转移至线上,成万上亿的内容创作者和制作者纷纷建立与互联网世界的联结,如何在制与播之间设置一道适合互联网场景的过滤网?重新检视内容审查制度一事摆上日程。

互联网环境下文化内容制播具有不同于以往的新特点。

1. 海量的内容

超越时空限制的网络有着海量的存储空间,这是网络最吸引文化内容提供者的地方,即网络平台具备无限的可供性。换句话说,只要你传上去,网络总有地方让你面世,而且长尾。日积月累,过去、现在和未来,网络上内容的体量超出人类想象力,每时每刻呈几何级增长的内容发送至网络,审查人员纵有千眼也难以应付。

2. 不经编辑过滤的直接上传

前互联网时代,所有传至受众的内容都经过了编辑的层层过滤,图书稿件更是设置了三审责任制度①。但是,在互联网上发布内容,可以轻松跨越编辑门槛,特别是那些自媒体内容和直播内容,随意性强,即时上传即时播出。

3. 互动创作和连续发布的动态性

互联网上传播的内容,一类是线下过审内容经过电子扫描技术或人工输入等方式进入互联网络;另一类是基于互联网特性创作生成的内容,如在作者(有时多个)和读者互动之间不断接力成形的内容,甚至通过有关计算机软件生成的内容。网络内容的叙事呈现跨媒体,网络内容的发布多以系列形式呈现,时时更新。

前互联网时代的内容审查制度,其核心是前置审查、政府审查和多重审查,前置审查有利于将有害内容在传播之前一一剔除。政府审查有助于管理部门完全掌控内容制播局面。多重审查,有利于层层把关,保证万无一失。审查制度有待进一步优化。

首先,审查机构难以独自应对海量的待审内容。随着文化产业的繁荣发展,每年线下待审内容已经翻几倍地扩容,电影电视剧审查权已经部分下放到省级相关部门,如果海量的线上内容再行审查,无论人力、物力还是行政管理成本对行政管理部门来说都是巨大的考验。

其次,前置审查无法适应部分网络内容边创边改,边创边播的客观状态。前置审查需要提交完片、完稿等完件内容,而且一旦过审,不允许更改内容。于是,网络内容制播的即时性与前置审查的延时性发生冲突,导致审查制度在网络世界的不适症。

最后,前互联网时代文化内容在编辑、复制、发行、播出各环节具有明显的前后区分,四个环节属于四种不同时发生的不同行为,但是,在互联网环境下,复制、发行和播出三种行为合而为一,多重审查也无从谈起。

面对互联网世界对内容审查制度的新挑战和新要求,《中华人民共和国网络安全法》(以下简称《网络安全法》)第8条明确:“国家网信部门负责统筹协调网络安全工作和相关监督管理工作。国务院电信主管部门、公安部门和其他有关机关依照本法和有关法律、行政法规的规定,在各自职责范围内负责网络安全保护和监督

① 《图书质量保障体系》(1997年公布)第8条。

管理工作。”第 47 条规定:“网络运营者应当加强对其用户发布的信息的管理,发现法律、行政法规禁止发布或者传输的信息的,应当立即停止传输该信息,采取消除等处置措施,防止信息扩散,保存有关记录,并向有关主管部门报告。”概括而言,我国网络内容审查制度与线下内容审查制度不同,特点为平台自审+政府监管,其核心用一句话概括,就是“谁办网谁负责”。

(二)审查制度对互联网内容治理的回应

网络平台在网络文化产业各活动主体中,属于网络内容服务提供者,通过互联网向上网用户提供内容的服务活动,主要是内容增值和发布,向上对接互联网内容提供者,向下对接网络受众。与其对接的内容提供者,一类是职业生产内容者,一类是专业生产内容者,还有一类是用户生产内容者,其中,用户生产内容者上传的内容比较零乱复杂,需要严加审查。不过,从平台履行审查责任出发,依内容本身进行区分比依照内容提供者的身份进行区分更为理性。

平台审查的内容,第一类是线下已经过审的内容,包括与已出版的图书、报纸、期刊、音像制品、电子出版物等内容相一致的数字化作品;已获放映许可证(龙标)的电影;已获发行许可的电视剧。第二类是持有制作资质许可证的单位制作但未申请线下审查的上传内容,比如持有《电视节目制作经营许可证》的单位拍摄的网络综艺节目、网剧。第三类是播出网站自制但未申请线下审查的内容。第四类是未持有制作资质许可证的单位和个人上传的内容。以上第一类内容,属于条件“过硬”的内容,可以播出;第二类内容需要审查后播出,并验证对方的制作资质许可材料;第三类内容属于自制自播内容,平台方必须同时拥有制作资质的许可证和从事播出服务的许可证,比如同时拥有《电视节目制作经营许可证》和《信息网络传播视听节目许可证》;第四类内容只要平台予以转发即视为平台自制节目,不仅平台自身需要制作资质的许可证,还要验证对方的真实身份信息。

平台进行内容审查时依据的审查标准、审查规程、审查人员配备、审查责任落实、数字标识管理等,大家可以从现行《网络出版服务管理规定》《互联网视听节目服务管理规定》《互联网文化管理暂行规定》等法规性文件中详细了解,这里不做赘述。

鉴于网络内容生产传播的特殊性,网络内容审查制度贯彻“谁办网谁负责”原则,收紧网络内容的审查口子。但是,网络平台是网络文化产业的活动主体,作为网络内容服务提供者,不仅与网络内容提供者利益一致,而且文化产业范畴中的网络平台,皆属于经营性服务单位,自身的趋利性质导致它们难以自我管理。因此,网络内容审查制度在顶层设计上强化政府监管力度，设置托底保障措施。

第一，加强政府监管。对于网络文化内容审查，我国于2016年通过《网络安全法》，国务院于2000年公布并于2011年修订《互联网信息服务管理办法》，各文化行政管理部门纷纷出台法规性文件，为网络内容审查编织了一张法规制度网。此外，平台审查的同时，政府部门会定期抽查。比如，出版行政主管部门定期组织内容审读和质量检查，实行年度核验制度，要求网络出版服务单位设置"举报点击"按钮。

第二，重大题材备案。出版物中属于重大题材的内容，线上线下一个标准，都应当按照原国家新闻出版广播总局有关重大选题备案管理的规定办理备案手续。视听节目中属于重大题材的内容，同样要求办理备案手续。属于重大题材范围的视听节目，具体包括："互联网视听节目服务单位招商主推的节目；拟在互联网视听节目服务单位网站（客户端）主页推广的节目；拟优先供网站会员观看的节目；投资超过500万元的网络剧或投资超过100万元的网络电影（微电影）；互联网视听节目服务单位自愿备案的其他重点网络原创视听节目。"①据此规定，网络视听节目中的几乎所有头部内容都被一网打尽。这些节目在策划阶段就要向广电总局或直属管理部门备案，在进行较为充分的前期沟通后，再进行创作和播出，保证了网络内容健康向上的基本面。

第三，游戏前置审批。网络游戏在网络内容市场份额巨大，根据中国音数协游戏工委与中国游戏产业研究院发布的《2022年中国游戏产业报告》，2022年用户规模达6.64亿人。② 对于网络游戏的内容监管，政府严抓不放，实施总量控制，前置审批。网络游戏兼具连续性电子出版物和文化产品的特性，上网运营前，需要向出版行政部门申请审查③，获批版号才能运营。上网运营后，接受文化行政部门的事中、事后过程监管。

第四，制作资质许可。通过提高内容制作环节的资质要求确保播出环节的内容健康。互联网内容制作者不管是职业生产内容者还是专业生产内容者，都必须具有合法的资质，没有资质的内容生产者提供的内容由持有许可证的平台兜底负

---

① 原国家新闻出版广电总局《关于进一步加强网络原创视听节目规划建设和管理的通知》（2016年）。

② 《2022年中国游戏产业报告》，载新浪网2023年2月14日，https://k.sina.com.cn/article_1255795640_4ad9ebb80400116gz.html。

③ 参见原国家新闻出版广电总局办公厅《关于移动游戏出版服务管理的通知》（2016年）。

责,视为平台自制内容。

第五,重播重审。网络发布内容有可擦性,可以随时删除、补充、修改甚至篡改。因此,网络平台的内容审查被要求做到重播重审。

通过对现行我国网络内容审查制度的梳理,可以发现,网络不是法外之地!“线上线下,一把尺子,一个同心圆”是未来我国网络内容审查的必然趋势。所以,平台自审,其所持标准应积极向线下看齐,对平台而言,意味更高的要求和更大的责任。

三、网络平台对侵权内容的合理注意义务

在网络内容的制与播之间设置过滤网,网络平台负有主要的过滤义务。其过滤的内容有两大类。一类是涉及政治性、暴力性和色情性的禁止性内容,这类内容属于公权领域,网络平台负有事先审查的义务。另一类是涉及侵害他人人格权或知识产权的内容,这类内容属于私权领域,网络平台在播放行为实施过程中负有合理注意义务。根据原《中华人民共和国侵权责任法》(以下简称原《侵权责任法》)第 36 条的规定:“网络用户、网络服务提供者利用网络侵害他人民事权益的,应当承担侵权责任。网络用户利用网络服务实施侵权行为的,被侵权人有权通知网络服务提供者采取删除、屏蔽、断开链接等必要措施。网络服务提供者接到通知后未及时采取必要措施的,对损害的扩大部分与该网络用户承担连带责任。网络服务提供者知道网络用户利用其网络服务侵害他人民事权益,未采取必要措施的,与该网络用户承担连带责任。”①《信息网络传播权保护条例》和最高人民法院《关于审理侵害信息网络传播权民事纠纷案件适用法律若干问题的规定》等对网络平台的合理注意义务作出了明确规定。

案例评析

“胖虎打疫苗”案:NFT 数字作品交易平台应尽何种程度的合理注意义务②

【基本案情】本案原告为深圳奇策迭出文化创意有限公司,被告为杭州原与宙科技有限公司。原告经授权,享有漫画家马某某“我不是胖虎”系列作品在全

① 《民法典》对原《侵权责任法》修订后,对应《民法典》侵权编第 1194 条、第 1195 条和第 1196 条。

② 参见一审:杭州市互联网法院民事判决书,(2022)浙 0192 民初 1008 号;二审:浙江省杭州市中级人民法院民事判决书,(2022)浙 01 民终 5272 号。

球范围内独占的著作权财产性权利,其发现被告经营的“元宇宙”平台上,有用户发布“胖虎打疫苗”NFT,售价899元。该NFT数字作品与马某某在微博发布的插图作品完全一致,甚至在右下角依然带有作者微博水印。原告认为,被告行为构成信息网络传播权帮助侵权,故诉至法院。负责本案一审的杭州互联网法院判决认定:NFT(Non-Fungible Token)本质上是一项权益凭证。被告经营的“元宇宙”平台作为NFT数字作品交易服务平台,未尽到审查注意义务,存在主观过错,其行为已构成帮助侵权,立即删除涉案平台上发布的“胖虎打疫苗”NFT作品,同时赔偿经济损失及合理费用合计4000元。浙江省杭州市中级人民法院二审判决驳回上诉,维持原判。

【评析】NFT借助区块链技术构建数字作品的唯一凭证,是区块链技术的应用之一,NFT交易模式下产生的法律效果是财产权的转移,但是,实现财产权转移需要先行上架发布,以公示交易所需的各种信息。这必然涉及对作品的复制和信息网络传播,涉及著作权人、铸造者、平台企业、买受人等各类主体的权利义务关系。本书仅就平台的合理注意义务展开,涉案平台不仅发布内容,还服务数字作品交易,其盈利模式是从数字作品NFT交易本身收取一定比例的费用。因此,法院判决涉案平台不仅需要履行一般网络服务提供者的责任,还应当建立一套知识产权审查机制,确认NFT数字作品铸造者具有适当权利。本案被称为NFT第一案,明确互联网数字内容交易服务平台不仅应尽事后“通知与移除”义务,还要承担更高的审查注意义务,需要对用户所提供的用于制作数字藏品的图片进行事前审查。

(一)关于“通知与移除”规则

对于网络平台的“通知与移除”规则,《信息网络传播权保护条例》第15条规定:“网络服务提供者接到权利人的通知书后,应当立即删除涉嫌侵权的作品、表演、录音录像制品,或者断开与涉嫌侵权的作品、表演、录音录像制品的链接,并同时将通知书转送提供作品、表演、录音录像制品的服务对象;服务对象网络地址不明、无法转送的,应当将通知书的内容同时在信息网络上公告。”

(二)关于“避风港”条款

“避风港”条款最早出现在美国于1998年制定的《数字千年版权法案》(DMCA法案),是指在发生著作权侵权案件时,当网络服务提供商只提供空间服务,并不制作网页内容时,如果网络服务提供商被告知侵权,则有删除的义务,否则就被视为侵权。如果侵权内容既不在网络服务提供商的服务器上存储,又没有被告知哪些内容应该删除,则网络服务提供商不承担侵权责任。“避风港”条款也被扩展应用于提供搜索引擎、网络存储、在线图书馆等服务的提供商处,是一种针对网络服务提供者的责任豁免原则。

我国网络著作权的“避风港”规定体现在《信息网络传播权保护条例》第20条、第21条、第22条和第23条,四项条款分别对网络平台在提供自动接入传输服务、自动存储服务、信息存储空间服务、提供搜索或者链接服务时可以享有责任豁免的具备条件进行了规定。

(1)提供自动接入传输服务的情形。网络服务提供者根据服务对象的指令提供网络自动接入服务,或者对服务对象提供的作品、表演、录音录像制品提供自动传输服务,并具备下列条件的,不承担赔偿责任:①未选择并且未改变所传输的作品、表演、录音录像制品;②向指定的服务对象提供该作品、表演、录音录像制品,并防止指定的服务对象以外的其他人获得。

(2)提供自动存储服务的情形。网络服务提供者为提高网络传输效率,自动存储从其他网络服务提供者获得的作品、表演、录音录像制品,根据技术安排自动向服务对象提供,并具备下列条件的,不承担赔偿责任:①未改变自动存储的作品、表演、录音录像制品;②不影响提供作品、表演、录音录像制品的原网络服务提供者掌握服务对象获取该作品、表演、录音录像制品的情况;③在原网络服务提供者修改、删除或者屏蔽该作品、表演、录音录像制品时,根据技术安排自动予以修改、删除或者屏蔽。

(3)提供信息存储空间服务的情形。网络服务提供者为服务对象提供信息存储空间,供服务对象通过信息网络向公众提供作品、表演、录音录像制品,并具备下列条件的,不承担赔偿责任:①明确标示该信息存储空间是为服务对象所提供,并公开网络服务提供者的名称、联系人、网络地址;②未改变服务对象所提供的作品、表演、录音录像制品;③不知道也没有合理的理由应当知道服务对象提供的作品、表演、录音录像制品侵权;④未从服务对象提供作品、表演、录音录像制品中直接获得经济利益;⑤在接到权利人的通知书后,根据本条例规定删除权利人认为侵权的作品、表演、录音录像制品。

(4)提供搜索或者链接服务的情形。网络服务提供者为服务对象提供搜索或者链接服务,在接到权利人的通知书后,根据本条例规定断开与侵权的作品、表演、录音录像制品的链接的,不承担赔偿责任;但是,明知或者应知所链接的作品、表演、录音录像制品侵权的,应当承担共同侵权责任。

案例评析

乐视网信息技术(北京)股份有限公司与北京百度网讯科技有限公司侵害作品信息网络传播权纠纷案[①]

【基本案情】被上诉人(原审原告)乐视网信息技术(北京)股份有限公司(以下简称乐视公司)合法拥有电视剧《宫》(又名《宫锁心玉》,以下简称涉案电视剧)在中国的独家信息网络传播权。2011年8月,乐视公司发现北京百度网讯科技有限公司(以下简称百度公司)未经合法授权,未支付报酬,在其经营管理的百度网“百度贴吧”栏目中为网民提供涉案电视剧点播服务,侵害了乐视公司享有的独家信息网络传播权,乐视公司诉至法院。百度公司辩称:1. 百度公司经营的百度贴吧提供信息存储空间服务,其中的内容均由网民自行上传,百度公司不负有事先审查义务。百度贴吧不是专门提供视频的栏目,对于其中用户所贴的视频内容不具有较高的预见性。且贴吧中有几十亿的发帖量,在技术上无法逐一审查,无法知晓全部发帖所涉及的侵权行为。2. 百度公司已及时删除了涉案电视剧,就百度贴吧中网友发帖行为履行了事前提示和事后监管义务。3. 百度公司尽到了合理的注意义务,不存在主观过错。百度贴吧没有为涉案电视剧进行推荐、分类、编排整理,也未设置排行榜,涉案电视剧也没有处于百度贴吧的显著位置。百度公司不知道也没有合理的理由知道涉案电视剧侵权。4. 百度公司未通过涉案电视剧获利。

一审法院北京市海淀区人民法院经审理认为,尽管网友向百度贴吧上传涉案电视剧时距离该片首映时间较短,但鉴于百度贴吧中的涉案电视剧未置于首页或其他显著位置,也无证据显示百度公司对该影片进行主动编辑、整理、推荐等行为,因此,现有证据无法证明百度公司应有合理的理由应当知道百度贴吧中的涉案电视剧侵权。另外,乐视公司强调百度贴吧首页和搜索结果页面存在广告,但承认涉案电视剧播放页面不存在广告,因此,一审法院认为,百度公司并未从涉案电视剧中直接获利。故驳回乐视公司的全部诉讼请求。

---

① 参见一审:北京市海淀区人民法院民事判决书,(2016)京0108民初1029号;二审:北京知识产权法院民事判决书,(2016)京73民终832号。

二审法院北京知识产权法院审理认为，一审法院认定正确，予以认可。案件的争议焦点为百度公司是否有合理的理由应当知道涉案电视剧侵权以及百度公司是否从涉案电视剧中直接获得经济利益获利。对此二审法院阐述的理由如下：

第一，尽管网友向百度贴吧上传涉案电视剧时该电视剧处于首播期间，但涉案电视剧未置于百度贴吧首页或其他显著位置，也无证据显示百度公司对涉案电视剧剧集进行主动编辑、整理、推荐等行为，百度公司对其贴吧内网友上传的视频亦无事先主动审查义务。如要求百度公司对其贴吧内海量发帖上传内容进行逐一审查，会增加其不必要的负担，该要求过于苛刻，因此，现有证据无法证明百度公司有合理的理由应当知道百度贴吧中存在的涉案电视剧侵权。

第二，乐视公司认可涉案电视剧播放页面不存在广告，但认为百度贴吧首页和搜索结果页面存在广告亦属于获利行为。根据最高人民法院《关于审理侵害信息网络传播权民事纠纷案件适用法律若干问题的规定》第 11 条第 2 款之规定，网络服务提供者针对特定作品、表演、录音录像制品投放广告获取收益，或者获取与其传播的作品、表演、录音录像制品存在其他特定联系的经济利益，应当认定为前款规定的直接获得经济利益。网络服务提供者因提供网络服务而收取一般性广告费、服务费等，不属于本款规定的情形。本案中，百度贴吧首页和搜索结果页面等广告收入系一般性广告费或服务费，并非针对涉案电视剧投放的广告，亦未获取与涉案电视剧存在其他特定联系的经济利益，因此，本院认可百度公司未从网友上传的涉案电视剧中获得直接经济利益。综上，百度公司的行为符合《信息网络传播权保护条例》第 22 条的规定，可以不承担赔偿责任。

【评析】判定互联网平台公司是否有合理的理由应知涉案电视剧侵权，是本案问题的关键。最高人民法院《关于审理侵害信息网络传播权民事纠纷案件适用法律若干问题的规定》规定，有下列情形之一的，人民法院可以根据案件具体情况，认定提供信息存储空间服务的网络服务提供者应知网络用户侵害信息网络传播权：

（一）将热播影视作品等置于首页或者其他主要页面等能够为网络服务提供者明显感知的位置的；

（二）对热播影视作品等的主题、内容主动进行选择、编辑、整理、推荐，或者为其设立专门的排行榜的；

（三）其他可以明显感知相关作品、表演、录音录像制品为未经许可提供，仍未采取合理措施的情形。

（三）关于“避风港”条款的适用和红旗原则

“避风港原则”的适用建立在网络服务提供者无有恶意，对侵权行为不明知/应知，且依法采取相关措施、履行“通知与移除”义务的基础上。若未采取相关措施或本身就是内容提供者（而非仅仅提供网络服务），抑或侵权事实极其显然属明知或应知范畴，则不能适用“避风港原则”，需承担对应的赔偿责任。

《信息网络传播权保护条例》第23条后款中的“明知或者应知所链接的作品、表演、录音录像制品侵权的，应当承担共同侵权责任”被称为红旗原则，这是“避风港”条款的例外适用。红旗原则是指如果侵犯信息网络传播权的事实是显而易见的，就像红旗一样飘扬，网络服务商就不能装作看不见，或以不知道侵权的理由来推脱责任。

案例评析

乐视网信息技术（北京）股份有限公司与北京新东方教育科技（集团）有限公司著作权权属、侵权纠纷[①]

【基本案情】乐视公司发现北京新东方教育科技（集团）有限公司（以下简称新东方公司）在其经营的网站“新东方网（网址：http://www.xdf.cn）”的“影视分享”版块向公众提供影视作品《精武风云·陈真》（以下简称涉案作品）的下载服务。而乐视公司对涉案作品拥有信息网络传播权，且从未许可新东方公司通过网络向公众传播该作品，于是提起诉讼。被告新东方公司辩称：我公司系信息网络服务提供平台，涉案作品系由网友发布，公司在发现涉嫌侵权后及时删除了涉案作品，并已关闭网站论坛，故我公司已经尽到了合理注意义务，不应承担侵权责任。

北京市海淀区人民法院认为，新东方公司在其经营的新东方论坛中设置了专门的影视分享区，并设置具体的栏目，其应当知道用户在其论坛中发布的内容以影视作品为主，对此应负有较高的注意义务，对用户发布的帖子内容施以

① 参见北京市海淀区人民法院民事判决书，2015年海民（知）初字第20798号。

合理注意并进行适当管理。本案中，新东方论坛中存在网友发布的帖子涉及涉案作品名称、格式等信息，帖子内容除包含影片海报、截图外，还附有下载链接。同时，网名为“海边石子”的网友发布了数个提供下载链接的电影帖子且格式较为统一。故新东方公司对涉案帖子的存在及其指向的是涉案作品的事实是应知的，其亦应知涉案作品有特定的权利人且其一般不会免费在论坛中提供下载。在此情况下，新东方公司未及时作出处理，放任涉案帖子在其论坛中传播，存在帮助侵权的过错，侵犯了涉案作品的信息网络传播权，应对此承担相应责任。乐视北京公司要求新东方公司赔偿经济损失，于法有据，本院予以支持。

【评析】同样是乐视公司拥有信息网络传播权的影视作品被以未经许可的方式传播，与前例百度的《宫》案不同，这则与新东方公司的《精武风云·陈真》案，法院判决网络平台未尽合理注意义务，属于帮助侵权。虽然新东方公司在发现涉嫌侵权后及时删除了涉案作品，履行了“通知与移除”义务，但网友“海边石子”在论坛中发布的电影帖子提供了数个下载链接且格式较为统一，法院认为新东方公司对于涉案帖子的存在及其指向的是涉案作品的事实是应知的，其亦应知涉案作品有特定的权利人且其一般不会免费在论坛中提供下载。至于侵权责任的类型，网络平台因不直接提供涉案作品，一般不构成直接侵权。根据其主观过错的认定，法院判决其构成帮助侵权。

总之，平台在履行侵权内容的合理注意义务时，欲避免陷入“帮助侵权”，应注意做到以下四点：平台上明确提示用户尊重他人知识产权并告知涉嫌侵权的法律责任，提供知识产权保护投诉通道；履行“通知与移除”义务；对上传内容不进行主动编辑整理或将其置于显著位置；仅收取一般性广告费、服务费，不针对涉案内容投放广告。

复习思考题：

1. 党的二十大报告指出，发展文化产业，要坚持把社会效益放在首位、社会效益和经济效益相统一。判断文化产业社会效益的大小当依据其供给内容的品质高低。

请思考：高品质的文化内容有哪些标准？法律如何保障文化产业的内容品质？

2. 查阅吴冠中诉上海朵云轩、香港永成古玩拍卖有限公司著作权案相关材料，请讨论案例涉及的姓名权、署名权和名誉权问题。

第二章　文化遗产资源开发中的法律

开发文化遗产资源也是保护文化遗产资源，开发的度如何掌握，则需要法律加以调整。

文化产业的资源开发过程就是通过大胆的创意，把潜在的自然资源、经济资源、人力资源和文化资源整合成为种种可观、可听、可参与、可享受的具体形态。其中，文化资源是文化产业的核心资源，是文化产业开发的重要前提。

文化资源是人类在改造自然、维系社会过程中创造的物质文化、制度文化、精神文化和信息文化的总和，烙有人类心智痕迹，承载人类文明，可资文化产业开发利用。

第一节　文化资源的分类与法律调整

文化资源的存在样态丰富，有的有形，有的无形，有的静态，有的动态。依据不同的划分依据，有不同的分类情形。

一、以“能否再生”作为依据的文化资源分类

本书以文化资源在文化产业开发中“能否再生”作为依据，将其划分为可再生的文化智能资源和不可再生的文化遗产资源两个大类（具体见表2－1）。可再生的文化智能资源主要表现为著作权资源，本书将之设置在第三章“著作权经营与管理中的法律”予以阐述。本章主要阐述不可再生的文化遗产资源——文物资源和非遗资源在开发中涉及的法律制度。

表 2－1　文化资源分类与法律调整

<table>
<tr><th>类别</th><th>对应名称</th><th>细分</th><th>描述</th><th>保护期与公共领域</th><th>举例</th><th>调整法律</th><th>分类的例外说明</th></tr>
<tr><td rowspan="2">可再生</td><td colspan="2" rowspan="2">文化智能资源</td><td rowspan="2">人类在历史长河中积累的创意作品，以知识产权形式呈现，具有无形性。无限次的开发都不会导致资源本体的损毁或消失</td><td>有效保护期</td><td>莫言《红高粱》、吴冠中《黄山松》</td><td>《著作权法》</td><td rowspan="4">文化智能资源本体的原件，如张择端的《清明上河图》，既属于公共领域的文化智能资源——美术作品，又属于历史文化资源中的文物；龙泉青瓷传统烧制技艺属于历史文化资源中的非物质文遗产，依照该技艺制作出来的龙泉青瓷馆藏品则是文物；《想情郎》《狩猎的哥哥回来了》是进入公共领域的民间音乐作品，属于文化智能资源。同时，其展现的赫哲族民间曲调属于文化遗产资源中的非物质文化遗产</td></tr>
<tr><td>公共领域</td><td>吴承恩《西游记》、佚名《木兰辞》、张择端《清明上河图》</td><td>《著作权法实施条例》第 15 条规定</td></tr>
<tr><td rowspan="2">不可再生</td><td rowspan="2">文化遗产资源</td><td>文物遗产</td><td>静态的文化遗产资源，具有有形性。资源本体一旦损毁即不复存在</td><td>公共领域</td><td>长城、张择端《清明上河图》原件、龙泉青瓷馆藏品</td><td>《文物保护法》</td></tr>
<tr><td>非物质文化遗产</td><td>活态的文化遗产资源，资源本体的存在与否取决于传承者的有效传承，一旦失传，资源本体即死亡</td><td>公共领域</td><td>昆曲、龙泉青瓷传统烧制技艺、世代流传在乌苏里江流域赫哲族中的民间曲调</td><td>《非物质文化遗产法》</td></tr>
</table>

文化产业开发中的文化资源是人类创意智慧的结晶，也是人类文明进一步发展的基石，必须珍惜并加以保护。基于文化资源的可再生性和不可再生性之区别，法律采取的调整方向不同。

对于可再生性资源，法律注重保护资源创作者的权益，通过赋予并保护创作者的权益，来促进文学艺术的创作繁荣。对于在有效保护期的资源，既保护创作者的精神权利也保护其经济权利；对于进入公共领域的资源，法律继续保护创作者的精神权利。这些体现在《著作权法》和《著作权实施条例》第 15 条规定："作者死亡后，其著作权中的署名权、修改权和保护作品完整权由作者的继承人或者受遗赠人保护。著作权无人继承又无人受遗赠的，其署名权、修改权和保护作品完整权由著作权行政管理部门保护。"关于这部分内容，后章将继续展开。

对于不可再生性资源，法律注重资源本体的抢救和保护，以免资源永久消失。同时，结合本类资源的静态保护和活态传承的不同特点，针对性地采取不同的保护路径，与之相对应的法律规范是《文物保护法》和《非物质文化遗产法》。

可再生性资源和不可再生性资源会出现合而为一的情形，比如承载文化智能资源的载体——小说原稿件、曲谱手稿件、画作原件等，它们既是著作权作品又是藏品（年代久远即为文物），兼具物权和著作权属性。昆曲是我国第一个列入联合国教科文组织《人类非物质文化遗产代表作名录》的非遗项目，最早的昆曲剧本《浣纱记》属于进入公共领域的著作权作品，保存的载有《浣纱记》的戏本原件属于文化遗产资源中的文物，而根据《浣纱记》剧本进行的演出则属于与著作权有关的权利，表演者对其表演享有表演者权。现实中更多存在的是类似权利复合体，法律通过析出复合体中的各项权利，进行分类调整，综合促进。

二、合理利用文化遗产资源的法律依据

在保护的前提下开发文化遗产资源，就是合理利用文化遗产资源。

2020 年 11 月 11 日国家文物局官网发布《关于向社会公开征求〈中华人民共和国文物保护法（修订草案）〉（征求意见稿）意见的通知》（以下简称《新文物保护法（草案）》），将《新文物保护法（草案）》与现行《文物保护法》进行对照，可见《新文物保护法（草案）》第 1 条增加了"合理利用"的表述；①现行《文物保护法》第 4 条中"合理利用"的表述继续保留；《新文物保护法（草案）》新增第 50 条："文物收藏单位应当充分发挥馆藏文物的作用，通过举办展览、科学研究、文化创意产品开发等活动，加强对中华民族优秀的历史文化和革命传统的宣传教育；通过借用、交换和在线展览等方式，提高馆藏文物利用效率。"

同时，《非物质文化遗产法》第 37 条明确："国家鼓励和支持发挥非物质文化

---

① 现行《文物保护法》第 1 条：为了加强对文物的保护，继承中华民族优秀的历史文化遗产，促进科学研究工作，进行爱国主义和革命传统教育，建设社会主义精神文明，根据宪法，制定本法。《新文物保护法（草案）》第 1 条：为了加强对文物的保护，促进科学研究和合理利用，传承优秀历史文化遗产，进行爱国主义和革命传统教育，培育和践行社会主义核心价值观，增强中华民族文化自信，增进人类文明交流互鉴，根据宪法，制定本法。

遗产资源的特殊优势,在有效保护的基础上,合理利用非物质文化遗产代表性项目,开发具有地方、民族特色和市场潜力的文化产品和文化服务。开发利用非物质文化遗产代表性项目的,应当支持代表性传承人开展传承活动,保护属于该项目组成部分的实物和场所。县级以上地方人民政府应当对合理利用非物质文化遗产代表性项目的单位予以扶持。单位合理利用非物质文化遗产代表性项目的,依法享受国家规定的税收优惠。"本条款也被称为《非物质文化遗产法》的合理利用条款。

开发利用文化遗产资源,是适应文化遗产资源的保护利用改革和经济社会发展需要。但是,文化遗产资源具有不可再生性,开发利用文化遗产资源必须坚持保护优先,合理为度,对历史文化遗产谨怀敬畏之心。

第二节 《文物保护法》和《非物质文化遗产法》基本概述

改革开放以来,在市场化和全球化浪潮冲击下,文化遗产面临被涵化甚至丧失的危险。国家针对文化遗产资源,采取更加积极的措施,保护和发扬我国优秀传统文化遗产,并制定相应的法律法规。

《宪法》第22条第2款规定:"国家保护名胜古迹、珍贵文物和其他重要历史文化遗产。"这一条款是制定其他保护文化遗产的法律、行政法规、部门规章和地方性法规的重要依据。《文物保护法》和《非物质文化遗产法》正是根据本宪法条款制定的两部重要法律。

一、《文物保护法》基本概述

文物遗产是我国优秀文化传统和民族文化精神的物化体现,它不仅是我国悠久文明史的物证,更能激发中华民族的凝聚力和向心力。因此,为了"加强对文物的保护,继承中华民族优秀的历史文化遗产,促进科学研究工作,进行爱国主义和革命传统教育,建设社会主义精神文明和物质文明",1982年正式颁布《文物保护法》。

《文物保护法》把新中国成立以来被实践证明并行之有效的一些原则确定下来,明确"保护为主、抢救第一、合理利用、加强管理"为我国文物管理方针。这一方针的确立,既强调了文物保护,又兼顾了文物的合理利用。《文物保护法》的内容共八章,分别是总则、不可移动文物、考古发掘、馆藏文物、民间收藏文物、文物出境进境、法律责任和附则。

（一）受国家保护的文物范围

根据《文物保护法》第2条的规定，在中华人民共和国境内，下列文物受国家保护：（1）具有历史、艺术、科学价值的古文化遗址、古墓葬、古建筑、石窟寺和石刻、壁画；（2）与重大历史事件、革命运动或者著名人物有关的以及具有重要意义、教育意义或者史料价值的近代现代重要史迹、实物、代表性建筑；（3）历史上各时代珍贵的艺术品、工艺美术品；（4）历史上各时代重要的文献资料以及具有历史、艺术、科学价值的手稿和图书资料等；（5）反映历史上各时代、各民族社会制度、社会生产、社会生活的代表性实物。

具有科学价值的古脊椎动物化石和古人类化石同文物一样受国家保护。

（二）文物的分类

根据《文物保护法》第3条的规定，文物从大的类别上说，可分两大类：一类是不可移动文物；另一类是可移动文物。

不可移动文物指的是古文化遗址、古墓葬、古建筑、古窟寺、石刻、壁画、近代现代重要史迹和代表性建筑等。根据它们的历史、艺术、科学价值，可以分别确定为全国重点文物保护单位，省级文物保护单位，市、县级文物保护单位。

可移动文物指的是历史上各时期重要实物、艺术品、文献、手稿、图书资料、代表性实物等。可移动文物分为珍贵文物和一般文物；珍贵文物又分为一级文物、二级文物、三级文物。

了解文物的类别非常重要，因为不同类别和等级的文物在文物流通、文物拍卖、文物展览和文物进出境等活动中要遵循的规定不同，违反规定后责任人受到的惩处也不同。至于文物级别的认定，由文物行政管理部门的专家鉴定委员会负责，具体规定参照《文物藏品定级标准》和《文物认定管理暂行办法》等相关规定。

（三）文物所有权的归属

对于文物的所有权规定，体现在《文物保护法》的第5条和第6条。综合两条规定可知：

1. 中华人民共和国境内地下、内水和领海中遗存的一切文物，都属于国家所有

文化遗址、古墓葬、石窟寺属于国家所有。国家指定保护的纪念建筑物、古建筑、石刻、壁画、近代现代代表性建筑等不可移动文物，除国家另有规定的以外，属于国家所有。国有不可移动文物的所有权不因其所依附的土地所有权或者使用权的改变而改变。属于国家所有的可移动文物的所有权不因其保管、收藏单位的终止或者变更而改变。

行业实务

在华外国文物是否属于中国?①

2001年,北京睿雅轩文化艺术有限公司举办“中国所藏日本文物精品汇报展”,引起了海内外各方的关注:原来在中国,还存有大量的日本精品文物。而且,中国是一个没有侵略史的国家,在中国的日本文物件件来路干净。其实,除了日本文物,还有大量的韩国、朝鲜、俄罗斯、欧洲等国家和地区的文物在中国。现在,有一些外国商人在趁机收购,并以“不属于中国”的理由带出境。那么,在华外国文物是否属于中国?

首先,《文物保护法》第4条、第5条和第6条规定的属于国家所有的文物和属于集体和个人所有的文物包括了外国历史上制作、创作的遗物。另外,1960年原文化部、对外贸易部《关于文物出口鉴定标准的几点意见》中规定:“一切外国的文物、图书,一般的可以从宽处理,如其中有科学、历史、艺术价值较高或比较稀见的,也可以不准许出口。”《文物保护法》规定:我国地下、内水、领海中遗留的文物归国家所有。其中,如在古代墓葬中发现的波斯银壶、金币等都属于中国所有。赠与的物品,按法律规定,所有权已转移,为物品接受者所有了。历史上的赠与也是如此,如故宫博物院收藏的外国赠与的器物、作品等,已为中国所有。

所以,所谓“在华外国文物不属于中国”的说法是违背我国法律规定的。

2. 所有权属集体和个人所有的文物

属于集体所有和私人所有的纪念建筑物、古建筑和祖传文物以及依法取得的其他文物,其所有权受法律保护。但是,对于集体和个人而言,拥有文物并不像拥有普通物件那样,可以随意处置,而是要遵守国家有关文物保护的法律、法规的规定。

---

① 参见国家文物局、中国文物报社编著:《中华人民共和国文物保护法——以案说法》,文物出版社2003年版,第57~59页。

案例评析

私拆属于文物的自家房屋涉嫌犯罪①

【**基本案情**】明知自家的老屋属于国家重点保护文物，仍然私自将其拆毁。2012年11月23日，陈某某因涉嫌故意损毁文物罪被浙江省兰溪市检察院批准逮捕。陈某某家的老屋是一座具有200多年历史的清代木结构建筑，2006年与该村其他老房子一起被纳入国家重点文物保护范围。老房子因为年久失修，屋顶漏雨、房梁被蛀空，成了一座危房。眼瞅着孩子到了谈婚论嫁的年纪，陈某某担心儿子住在这样的房子里会娶不到老婆，于是决定对老屋进行拆建。村镇工作人员和文化部门获知情况后及时赶到现场，向其发放《停止侵害通知书》和《违法建设停工通知书》，明确告知其所拆的是国家重点保护文物，擅自拆除要负法律责任，并要求他将已拆除部分恢复原状。但陈某某拒绝在通知书上签字，并最终将房屋全部拆除，致使文物遭到损毁无法恢复。

【**评析**】根据《文物保护法》规定，属于私产的国宝老屋不可随意处置，包括整体拆除和零部件拆除。拆除、修缮、迁移都需要在报请文物行政管理部门，并经批准同意的情形下进行。发生转让、抵押或改变用途的情况，需要向文物行政管理部门备案。国宝老屋不可抵押或转让给外国人。一方面，祖先留下了宝贵的不动产需要守护；另一方面，囿于现金匮乏难以维持体面的居住。如何两全其美？当前，很多古建筑村落通过发展文旅产业解决困境。正所谓"合理利用文化遗产也是保护文化遗产"。

二、《非物质文化遗产法》基本概述

非物质文化遗产并不囊括非物质文化的全部。"非物质文化遗产"概念源自联合国教科文组织于2003年10月17日通过的《保护非物质文化遗产公约》。该公约对"非物质文化遗产"的定义是："指被各群体、团体、有时被个人视为其文化遗产的各种实践、表演、表现形式、知识和技能及其有关的工具、实物、工艺品和文化场所。"《保护非物质文化遗产公约》还确定了非物质文化遗产的具体范围："非物质文化遗产包括以下几个方面：(1)口头传说和表述，包括作为非物质文化遗产

---

① 范宝华、袁向群：《自家房屋属于文物私拆涉嫌犯罪》，载新浪网，http://collection.sina.com.cn/yjjj/20121206/145095170.shtml。

媒介的语言;(2)表演艺术;(3)社会风俗、礼仪、节庆;(4)有关自然界和宇宙的知识和实践;(5)传统的手工艺技能。”根据该公约的规定,缔约国大会为公约的最高权力机关,大会每两年举行一次常会。公约在联合国教科文组织内设立政府间保护非物质文化遗产委员会,其委员国由缔约国大会选出,任期4年。公约设立“保护非物质文化遗产基金”,以国际援助的形式向缔约国提供援助。

行业实务

我国入选联合国教科文组织的非遗项目

截至2023年12月底,中国入选联合国教科文组织非物质文化遗产名录(名册)项目总数已达43项,成为世界上入选“非遗”项目最多的国家。这43项非遗项目分别列入“人类非物质文化遗产代表作名录”“急需保护的非物质文化遗产名录”“保护非物质文化遗产优秀实践名册”。

列入“人类非物质文化遗产代表作名录”的是:昆曲;古琴艺术;新疆维吾尔木卡姆艺术;蒙古族长调民歌(与蒙古国联合申报);中国桑蚕丝织技艺;南音;南京云锦织造技艺;宣纸传统制作技艺;侗族大歌;粤剧;格萨(斯)尔;龙泉青瓷传统烧制技艺;热贡艺术;藏戏;玛纳斯;花儿;西安鼓乐;中国朝鲜族农乐舞;中国书法;中国篆刻;中国剪纸;中国传统木结构建筑营造技艺;端午节;妈祖信俗;中国雕版印刷技艺;蒙古族呼麦歌唱艺术;京剧;中医针灸;中国皮影戏;中国珠算;二十四节气——中国人通过观察太阳周年运动而形成的时间知识体系及其实践;藏医药浴法——中国藏族有关生命健康和疾病防治的知识与实践;太极拳;送王船——有关人与海洋可持续联系的仪式及相关实践(与马来西亚联合申报);中国传统制茶技艺及其相关习俗。

列入“急需保护的非物质文化遗产名录”的是:羌年;黎族传统纺染织绣技艺;中国木拱桥传统营造技艺;麦西热甫;中国水密隔舱福船制造技艺;中国活字印刷术;赫哲族伊玛堪。

列入“保护非物质文化遗产优秀实践名册”的是:福建木偶戏后继人才培养计划。

2001年昆曲入选“人类口头和非物质文化遗产代表作”名录,“非遗”概念引入我国。借鉴国际社会在非遗保护方面的先进经验,我国政府加强了非遗保护的法制体系建设。2011年《非物质文化遗产法》颁布，标志着我国的非物质文化遗产保护工作步入有法可依的法治轨道。

（一）关于《非物质文化遗产法》为何没有“保护”两字

《非物质文化遗产法》共6章45条款，包括总则、非物质文化遗产的调查、非物质文化遗产代表作项目名录、非物质文化遗产的传承与传播、法律责任和附则六个部分。

在《国家“十一五”时期文化发展规划纲要》中列入立法规划时，《非物质文化遗产法》全称是《非物质文化遗产保护法》，为什么在正式通过的时候，没有了“保护”两字？“总则”部分的第1条和第3条回答了我们这个问题。《非物质文化遗产法》第3条规定：“国家对非物质文化遗产采取认定、记录、建档等措施予以保存，对体现中华民族优秀传统文化，具有历史、文学、艺术、科学价值的非物质文化遗产采取传承、传播等措施予以保护。”本条款明确了我国非物质文化遗产保护工作的基本原则，即对所有的非物质文化遗产均采取认定、记录、建档等措施予以保存。但是，只对其中体现中华民族优秀传统文化，具有历史、文学、艺术、科学价值的非物质文化遗产予以保护和传播。反过来说，对那些不具有历史、文学、艺术、科学价值，甚至有违人性的非物质文化遗产，比如缠足、风水、算卦、跳大神、童子尿蛋等，可以作为档案记录保存下来，作为历史的记忆，供学者们研究。所以，不加“保护”两字，一方面，可以使法的名称涵盖本法确定的对不同的非物质文化遗产分别进行保护与保存两方面的内容，避免公众产生对所有的非物质文化遗产不加区分地一律进行保护和传播的误解；另一方面，也是回应第1条对立法目的阐述：“为了继承和弘扬中华民族优秀传统文化，促进社会主义精神文明建设，加强非物质文化遗产保护、保存工作。”那么，进一步延伸，文化产业开发利用的对象也应该是那些体现中华民族优秀文化传统，具有历史、文学、艺术、科学价值的非遗项目。

（二）关于非物质文化遗产的概念和范围问题

《非物质文化遗产法》第2条明确：非物质文化遗产，是指各族人民世代相传并视为其文化遗产组成部分的各种传统文化表现形式，以及与传统文化表现形式相关的实物和场所。范围包括：

（1）传统口头文学以及作为其载体的语言。我国的民间口头文化遗产丰富多彩，底蕴深厚，如《梁祝》的传说、彝族的传说《阿诗玛》、藏族的史诗《格萨尔》等。适用中应当注意的是，单纯的一种民族语言不是非物质文化遗产，只有当其成为口头文学的语言载体时，才能与该口头文学一起成为非物质文化遗产。[①] 以《格萨尔》为例，藏语是其表达的载体，因此，《格萨尔》和作为载体的藏语都是非物质文化遗产，但单纯的藏语不是非物质文化遗产。

（2）传统美术、书法、音乐、舞蹈、戏剧、曲艺和杂技。传统美术，包括雕塑、剪纸、盆景技艺、木板年画、刺绣、灯彩等；传统书法，包括汉字书法和一些少数民族文字书法，如藏文书法；传统音乐，包括民歌和弦索乐、丝竹乐、吹管乐、鼓吹乐和吹打乐等乐器音乐，以及说唱音乐、戏曲音乐等；传统舞蹈，多使用各种仪式性场合，大到国家的祭祀、朝会、出战、庆功、王室更替，小到百姓婚丧嫁娶、播种收割等均有适用于该仪式的舞蹈；传统戏剧，是一种综合舞台艺术样式，是以歌舞演故事的一种艺术形式。据资料记载，中国传统戏曲有390多种，如今还在传承的约有260多种；传统曲艺，属于说唱艺术，是以民间讲唱文学为基础的，将讲唱文学、音乐、表演三者综合的中国传统艺术，包括相声、评书、大鼓等；传统杂技，是指各种超常技艺的统称，源于秦朝，称为“角抵戏”。

（3）传统技艺、医药和历法。传统技艺，主要是指传统手工技艺，是指以手工劳动，使用自然材料进行制作的，具有独特艺术风格的技艺，其能传达文化内涵，富有装饰性、功能性和传统性；传统医药是指我国各民族传统用于预防、治疗和保健的天然药物以及加工、应用这些药物防病治病的系统理论知识或经验知识，主要分为中医药和民族医药；传统历法包括农历和一些少数民族的历法，如天文历算。

（4）传统礼仪、节庆等民俗。民俗，即民间风俗，指一个国家或民族中广大民众所创造、享用和世代传承、相沿成习的生活模式。它是一个社会群体在行为和心理上的集体习惯。民俗一般包括传统礼仪、节庆、民间信仰、民族服饰等。

（5）传统体育和游艺。传统体育是指在中华大地上各民族自古流传下来的体育活动，如从军事技能中衍生出来的体育项目，如武术、射箭、摔跤、蹴鞠等，健身养生的体育项目，如气功、太极拳等；传统游艺是指具有娱乐作用的各族民间游戏，如赛龙舟、荡秋千、抖空竹等。

（6）其他非物质文化遗产。这是一个兜底的规定，可以涵盖前5项以外的其他非物质文化遗产项目，也可以为将来新发现的非物质文化遗产项目在法律规定上留下空间。

---

① 全国人大常委会法制工作委员会行政法室编著：《中华人民共和国非物质文化遗产法释义及实用指南》，中国民主法制出版社2011年版，第18页。

此外，作为非物质文化遗产组成部分的实物和场所，与文物的范围存在一定交叉，因此，本条款还规定："属于非物质文化遗产部分的实物和场所，凡是文物的，适用《中华人民共和国文物保护法》。"

对非物质文化遗产概念和范围的明确，旨在强调非物质文化遗产本身所具有的以下三个特点。

第一，非物质文化遗产是世代相传的。非物质文化遗产是在一个地区、一个族群内通过口传心授，或者不断反复进行等方式世代相传，延续下来的，具有活态传承的特点。这里有两层意思：其一，传承是活态的。"活态传承"要求"非遗"申报必须是"活态的"，就是要有活着的艺人。其二，传承是世代的。非遗必须是传承下来的，有师承关系，而且一般规定其世代相传要达到3代以上，距今至少100年历史。例如，大连陶艺大师邢良坤的技艺和作品全国闻名，但其陶艺是自己钻研出来的，不是继承来的，因此就不能申报非物质文化遗产。但这不是令人遗憾的事，因为其技艺和作品具有独创性和可复制性，属于知识产权法的保护范围。类似的例子还有中国现代民间绘画，如上海金山农民画、浙江舟山渔民画等。

行业实务

农民画（渔民画）能算非遗吗？

现代民间绘画（俗称农民画、渔民画）是中国特定历史与社会条件下产生的一个特殊画种，发端于20世纪50年代的中国农村，以长期流传于农村的传统民间美术为基础，进而形成了自己独特的艺术风格。1988年，文化部首批命名了45个"现代民间绘画画乡"，近几年来随着非物质文化遗产保护工作在全国各地的展开，不少画乡纷纷加入"申遗"的行列，把现代民间绘画作为一种非物质文化遗产来申报，其中上海金山已经两次冲击国家级"非遗"名录。所持的观点是：现代民间绘画汲取了农村民间传统文化的精髓，是中华民族民俗风情、人文地理等历史文化内涵的重要体现，具有重大文化价值，是非物质文化遗产的重要组成部分。①

---

① 杨海萍：《农民画能算是"非遗"吗？》，载《中国文化报》2009年3月1日，第4版。

那么,农民画(渔民画)能算非遗吗?答案是:不算。第一,现代民间绘画不符合申报“非遗”的条件,如“无师承、不足百年”等。第二,现代民间绘画具备著作权法主客体的条件,属于受著作权法保护的美术作品。从对创作者的权益保护而言,通过著作权法以美术作品进行保护,受保护程度更高。

第二,非物质文化遗产与人民群众的生产生活密不可分。非物质文化遗产是人民群众在生产生活中创造的,来源于人们的日常生活,比如,刺绣、编织、剪纸、风筝、酿酒等,具有民间性。

第三,非物质文化遗产由文化表现形式及相关的实物和场所组成。文化总是以各种形式表现出来。作为一种表现形式,其本身是非物质的,但又要依赖一定的物质载体得以体现,所以实物和场所也是非物质文化遗产的组成部分。如传统戏剧演出时需要行头、道具、伴奏的乐器,此为实物;演出需要舞台,此为场所。

第三节　《文物保护法》与文物资源开发的相关问题

文物资源按照权属,分为国家所有、集体所有和个人所有,文物的所有者必须遵守国家有关文物保护的法律、法规的规定,即便个人所有的文物,特别是珍贵文物,其开发利用也要遵守相关法律规定。

本节主要以国有文物为视角,对开发环节出现的涉法问题进行整理和讨论。首先,要明确一点:国有文物单位是公益性事业单位。

行业实务

国有文物单位的创收不可以用于利润分配

【问题】某国有文物保护单位,现开辟为参观游览场所,如果将门票收入用于利润分配,可以吗?

【答案】不可以。

【问题解析】现行《文物保护法》第10条第3款规定:国有博物馆、纪念馆、文物保护单位等的事业性收入,专门用于文物保护,任何单位或者个人不得侵占、挪用。现行《文物保护法实施条例》第3条规定:国有的博物馆、纪念馆、文物保护单位等的事业性收入，应当用于下列用途：①文物的保管、陈列、修复、征集；②国有的博物馆、纪念馆、文物保护单位的修缮和建设；③文物的安全防范；④考古调查、勘探、发掘；⑤文物保护的科学研究、宣传教育。

根据以上法律规定，可以明确：国有文物单位是公益性的，不论是建立博物馆、保管所或者辟为参观游览场所都不能改变它的这一属性。文旅产业实践中，我们会发现文保单位将其管辖的博物馆、保管所等开辟为观众游览场所的现象，也会发现国有文物开放单位和博物馆开设如停车场、咖啡角、文物商店等的经营场所，还会发现国有文物单位提供有条件的拍摄出租以及售卖文创产品等。国家鼓励有条件的国有文物单位开展以上创收活动，但是，开发经营所取得收入为事业性收入，实行收支两条线，只能用于文物保护相关的事业，禁止将经营收益作为利润分配。2012 年 3 月在一次记者招待会上，时任故宫博物院院长单霁翔称，2011 年故宫门票收入 6.5 亿元已全部上缴国库，故宫每年按照事业发展需求编列预算。①

一、文化旅游："所有权与经营权分离能否适用到文保领域？"

2013 年，山西省大同市人民政府以 5 亿元的价格，将云冈石窟托管给市场，华侨城下属子公司深圳锦绣中华正式接管了景区的运营工作。该公司每年从政府得到 300 万元的管理费和额外分成，同时要保证每年约 1.2 亿元的门票收入。然而，这份原定 5 年的合作协议，未满一年就悄悄中止。② 类似的事件还有河南登封转让嵩山风景名胜区事件、岳阳楼经营权差点转让事件。

此类事件的争论中，持赞成观点的学者提出："为发挥不动产物权的巨大价值，《中华人民共和国物权法》第 143 条通过设置国有土地使用权的方式在不改变国家所有前提下，允许设定国有土地使用权并出让。并且，国有土地使用权可以依法转让与抵押，此即所谓的权利分置，即所有权与用益物权的分离。由此推论，国有不可移动文物同样具有巨大价值，亦应有国有不可移动文物也有权利分置的可能。"③

那么，"所有权与经营权分离能否适用到文保领域？"答案是：不能。首先，国

---

① 《故宫博物院院长：6.5 亿门票收入全上缴国库》，载中国经济网，http://district.ce.cn/newarea/roll/201203/07/t20120307_23137105.shtml。

② 张松：《文化遗产能否托管给第三方》，载《中国文化报》2013 年 10 月 24 日，第 7 版。

③ 赵冀韬：《关于国有不可移动文物用益权的法理思考》，载《中国文物报》2015 年 3 月 20 日。

有不可移动文物属于国家所有,国家通过地方政府、景区管委会行使所有权和经营权,地方政府由此拥有的是文物景区的代为管理权,而非所有权。只有作为所有权主体的中央人民政府才具有对文物行使占有和处置的权力。将文物作为一般实物资产出让或转让经营,实质上是一种侵犯国家所有权的行为。

其次,"所有权与经营权分离"混淆了文物资产与一般资产的不同性质。文物遗产资源是不可再生的文化资源,不容试错。因此,无论是新《文物保护法(草案)》第28条还是现行的《文物保护法》第24条都强调:"国有不可移动文物不得转让、抵押。建立博物馆、保管所或者辟为参观游览场所的国有文物保护单位,不得作为企业资产经营。"

法律规定是根据文物保护规律和总结文物保护正反两方面经验教训作出的科学规定。不可否认,事业性文物管理机构在文物管理中也会发生损毁文物的事情,但这是小概率事件。曲阜"水洗三孔"事件、山西灵丘觉山寺塔惨遭破坏事件等的发生证明了交给非文物专门机构进行经营不利于文物保护,因为企业化经营的短期行为以及非专业等各种原因,发生文物损毁是大概率事件。

最后,"所有权与经营权分离"这一做法在旅游经济学上也是不妥的。不可移动文物在文化旅游产业中是吸引游客流量的"内容",本身不直接产生收入。如何将流量变现,需要旅游机构通过提供吃、住、游、购、娱乐、疗养、通信、金融等各项服务留住游客得以实现。将不可移动文物用铁栏杆一围收门票的做法不是文化旅游。旅游机构应为游客提供中介性服务,它不必要也不可能从事旅游资源的直接经营。更为严重的是,两权分离使旅游公司可以对公益性旅游资源(如文化遗址、风景名胜区等)进行垄断性经营,这种对公益性旅游资源的垄断,既压制了同行业中的正常竞争,又伤害了广大消费者的合理、合法权益,这种垄断最终将伤害整个地方经济。①

二、文化旅游:合理利用不可移动文物以"不改变文物原状"为原则

不改变文物原状是文物保护和维修的根本原则,这是由文物本身的性质和特点所决定的。②《威尼斯宪章》③写道:"历史遗迹,包含着过去岁月的信息,留存至

① 国家文物局、中国文物报社编著:《中华人民共和国文物保护法——以案说法》,文物出版社2003年版,第53页。

② 云俊:《"不改变文物原状的原则"是文物保护和维修的根本原则》,载《东南文化》1999年第1期。

③ 《威尼斯宪章》全称为《保护文物建筑及历史地段的国际宪章》,强调修复是一种高度专门化的技术,必须尊重原始资料和确凿的文献,其目的是完全保护和再现历史文物建筑的审美和价值。

今,成为人们古老的活的见证。”世界各地的游客前来古迹胜地,就是为目睹历史遗迹的古老风采,感受旅游地的时光痕迹。

（一）关于“不改变文物原状”原则

在城市化进程中,不少珍贵的古建筑、遗迹毁于隆隆的推土机下……对此,《文物保护法》第20条明文规定:“建设工程选址,应当尽可能避开不可移动文物;因特殊情况不能避开的,对文物保护单位应当尽可能实施原址保护。”如果不能实施原址保护,必须“迁移异地保护或者拆除的,应当报省、自治区、直辖市人民政府批准;迁移或者拆除省级文物保护单位的,批准前须征得国务院文物行政部门同意。全国重点文物保护单位不得拆除;需要迁移的,须由省、自治区、直辖市人民政府报国务院批准”。那些“拆除的国有不可移动文物中具有收藏价值的壁画、雕塑、建筑构件等,由文物行政部门指定的文物收藏单位收藏”。

“不改变文物原状”原则,不仅体现在文物不得随便拆,还体现在文物保护单位的保护范围内其他物件或设施不可随便添。《文物保护法》第22条规定:“不可移动文物已经全部毁坏的,应当实施遗址保护,不得在原址重建。但是,因特殊情况需要在原址上重建的,由省、自治区、直辖市人民政府文物行政部门征得国务院文物行政部门同意后,报省、自治区、直辖市人民政府批准;全国重点文物保护单位需要在原址上重建的,由省、自治区、直辖市人民政府报国务院批准。”同时,《文物保护法》第26条规定:“使用不可移动文物,必须遵守不改变文物原状的原则,负责保护建筑物及其附属文物的安全,不得损毁、改建、添建或者拆除不可移动文物。”2001年5月,被列入联合国教科文组织《世界文化遗产名录》的承德避暑山庄在戒得堂、问月楼遗址上擅自兴建水族馆、狮虎山、熊山等建筑,成了300多只动物的乐园,最后,被国家文物局认定为非法。不可随便添建,也是联合国《保护世界文化和自然遗产公约》对世界遗产的要求。申报世界遗产的时候,联合国会派专家组考察该遗产的真实性和完整性。洛阳龙门石窟为申报世界文化遗产,曾经不得不投入6000多万元拆除南门外的假古董“中华龙宫”,以及环幕影城、商业用房等其他大型不协调建筑物。

在旅游推广中,各地纷纷打出历史文化名城、名街、名村的旗号来吸引游客,历史文化名城等同样属于不可移动文物,它们的使用同样得遵循“不改变文物原状”的原则。具体落实在:一是保护历史的真实性,不可将仿古造假当成保护的手段;二是为了保持风貌的完整性,不但要保护历史建筑,还要保存构成整体风貌的所有要素,包括道路、街巷、院墙、小桥、溪流、驳岸,乃至古树等;三是维护生活的延续性,即这里的居民要继续按自己的意愿生产、生活,要维持原有社会功能,促进地区经济活力。不主张将原有居民大量外迁,成为专供参观的旅游景点。①

(二)修旧如旧——不可移动文物的修缮、保养

"修旧如旧"由我国著名的古建筑学家朱启钤提出,这是文物修缮的重要原则。也就是按照过去的样子去修缮古建筑,让它们不走样。

《文物保护法》第21条对不可移动文物的修缮、保养作出了具体规定:"国有不可移动文物由使用人负责修缮、保养;非国有不可移动文物由所有人负责修缮、保养。非国有不可移动文物有损毁危险,所有人不具备修缮能力的,当地人民政府应当给予帮助;所有人具备修缮能力而拒不依法履行修缮义务的,县级以上人民政府可以给予抢救修缮,所需费用由所有人负担。"因此,假如某处古民居建筑群被列入国家重点保护文物,那么,居住其中的居民对自家房子负有修缮义务。同时,即使是自家的文物,也不是想修就修、想修成什么样就什么样。《文物保护法》第21条同时规定:"对文物保护单位进行修缮,应当根据文物保护单位的级别报相应的文物行政部门批准;对未核定为文物保护单位的不可移动文物进行修缮,应当报登记的县级人民政府文物行政部门批准。文物保护单位的修缮、迁移、重建,由取得文物保护工程资质证书的单位承担。"

三、文创产品开发:馆藏文物合理利用

馆藏文物资源多以静态的有形文物为主,资源本体一旦损毁即不复存在,具有不可再生性。出于文物保护和安全因素等多方面原因,我国现有的大量珍贵文物都"藏"在博物馆内,成为名副其实的"馆藏"文物。深藏闺中的文物,如何走进大众视野?如何将文物所蕴含的优秀传统文化信息传导给大众?如何让文物活起来?优选路径是博物馆文创,通过创意和科技附加的方式,激活馆藏文物资源,既保护好文物本体又能将文物蕴含的文化符号和历史信息广泛传播,形成多方共赢。

2022年央视春晚的舞蹈《只此青绿》演绎了北京故宫博物院馆藏《千里江山图》,使观众沉浸在王希孟的北宋神韵中;2021年河南春晚的舞蹈《唐宫夜宴》和"河南博物院元宵奇妙夜"火爆出圈,不仅展现了大唐气象,而且展示了河南博物院馆藏的《簪花仕女图》《捣练图》等国宝古画;好莱坞电影《博物馆奇妙夜》(1~3)以影视表现手法将美国自然历史博物馆、华盛顿史密森博物馆、伦敦大英博物

① 刘登阁编著:《以案说法——野生动物保护法 文物保护法》,中国社会出版社2008年版,第114页。

馆介绍给全世界。通过创意融合和科技附加的方式,激活馆藏文物,形成多方共赢,这就是当前的文创热潮。

以上文创形式隔空演绎馆藏文物,属于艺术再现。

当前,文博界普遍存在另一种文创形式,那就是基于接触藏品原件的文创开发,比如,苏州博物馆的"秘色瓷莲花碗"曲奇、北京故宫博物院的沉浸式数字音画《清明上河图》等。这一类文创开发的特点是:开发基于第一次复制件,而第一次复制件的取得需要接触藏品原件。

(一)基于第一次复制件的文创产品开发涉及的著作权问题

文创开发基于第一次复制件,就会涉及第一次复制时的著作权问题和第一次复制件的著作权问题。

1. 第一次复制时的著作权问题

《著作权法》第10条第5款规定:"复制权,即以印刷、复印、拓印、录音、录像、翻录、数字化等方式将作品制作一份或者多份的权利。"对藏品原件的接触会使用拓印、扫描、录像等方式,属于《著作权法》明确的复制行为。根据《著作权法》第三节"权利的保护期"相关规定,如果藏品还在有效保护期,对其复制需要取得藏品著作权人的授权。如果藏品保护期届满,对其复制则不受《著作权法》保护。国有博物馆的馆藏原件,一般都是已过有效保护期的先人作品,属于后者情形。从著作权法的理论上说,任何人均可以在不侵害著作人身权的情况下,对这些藏品自由利用。但如果藏品是文物,对其复制需要遵守国家有关文物复制的相关行政管理规定。[①]

2. 第一次复制件的著作权问题

第一次复制件是通过对藏品原件的复制取得的。根据复制时的具体情景,第一次复制件的著作权归属存在不同情况:(1)如果复制仅是单纯的拍摄、扫描,不含创意性劳动的投入,那么,该第一次复制件仅是复制品,不受《著作权法》保护。"如果无新的创意产生,即使制作过程再繁复、技术水平要求再高、花费的人力物力成本再大,也不产生新的著作权(对于烦琐的工艺或复制程序,建议通过技术专利来保护复制技艺)。所以,通常情况下,原始著作如已无著作权,其数字化版本

---

① 《文物复制拓印管理办法》(文物政发〔2011〕1号)、《国家文物局关于加强石刻文物拓印管理的通知》(文物督函〔2022〕100号)等。

亦无著作权。”[①]这种情况下，其他开发机构或个人可以不经授权，在第一次复制品的基础上进行再创作并开发利用。（2）如果在复制过程中，附加了制作者的创意性劳动，比如，“角度的选择、空间的构图、明暗的对比、色彩的调节等，而使该图档、照片具有了一定的原创性，这样的复制品理应受到《著作权法》保护”[②]。其他机构或个人对于这种创意含量较高的第一次复制件的开发利用，需要获得著作权所有人的同意或授权。至于该复制件的著作权归属，具体要视制作者的身份而定。如果制作者为国有博物馆工作人员，应根据《著作权法》第18条关于职务作品的规定确定著作权人。如果是职务作品，那么第一次复制件的著作权人原则上为国家，博物馆可代表国家行使著作权。如果是其他机构或个人，原则上该机构或个人为著作权人并享有著作财产权，但仍需根据该机构或个人与博物馆事先的合同来确定。

（二）如何理解国有博物馆对公共领域馆藏文物资源的开发利用

文创开发基于第一次复制件，而第一次复制件的取得需要接触藏品原件。显然，接触到藏品原件是关键。

为什么国有博物馆可以接触到藏品原件？因为博物馆享有藏品原件的管理权。公共领域的文物资源为国家所有，国家委托国有博物馆对文物资源进行管理，包括修复、保管、展示、公民教育以及文化传播等，而且该管理权具有排他性。

国有博物馆用国家赋予的管理权接触文物原件，从而取得第一次复制件，进而控制第一次复制件的著作权。如何理解其正当性？

第一，国有博物馆文创授权收入归入事业性收入，其授权行为具有公益性质。本节开篇已经指出，国有博物馆文创收入属于事业性收入，该收入只能用于：文物的保管、陈列、修复、征集；国有的博物馆、纪念馆、文物保护单位的修缮和建设；文物的安全防范；考古调查、勘探、发掘；文物保护的科学研究、宣传教育。文创开发起于公共文物资源的价值挖掘，用于公共文物资源的价值保护，体现“取之于民，用之于民”。

第二，国有博物馆受国家委托管理公共文物资源，因此，其有义务履行文创开发过程中的监制责任。《著作权法》第20条规定：“作者的署名权、修改权、保护作

---

① 张百成：《博物馆藏品的著作权归谁享有——以故宫博物院为例的博物馆藏品著作权法律问题探析》，载《中国文化报》2013年7月30日，第11版。

② 张百成：《博物馆藏品的著作权归谁享有——以故宫博物院为例的博物馆藏品著作权法律问题探析》，载《中国文化报》2013年7月30日，第11版。

品完整权的保护期不受限制。"显然,即使是先人作品,对其使用、改动还是需要一定的程序。《著作权法实施条例》第15条规定:"作者死亡后,其著作权中的署名权、修改权和保护作品完整权由作者的继承人或者受遗赠人保护。著作权无人继承又无人受遗赠的,其署名权、修改权和保护作品完整权由著作权行政管理部门保护。"

以上规定表明,复制权已进入公共领域的先人作品,如果无人继承又无人受遗赠的,其著作权中的署名权、修改权和保护作品完整权由著作权行政管理部门对其进行保护。国有博物馆受托行使监制责任,全程监督文创开发中的各类行为,以免出现对文物内涵的歪曲、对文物复制的粗鄙化等现象,从而确保精确传承传播优秀传统文化。由博物馆授权来行使监制职责,可以责任到位,有效确保创作者的人格利益和国家的公共利益。

国有文物是不可再生的文化遗产资源,对其复制需要遵守国家有关文物复制的相关行政法律法规。由博物馆方掌控文物首次复制,是根据文物保护法律法规和文博单位内部管理的相关规定的制度实践。国有博物馆的文物藏品都是特殊的文化遗产资源,具有唯一性和不可再生性,在此类特殊资源的合理利用过程中,不容试错,交由专业的博物馆方主控首次复制环节,是对"护宝有责"的落实。

第三,馆藏文物的背后,凝结着国有博物馆的品牌形象,是国有博物馆多年精心付出的结晶,博物馆文创授权是对博物馆付出的肯定和回馈。每一件馆藏文物的推出,都经过了博物馆方的研究整理、精挑细选;每一次馆藏文物的展览,都离不开博物馆方的展陈设计、服务创新;那些镇馆之宝与博物馆品牌紧密相连,是博物馆方年复一年的品牌建设的结晶。博物馆的信誉及有关其藏品的独特性是博物馆最重要的资产,需要建设一个系统的品牌工程来予以保障,包括加强商号、商标、版权等知识产权的管理。文创授权只是其中一环。所以,对于文创产品开发,国有博物馆是拿其品牌作为背书,自然有必要对第一次复制件的著作权进行控制。

综上,国有博物馆文创授权看似通过知识产权转移产权授权,利用了近水楼台的管理权先机,其实是作为国有文物事业单位,合理利用文物资源反哺文物事业;替国家、创作者把关,防止文艺作品失真,遵守行政法律法规,对珍贵文物资源始终谨怀敬畏之心,将文创授权放在博物馆品牌建设的大战略中。

博物馆文创是推动中华文化遗产创造性转化和创新性发展、使中国梦和社会主义核心价值观更加深入人心的重要途径。而博物馆文创授权是博物馆文创的把关机制。当然,让文物活起来,仅靠国有博物馆的力量是远远不够的,需要调动所有人的创意创新。因此，建议博物馆多多展示馆"藏"文物，从而激发更多不需要建立在碰触原件基础上的隔空文创。也建议国有博物馆适当开放版权，激励专业的创意机构加入，让专业的人做专业的事，博物馆方行使好自己的监制权，用好用活正当的文创授权。

第四节　《非物质文化遗产法》与非遗资源开发的相关问题

非遗资源与文物资源同属不可再生类文化遗产资源，对其开发利用同样需要贯彻保护为先的方针。但非遗资源又具有与文物资源不一样的特征，法律对非遗资源的开发利用作出了不同的规定。

一、解读《非物质文化遗产法》关于合理利用条款

《非物质文化遗产法》第 37 条被称为"合理利用条款"，具体规定如下："国家鼓励和支持发挥非物质文化遗产资源的特殊优势，在有效保护的基础上，合理利用非物质文化遗产代表性项目，开发具有地方、民族特色和市场潜力的文化产品和文化服务。开发利用非物质文化遗产代表性项目的，应当支持代表性传承人开展传承活动，保护属于该项目组成部分的实物和场所。人民政府应当对合理利用非物质文化遗产代表性项目的单位予以扶持。单位合理利用非物质文化遗产代表性项目的，依法享受国家规定的税收优惠。"

本条第 1 款是关于非遗生产性保护的规定。非遗的生产性保护是通过生产、流通、销售等方式，将非遗及其资源转化成生产要素和产品，产生经济效益，并促进相关产业发展，使非遗在生产实践中得到积极保护，实现非遗保护与经济社会协调发展的良性互动。[①] 该条款对生产性保护提出了"在有效保护的基础上"和"合理"两项基本要求。"有效保护"在于坚持非遗保护的真实性和整体性。在利用非遗进行创作、改编、出版、表演、展示、产品开发、旅游等活动中，要尊重其形式和内涵。《非物质文化遗产法》第 5 条明确规定："使用非物质文化遗产，应当尊重其形式和内涵。禁止以歪曲、贬损等方式使用非物质文化遗产。""合理"在于依据非遗项目的市场潜力和发展环境进行客观评价，科学论证。

---

① 全国人大常委会法制工作委员会行政法室编著：《中华人民共和国非物质文化遗产法释义及实用指南》，中国民主法制出版社 2011 年版，第 94 页。

本条第2款是关于非遗开发利用单位的义务，即开发利用非遗代表性项目的，应当支持代表性传承人开展传承活动，保护属于该项目组成部分的实物和场所。实践中，开发利用非遗代表性项目的多是老字号。2007年商务部、原文化部在《关于加强老字号非物质文化遗产保护工作的通知》（商改发〔2007〕45号）中要求，“各地在老字号的保护工作中，要将老字号的代表性传承人作为保护和扶持的重要对象。开展对掌握主要传统手工技艺的老字号代表性传承人的认定，资助代表性传承人授徒传艺，并为其提供必要的传习活动场所，以及开展展示、研讨和宣传活动的条件。”

本条第3款是关于扶持政策和税收优惠的规定。非遗蕴含IP基础，利用非遗项目进行产业化开发潜力巨大。但是，非遗项目多为传统手工业时代的遗存，手工生产、作坊制以及量产小等特点使得产业起步阶段往往面临融资困难。本条款虽然没有明确企业能够享受到的税收优惠的种类和幅度，但为将来中央和地方政府出台税收优惠留出空间。

二、非遗资源特征与非遗合理利用

随着人们对非遗认识的不断加深，“不能像保护文物那样保护非遗”已经成为共识。与文物相比，非遗具有可共享性、动态性和活态性，依据非遗特性进行合理利用，是尊重保护非遗的体现。

（一）非遗具有可共享性

非遗的可共享性是指不同的人群、族群，通过历史传承或通过流传、因袭、吸纳等各种途径，共同持有和享用并存续和传承同一种非物质文化遗产。①

有形的文物是排他的，而无形的非遗可共享，因此，列入联合国教科文组织人类非物质文化遗产代表作名录的蒙古长调为中蒙两国共同持有。非遗文化在发展过程中不受行政区域划分的限制，也不受族群、社群不同的限制。尊重非遗的可共享性，有助于保持非遗的完整性。《非物质文化遗产法》第21条规定：“相同的非物质文化遗产项目，其形式和内涵在两个以上地区均保持完整的，可以同时列入国家级非物质文化遗产代表性项目名录。”我国的不少国家级非遗项目都属于多地共享的类型，比如，“木兰传说”为河南虞城、陕西延安、湖北黄陂三地共持，“森林号子”为吉林白山和黑龙江伊春共持，“黄梅戏”为安徽安庆和湖北黄梅共持，狮舞

① 刘魁立：《非物质文化遗产的共享性、本真性与人类文化多样性发展》，载《徐州工程学院学报》（社会科学版）2010年第2期。

则为二十三地共持。①

非遗可共享性要求地方政府在进行非遗合理利用时，摒弃狭隘的地方主义，与同属非遗项目文化圈内的其他地方合作开发，共创共赢。其实，一旦非遗文化资源进入公共领域，就意味着世界上所有人都可以在尊重非遗形式与内涵的前提下，进行再创作。反过来说，世界上所有进入公共领域的非遗文化资源也都可以为我所用。只有发展在地化文化产业时，非遗资源才会跟地方发生对接。这时，非遗文化圈内的各行政区域，虽然共持相同的非遗资源，但因为开发的文案创意各不相同，会呈现百花齐放的共赢局面。所以，与其把精力放在争抢非遗申报上，不如在开发创意上多错位竞争，在旅游服务上多协同创新，共同守护非遗文化的完整性。

（二）非遗的动态性和活态性应始终受到尊重

联合国教科文组织保护非物质文化遗产政府间委员会核可的《保护非物质文化遗产伦理原则》第8条强调："非物质文化遗产的动态性和活态性应始终受到尊重。本真性和排他性不应构成保护非物质文化遗产的担忧和障碍。"②

文物是静止不变的，而非遗是鲜活的。非遗的动态性是非遗实践赋予的，它在历史长河中被孕育和创造，并在历史长河中不断被赋予各族人民的智慧和创造力。之所以流传至今，离不开能动的实践。

文物的保护在于保持文物实体完好如初，而非遗的保护在于非遗文化被当代人感知、传承和传播，它是否活着，取决于它是否在今人生活中得以体现。与文物的静态保持不同，非遗呈现出活态传承的特点。所有非遗均通过口、手、肢体、行为和技能来表达。由于它的完成过程和传承系统完全依赖于人，这就决定了它"人在艺在，人亡艺绝"的活态化特征。

能动的实践，活态的传承，都离不开"人"作为载体。而人是有思想的，有选择意识的，是当代社会中的个体。所以，非遗传承中必然会烙上传承者的印记和时代的印记。尊重非遗的动态性和活态性，就是承认非遗传承者的能动性、创新性和时代性。

（三）非遗合理利用中涉及非遗传承人的相关问题

国家鼓励全体公民参与非物质文化遗产的传承传播，但非遗传承人有法定的

---

① 《国家级非物质文化遗产代表性项目名录》，载中国非物质文化遗产网，https://www.ihchina.cn/project#target1。

② UNESCO：《联合国教科文组织：〈保护非物质文化遗产伦理原则〉》，巴莫曲布嫫、张玲译，载《民族文学研究》2016年第3期。

传承传播非物质文化遗产的义务,同时,非遗传承人享有传承者的补偿;公有领域非遗项目的传承人不是该项目的所有人,但其根据非遗技艺制作的产品或创作的作品以及形象则为其所有。非遗传承人在传承过程中基于非遗本体的创新创意部分,受到知识产权法律的保护。

非物质文化遗产是中华民族历史文化的"活化石",构成民族文化的底蕴,中华儿女传承传播民族优秀文化责无旁贷。《非物质文化遗产法》第四章"非物质文化遗产的传承和传播"第 28 条规定:"国家鼓励和支持开展非物质文化遗产代表性项目的传承、传播。"

传承是非物质文化遗产能够绵延不绝的核心,通过正规和非正规教育渠道进行,一般为自然性传承,完全依赖个体行为。传播是文化的"化"这个基本特征的落实,非物质文化遗产也是通过传播"化"到大众生活的方方面面中,为大众所熟知、从而增强大众的保护意识。非遗传播的方式可以是媒体传播、学校教育,也可以是开发利用。

在当前社会环境下,仅靠自然状态下传承传播非遗远远不够,国家立法鼓励和支持广大公民积极参与非遗的传承传播,包括对非遗的合理开发利用。同时,国家通过建立非物质文化遗产代表性项目传承人制度来精确落实非遗的传承传播工作,以有章可循地确保传承传播的高质量延续。

代表性传承人是指承担国家级非物质文化遗产代表性项目或地方非物质文化遗产代表性项目传承保护责任,掌握该项目的知识、技能,并具有公认的代表性、权威性与影响力的人。在日本,非遗传承人被称为"人间国宝"。代表性传承人是非遗文化延续中的活态载体,被认定的传承人必须承担起法定的责任。《非物质文化遗产法》第 31 条规定了传承人的应尽义务:(一)开展传承活动,培养后继人才;(二)妥善保存相关的实物、资料;(三)配合文化主管部门和其他有关部门进行非物质文化遗产调查;(四)参与非物质文化遗产公益性宣传。传承人在尽义务的同时,可以获得来自国家和政府的相应支持,包括资助和荣誉。《非物质文化遗产法》第 30 条规定:"县级以上人民政府文化主管部门根据需要,采取下列措施,支持非物质文化遗产代表性项目的代表性传承人开展传承、传播活动:(一)提供必要的传承场所;(二)提供必要的经费资助其开展授徒、传艺、交流等活动;(三)支持其参与社会公益性活动;(四)支持其开展传承、传播活动的其他措施。"《国务院办公厅关于加强我国非物质文化遗产保护工作的意见》明确提出"建立科学有效的非物质文化遗产传承机制。对列入各级名录的非物质文化遗产代表作,可采取命名,授予称号、表彰奖励、资助扶持等方式,鼓励代表性传承人(团体)进行传习活动”。当前,我国国家级非遗传承人每人每年可获得一万元的补助津贴,有些地方对认定的传承人在申请工艺美术大师评选时,有加分奖励等。

国家鼓励所有人传承传播非遗,包括在合法前提下合理开发利用非遗。既然人人可以合理利用,那么,传承人的回报体现在哪里?笔者认为,同样是对非遗资源的开发利用,非遗传承人的官方命名和荣誉称号等会给传承人带来专属于传承人的受益,也算是对非遗传承人在开发环节的补偿,如非遗传承人拥有相对于其他开发者的优势;同样是根据非遗技艺进行产品生产以及销售,传承人的产品附加值更高,市场影响力也更大。

但是,非遗传承人并不拥有对公共领域非遗项目的所有权或专有使用权。

案例评析

非遗项目传承人不等于非遗项目所有人

——自贡市扎染工艺厂诉自贡市天工艺术品有限公司侵害商业秘密纠纷案[①]

【基本案情】2008年6月,经自贡市申报,自贡扎染技艺被列入国家级非物质文化遗产名录。同年12月,扎染厂被认定为四川省非物质文化遗产项目名录“自贡扎染工艺”项目的保护单位。扎染厂两位老员工自立门户,成立新公司——天工公司,并在其产品和包装上使用“非物质文化遗产——自贡扎染工艺”的字样。原告扎染厂认为被告天工公司擅自使用了原告的商品特有名称、冒用原告的质量标志,虚假宣传,还侵犯了原告的商业秘密,构成了不正当竞争,故向法院提起诉讼。

自贡市中级法院最终判定原告败诉,法院在判决书中指出:“自贡扎染工艺”是传统手工艺技能,是自贡地区人民在总结、继承秦汉时期在蜀民中流传的工艺的基础上,逐步发展形成的具有地方特色的扎染工艺,自贡扎染工艺应属于自贡人民的共同财富,而并不属于任何一个人或任何一家企业。“自贡扎染工艺”被评定为非物质文化遗产后,天工公司在其用“自贡扎染工艺”生产并销

① 参见自贡市扎染工艺厂诉自贡市天工艺术品有限公司侵害商业秘密纠纷案,四川省自贡市中级人民法院(2009)自民三初字第5号民事判决书。

售的扎染产品上使用“非物质文化遗产——自贡扎染工艺”的字样属于对非物质文化遗产的合理利用，符合我国非物质文化遗产保护工作的“保护为主、抢救第一、合理利用、传承发展”的方针。扎染厂要求天工公司停止使用“非物质文化遗产——自贡扎染工艺”的字样，实际上将会造成自贡地区的非物质文化遗产——“自贡扎染工艺”变成了扎染厂的专有使用权，这并不利于“自贡扎染工艺”的传承、发扬，也不利于非物质文化遗产的保护、传承和发扬，亦与非物质文化遗产保护的宗旨相悖。

【评析】非遗属国家公权范畴，非遗字样的使用也应是国家公权调整范畴，而非民事权益。同时，“自贡扎染工艺”这项传统手工艺技能，是人民的共同财产。扎染厂被评为省级非物质文化遗产项目保护单位、相关部门向其授予非物质文化遗产标牌的行政行为并不是将“非物质文化遗产——自贡扎染工艺”的所有权或专有使用权授予了扎染厂。

非遗资源具有公共性，传承人利用非遗资源生产出来的产品或创作的作品以及形象则属于传承人。传承人对于产品的物权、对于作品以及形象的知识产权，都受到法律的严格保护。

案例评析

“黄梅挑花”著作权案

【基本案情】2007年，湖北省黄梅挑花工艺有限公司因侵犯“黄梅挑花”民间传承人的著作权被查处，这是全国首起非物质文化遗产盗版侵权案件。该案件中，黄梅挑花工艺有限公司未经许可，擅自使用了“黄梅挑花”民间传承人创作的“必胜宝宝”“平安宝宝”等14种图案进行生产经营活动，并同时在网站上展示传播。①

① 参见康宝成主编：《中国非物质文化遗产保护发展报告(2011)》，社会科学文献出版社2011年版，第19页。

【评析】“黄梅挑花”是第一批国家级非物质文化遗产，源于唐宋，发展成熟于明末清初，为纯粹的手工活，由当地农家妇女一代代传承。与其他刺绣相比，挑花更看重挑。它以元青布作底，用针将五彩丝线挑制在底布的经线和纬线交叉的网格上，形成色泽绚丽、立体感强的图案。本案中，“黄梅挑花”是一种传统手工刺绣，技艺施展在一幅幅画稿图案上，因此，被归入非物质文化遗产的传统美术大类。画稿图案是该非遗项目的重要组成部分，传承人会根据前人流传下来的传统图案进行挑花，也会自己进行图案的新创作。这些新创作的图案，如果符合独创性要求，就属于著作权法保护的美术作品，对这些图案的使用，需要得到权利人的使用许可，并支付报酬。

三、非遗合理利用中涉及知识产权的相关问题

“非物质文化遗产是指各族人民世代相传并视为文化遗产组成部分的各种传统文化表达形式，以及与传统文化表现形式相关的实物和场所。”《非物质文化遗产法》第 2 条对非物质文化遗产概念的定义源于联合国教科文组织通过的《保护非物质文化遗产公约》，该公约将非物质文化遗产界定为：被各社区、群体、有时是个人，视为其文化遗产组成部分的各种社会实践、观念表达、表现形式、知识、技能以及相关的工具、实物、手工艺品和文化场所。各个群体和团体随着其所处环境、与自然界的相互关系和历史条件的变化不断使这种代代相传的非物质文化遗产得到创新，同时使他们自己具有一种认同感和历史感，从而促进了文化多样性和人类创造力。

非物质文化遗产的创造和传承离不开群体和团体的互为，使得非物质文化遗产权利人的范围难以确定；非物质文化遗产世代传承、说明至少一百年的时间性，使得非物质文化遗产的存续时长难以确定。这两个“难以确定”使得非物质文化遗产难以作为一种独立的知识产权类型被现代知识产权制度体系纳入。关于知识产权的类型，国际上是有共识的。《与贸易有关的知识产权协定》规定了研究版权及相关权利、商标、地理标志、工业设计、专利、集成电路的外观设计、对未泄露之信息的保护等 7 种知识产权类型，并无“非物质文化遗产知识产权”这一类型。

非物质文化遗产主要是各种社会实践、观念表达、表现形式、知识、技能等文化存在，具有无形性，使得非物质文化遗产和现代人类文化智能成果一样，具有可知识产权性；非遗的创造、传承、传播过程中不断加入群体、团体以及个人的创意创

新,使得非物质文化遗产和现代人类文化智能成果一样,需要知识产权制度的激励和保护。

我国丰富的非物质文化遗产资源之于中华民族文脉的意义非常重大,同时,非物质文化遗产在现代商业社会的潜在利用价值又非常大。考虑到非遗的独特价值和上述特点,我国非遗保护的法律机制采取行政保护为主、民事保护为辅的模式。《非物质文化遗产法》的基本定位是对非物质文化遗产进行行政保护。当利用非遗可能涉及知识产权等问题时,《非物质文化遗产法》在第44条作了衔接性规定:"使用非物质文化遗产涉及知识产权的,适用有关法律、行政法规的规定。对传统医药、传统工艺美术等的保护,其他法律、行政法规另有规定的,依照其规定。"非遗利用中涉及民事保护的部分主要与知识产权法发生交集,但非物质文化遗产并不作为独立的知识产权类型,所以,对非物质文化遗产涉及知识产权的部分是分拆到各个知识产权法律分支中去的,涉及商标法、专利法、不正当竞争法和著作权法。

(一)涉及商标法方面

商标是任何能够将自然人、法人或者其他组织的商品与他人的商品区别开的标志,包括文字、图形、字母、数字、三维标志、颜色组合和声音等,以及上述要素的组合。商标权是指自然人、法人等民事主体对其注册的商标所享有的专用权。

基于非物质文化遗产而提供的商品和服务可以注册为商标,作为证明该商品和服务的质量或者其他特定品质的标志。因此,商标法保护的客体是基于非物质文化遗产而提供的商品和服务,而不是该非物质文化遗产本身。比如,湖笔制作技艺是2006年公布的第一批国家级非遗项目,保护单位为浙江省湖州市善琏湖笔厂,相关传承人为邱昌明。但根据湖笔制作技艺诞生的湖笔商标不仅有湖州市善琏湖笔厂的双羊牌湖笔,还有千金牌湖笔(湖州千金湖笔有限公司)、戴月轩湖笔(北京戴月轩湖笔徽墨有限责任公司)、唐寅湖笔(湖州南浔唐寅笔业有限公司)、湖羊湖笔(湖州金塔湖笔厂)、善琏村湖笔(湖州南浔善琏村笔庄有限公司)、浔雅轩湖笔(湖州南浔浔雅轩书画用品有限公司)等,它们都是基于湖笔制作技艺而生产的商标产品,同样受到商标法的保护,商标注册人对它们注册的商标享有商标权。

商标法不直接保护非物质文化遗产项目,而是通过对掌握传统技艺的人或单位商标权的保护,间接地保护非物质文化遗产。

那么,非物质文化遗产本体部分的保护是否与商标法无缘?有学者提出"非遗地理标志”的概念[①]。地理标志指“标识出某商品来源于某成员地域内,或来源于该地域中的某地区或某地方,该商品的特定质量、信誉或其他特征,主要与该地理来源相关联”[②]。地理标志往往由“地名 + 品名”构成,如无锡“惠山泥人”、贵州“玉屏箫笛”、湖北“黄梅挑花”、浙江“青田石雕”等。地理标志不要求保护客体的新颖性和创新性,这使得非物质文化遗产的本体部分可以获得保护;同时,地理标志既能排斥非遗项目保有地之外的使用,又能避免被保有地之内的某些人专有使用,其地域性、群体性与非物质文化遗产的地域性、群体性天然契合;再有,地理标志不受保护期长限制。因此,有学者认为,“在知识产权保护领域,对非物质文化遗产用地理标志保护是最佳选择”[③]。的确,地理标志能覆盖非物质文化遗产本体部分的保护,而不必要求在本体之上的创新创意。但是,地理标志仅规范商品,不涉及服务。比如,非遗保有地可以禁止外地绣品使用“黄梅挑花”地理标志,但不能禁止外地演出黄梅戏。地理标志仅规范商品,那些不能商品化的非物质文化遗产就不能成为地理标志的保护客体,而这部分非物质文化遗产占比很大。

(二)涉及专利法方面

专利法的核心宗旨是鼓励发明创造,发明创造是指发明、实用新型和外观设计。

发明和实用新型专利保护的是利用自然法则的技术思想创造,非物质文化遗产中涉及利用自然法则的技术思想创造的是传统知识和一部分传统标记。[④] 这部分有可能成为专利法保护对象的“传统知识和一部分传统标记”,按照《保护非物质文化遗产公约》界定的范围,主要是指“传统手工艺”这一项目。《专利法》第22条第1款对授予专利权的发明和实用新型,提出了“应当具备新颖性、创造性和实用性”的条件。活着的非物质文化遗产在传承传播过程中必然会被不断地创新创造,传统手工艺用于打造实用性的产品,因此,非物质文化遗产在符合创造性和实用性的授予条件方面没有问题,是否符合新颖性授予条件需要进一步分析。新颖性是指该发明或者实用新型不属于现有技术。所谓现有技术,是指申请日以前在国内外为公众所知的技术。按此规定,传统手工艺利用中有两种情况能够符合新颖性的授予条件。第一种情况是基于非物质文化遗产中的本体所包含的知识和技

---

① 商世民:《非遗地理标志,不该被遗忘》,载《光明日报》2019年11月17日。

② 郑成思:《关贸总协定与世界贸易组织中的知识产权协议》,学习出版社1994年版,第14页。

③ 肖海:《非物质文化遗产的地理标志保护模式》,载《求索》2008年第2期。

④ 李秀娜:《非物质文化遗产的知识产权保护》,法律出版社2010年版,第52~53页。

艺所进行的创新。例如,贵州省歌舞团一级演员、著名芦笙演奏家东丹甘将过去传统的六孔芦笙进行改造,设计出18管21音芦笙,1999年获得国家知识产权局颁发的实用新型专利证书。第二种情况是,如果某项技艺或某类知识处于家族传承的状态,一直没有以出版或其他方式公开过也不为人所知,则可以申请专利并获得专利权保护。[①]

对于外观设计的授予条件,《专利法》第23条第1款规定:"授予专利权的外观设计,应当不属于现有设计;也没有任何单位或者个人就同样的外观设计在申请日以前向国务院专利行政部门提出过申请,并记载在申请日以后公告的专利文件中。"云南白族银器制作技艺代表性传承人寸发标就把自己设计的"九龙壶"申请并获得了外观设计专利,利用专利制度对自己的创新成果进行有效的保护。

《专利法》对于基于非物质文化遗产本体上的创新创意,能够起到积极的保护。但是,其本体部分由于难以符合新颖性往往被阻止在专利申请之外。那么,如何防止原生境保有这些知识和技艺的群体以外的人对传统技艺和知识进行不正当的利用甚至掠夺,以保护这些群体的精神权益和物质权益免受侵害?[②] 纳西东巴纸制造有关专利申请被宣布无效案,也许能给大家一些触动。纳西族传统手工造纸技艺在云南丽江和香格里拉等纳西族社区世代传承,被列入国家级非物质文化遗产名录。随着云南旅游市场的打开,一些有商业头脑的外人利用传统手工艺开发旅游产品,其中,李某某为垄断市场还申请了与东巴纸有关的专利——一种纳西东巴纸及其制备方法,专利号ZL200310110844.3。东巴纸是纳西族传统技艺,属于全体纳西人,传承人个人不能申请专利,那李某某又是如何成功申请的呢?原来李某某将云南省腾冲县(今腾冲市)界头乡新庄村的传统造纸技艺冠以纳西东巴纸的概念加以"创新"。

于是,东巴纸传承人联合同样受到侵害的云南省腾冲县界头乡新庄村的传统造纸技艺传承人,向国家知识产权局专利复审委员会提出该专利无效请求。他们认为,该专利的权利要求不具备创造性,不符合《专利法》第22条第3款的规定。国家级非物质文化遗产应当受到尊重,不得歪曲。该专利完全背离了传统纳西东巴纸的工艺,冒用了纳西东巴纸的名义对传统工艺进行扭曲,造成公众的误解,不

① 王鹤云、高绍安:《中国非物质文化遗产保护法律机制研究》,知识产权出版社2009年版,第328页。

② 王鹤云、高绍安:《中国非物质文化遗产保护法律机制研究》,知识产权出版社2009年版,第329页。

符合《专利法》第5条的规定。最后,国家知识产权局专利复审委员会经审,宣告李某某该项专利无效。但是,由于那些年李某某专利被授予之后的市场垄断,真正的纳西族造纸传人被边缘化,失去市场份额乃至退出造纸行业,给该项国家非遗传承带来损害。在本案中,假定李某某在掌握了纳西族传统手工造纸技艺基础上进行了创新,是否可以申请专利呢?答案是:可以。一些发展中国家已向世界知识产权组织提出,要求所有专利申请如参照或者吸收了传统知识的必须注明,而且使用了其他人的传统知识要取得传统知识持有人的知情同意,并签订惠益分享协议,不能随便掠夺发展中国家的传统知识。对此,国际上已有成功案例——印度姜黄案和南非仙人掌案。[①]

纳西东巴纸制造专利无效案发生在2008年《专利法》新修之前。当年新修的《专利法》增加了遗传资源来源披露条款。《专利法》第26条第5款规定:依赖遗传资源完成的发明创造,申请人应当在专利申请文件中说明该遗传资源的直接来源和原始来源;申请人无法说明原始来源的,应当陈述理由。遗传资源来源披露条款主要是针对当前世界上的"生物盗窃"行为而设置的,因此,《专利法实施细则》第26条明确,专利法所称遗传资源,是指取自人体、动物、植物或者微生物等含有遗传功能单位并具有实际或者潜在价值的材料;专利法所称依赖遗传资源完成的发明创造,是指利用了遗传资源的遗传功能完成的发明创造。可见,细则对"遗传资源"的界定难以覆盖到非物质文化遗产的"传统知识"。有专家建议,"关于传统知识可以破坏可专利性的规定才是实现我国对非物质文化遗产保护的关键"。[②]

(三)涉及反不正当竞争法方面

非遗传承中的传统手工艺者可以通过专利申请主张自己的权益,但并非最好的选择。一则专利有公开原则,要求公开技术信息和技术资料,实现充分披露。这对于掌握传统技艺的单位和个人而言,可能会变成陷阱。二则专利有期限,如发明专利的期限为20年,实用新型和外观设计专利权的期限为10年,均自申请日起计算。这种情况下,采用商业秘密的方式进行保护对权利人更为有利,这也是近些年很少出现祖传秘方申请专利的原因,相反,大家选择商业秘密的路径。

商业秘密是指不为公众所知悉、具有商业价值并经权利人采取相应保密措施

---

① 王鹤云、高绍安:《中国非物质文化遗产保护法律机制研究》,知识产权出版社2009年版,第329页。

② 中国社会科学院知识产权中心编:《非物质文化遗产保护问题研究》,知识产权出版社2012年版,第45页。

的技术信息、经营信息等商业信息。某些处于保密状态的传统技艺，如一得阁墨汁制作技艺、川剧中的变脸、宣纸制作技艺等都是我国非遗界的商业秘密。

对于商业秘密的保护体现在《反不正当竞争法》第9条规定：经营者不得实施下列侵犯商业秘密的行为：(一)以盗窃、贿赂、欺诈、胁迫、电子侵入或者其他不正当手段获取权利人的商业秘密；(二)披露、使用或者允许他人使用以前项手段获取的权利人的商业秘密；(三)违反保密义务或者违反权利人有关保守商业秘密的要求，披露、使用或者允许他人使用其所掌握的商业秘密；(四)教唆、引诱、帮助他人违反保密义务或者违反权利人有关保守商业秘密的要求，获取、披露、使用或者允许他人使用权利人的商业秘密。

(四)涉及著作权法方面

著作权法保护文学、艺术和科学领域中的作品，非物质文化遗产与著作权法保护之间关系最为密切的部分是民间文学艺术作品。《著作权法》第6条规定："民间文学艺术作品的著作权保护办法由国务院另行规定。"民间文学艺术作品，是指在某个民族或地区内，作者不明，但广泛流传并保存和发展的，反映该民族区域独特传统的文学、艺术作品。例如，安顺地戏(又称地戏谱)的经典剧目《千里走单骑》和《战潼关》、赫哲族民间曲调作品《狩猎的哥哥回来了》和《想情郎》。

民间文学艺术作品多是该非遗文化圈内的人们在长期的生产、生活实践中集体创作完成的，具体的创作者名字早已无法考证，而且年代久远，属于特殊类别的作品。为保护民间文学艺术作品，《保护文学和艺术作品伯尔尼公约》(以下简称伯尔尼公约)(1971年修订本)对通过著作权保护民间文学艺术提出了原则要求。该公约第15条第4款规定，对作者的身份不明但有充分理由假定该作者是本联盟某一成员缔约方的未发表作品，该缔约方法律及规定有权指定主管当局代表该作者并据此维护和行使作者在本联盟各缔约方内的权利。1976年，联合国教科文组织和世界知识产权组织为发展中国家制定了《突尼斯样板版权法》，其中，专门规定了关于"本国民间创作的作品"的保护条款。为保护民间文学艺术，世界知识产权组织于1982年制定了《保护民间文学表现形式防止不正当利用及其他行为的国内法的示范法》。为了保护邻接权，该组织于1996年制定了《表演和录音制品公约》，该公约第2条明确将表演民间文学艺术作品的人员规定为具有"表演者"的身份，即有权许可他人录音、录像并收取报酬。

我国《著作权法》保护民间文学艺术作品，其具体办法由国务院另行规定。《民间文学艺术著作权保护条例》虽然至今还没有制定出来，但实践中已出现相关案例,最具里程碑式意义的要数《乌苏里船歌》著作权纠纷案。

典型案例

黑龙江省饶河县四排赫哲族乡人民政府就《乌苏里船歌》起诉郭某、中央电视台等侵犯民间文学艺术作品著作权纠纷案简介①

【基本案情】《想情郎》和《狩猎的哥哥回来了》是世代流传在乌苏里江流域赫哲族中的民间曲调。1962 年,郭某等在当地采风并创作完成了《乌苏里船歌》音乐作品。1999 年 11 月 2 日,央视直播“99 南宁国际民歌艺术节”时,主持人在郭某演唱完《乌苏里船歌》后说这首歌为郭某创作而不是赫哲族民歌,而郭某也在出版物上把自己署名为作曲。

【原告主张】《想情郎》和《狩猎的哥哥回来了》是赫哲乡人民在长期劳动和生活中逐渐产生的反映赫哲族民族特点、精神风貌和文化特征的民歌;该歌曲曲调属于著作权法规定的民间文学艺术作品,应当受到我国著作权法的保护,赫哲族人民依法享有署名权等精神权利和获得报酬权等经济权利;《乌苏里船歌》是赫哲族民歌,被告郭某对外宣称该歌曲是其原创作品,侵犯了上述民间文学艺术作品的著作权。

【被告辩称】《乌苏里船歌》是郭某、胡某某、汪某某借鉴西洋音乐的创作手法共同创作的。目前全国赫哲族成建制的民族乡有 3 个,原告只是其中之一,他们无资格和理由代表全体赫哲族人提起诉讼;以《想情郎》为代表的赫哲族民间传统曲调,只是一首古老的四句箫曲,并没有歌词,而《乌苏里船歌》既有新创作的曲子又有歌词。

【庭审及争议焦点】在庭审过程中,原告明确仅指控音乐作品《乌苏里船歌》曲调的著作权侵权行为,而不涉及该音乐作品的歌词部分。案件一审中,双方当事人一致同意由中国音乐著作权协会作为本案所涉及作品的鉴定机构,并对本案所涉及的作品进行了鉴定。鉴定结论为:1.《乌苏里船歌》的主部即中部主体曲调与《想情郎》《狩猎的哥哥回来了》的曲调基本相同,《乌苏里船歌》的引子及尾声为创作。2.《乌苏里船歌》是在《想情郎》和《狩猎的哥哥回来了》原

① 参见黑龙江省饶河县四排赫哲族乡人民政府诉郭某、中央电视台、北京北辰购物中心侵犯民间文学艺术作品著作权纠纷案,一审:北京市第二中级人民法院(2001)二中知初字第 223 号民事判决书;二审:北京市高级人民法院(2003)高民终字第 246 号民事判决书。

主题曲调的基础上改编完成的,应属改编或编曲,而不是作曲。

本案争议的焦点问题是:1.原告四排赫哲族乡政府是否有权以自己的名义提起对赫哲族民间音乐作品保护的诉讼;2.《乌苏里船歌》音乐作品的曲调是否根据赫哲族民间曲调改编。①

【法院判定】本案一审法院为北京市第二中级人民法院,法院判决:郭某等以任何方式再使用音乐作品《乌苏里船歌》时,应当注明"根据赫哲族民间曲调改编";郭某等在《法制日报》上发表音乐作品《乌苏里船歌》系根据赫哲族民间曲调改编的声明。2003年,北京市高级人民法院终审维持了一审判决。

【评析】《乌苏里船歌》案是我国首例直接涉及民间文学艺术作品保护的案件。案件引发了广泛争议,但至少案件确立了民间文学艺术保护的以下原则:民间文学艺术作品著作权由产生、传承该作品的特定区域民族群体共同享有;依法成立的民族区域政府有权代表该区域民族群体作为诉讼主体主张权利;任何人利用民间文学艺术进行再创作,需要说明所创作的新作品的出处,这是我国原《民法通则》中的公平原则和著作权法中保护民间文学艺术作品的法律原则的具体体现和最低要求。对民间文学艺术作品进行改编等再度创作,无须经过许可,也无须支付相关费用,但不论以任何方式使用均需标注创作和传承该民间文学艺术作品民族群体的名称;对于不当利用民间文学艺术作品的侵权行为给创作和传承该民间文学艺术作品民族群体精神权益造成损害的,可以适当消除影响、赔礼道歉的方式承担法律责任。

著作权法通过保护民间文学艺术的作品来保护民间文学艺术,因此,在非物质文化遗产中,那些尚不具备作品必要条件的表达形式,如民间宗教仪式、民间建筑风格、民间游艺技巧、地方戏曲等形式,不属于著作权法保护的对象。著作权法对作品的保护和非物质文化遗产保护在立法目的上具有一定的共通性,其共通性在于都是为了促进社会文化的繁荣,但二者实现文化繁荣的方式与内在逻辑不同。非物质文化遗产保护促进文化繁荣的方式主要是通过对非物质文化遗产的研究、传承和传播,该保护是永久的;著作权法促进文化繁荣的方式是通过为作者、著作权人创设有期限的专有权利以鼓励作品尽可能被创作、利用和传播,该保护是有期

---

① 董新中:《非物质文化遗产私权保护理论与实务研究》,知识产权出版社2016年版,第67页。

限的。以非遗技艺创作的具有独创性表达的非遗作品可以受到著作权法保护。①

综上,非物质文化遗产不能作为一种独立的知识产权类型加以保护,只能分拆到知识产权的各个法律分支中。但是,在各支法律的保护状态都存在某些局限性。基本上,非物质文化遗产在本体基础上的创新创意部分,能够受到商标法、专利法、著作权法的认可并保护;保护非物质文化遗产中涉及的表演者的权利可以使用著作权法,涉及商业秘密的可以适用反不正当竞争法;而对于非物质文化遗产本体本身的保护,只是确定了使用非物质文化遗产应当尊重其形式和内涵,不得进行歪曲、贬损的原则,无论是地理标志、遗传资源来源证明的设置等都只能起有限防御的作用,总之,现代知识产权制度对非物质文化遗产本体部分的保护并不充分。

非物质文化遗产的本体被一个"公有领域"的概念投入到人人可利用的海洋,无视创造者群体的智慧付出,有违公平正义原则。国际上,发达国家借此将发展中国家的传统非遗资源当作免费的素材加以商业化利用;在国内,传统族群保有的非物质文化遗产被商业意识强的人利用市场优势占为己有。如何建立一种新的知识产权保护体系,值得大家深思。

复习思考题:

1. 让文物活起来,把文脉传下去,通过文化创意和科技附加激活文物资源是我国面向新时代文物工作的重要方向。

请思考:在文物资源的开发利用中,法律应该如何发挥重要作用?

2. 2011 年 12 月 16 日最高人民法院印发《关于充分发挥知识产权审判职能作用推动社会主义文化大发展大繁荣和促进经济自主协调发展若干问题的意见》,其中明确规定"非遗利用者应尽可能取得保存者、提供者、持有者或者相关保护部门的知情同意"。

结合安顺地戏案的相关资料,请思考:地方政府如何保护本地剧种的起源地标志?利用地方戏剧资源进行文艺创作应如何尊重剧种的起源地标志?当前我国的法律制度在地方剧种起源地标志保护方面有何欠缺?

3.《非物质文化遗产法》规定了非遗项目代表性传承人的义务,但对非遗项目代表性传承人的权利没有作出相关规定。对此,请谈谈你的看法。

---

① 杨勇:《著作权法视角下的非物质文化遗产的保护》,载《中国文化报》2023 年 8 月 25 日。

第三章　著作权经营与管理中的法律

没有著作权法并不妨碍贝多芬创作恢宏巨作，但是，文化内容若以现代工业化复制的形式生产，必然需要著作权法。

著作权法认可无形的著作权具有价值，是一种法律意义上受保护的财产。为避免无形的价值遭盗版流失，著作权法用一种强制力来保护著作权。著作权法激励知识内容的创作者，也激励知识内容的传播者，推动人类文化的进步和繁荣。

第一节　著作权和著作权法

著作权和著作权法形影不离。它们各自具有怎样的定义、特征和历史，和通常所说的版权以及版权法又是怎样的关系？

一、著作权的定义和特征

（一）著作权的定义

著作权，是指作者及其他著作权人对文学、艺术和科学作品依法享有的各项专有权利。著作权包括人身权利（又称精神权利）和财产权利（又称经济权利）。著作人身权是指作者基于创作作品而产生的与作者人身权利紧密相关的权利。著作财产权是指著作权人对作品的使用权和因作品而获得报酬的权利。广义的著作权还包括邻接权，它是指作品的传播者就其传播作品的过程中付出的创造性劳动和投资所享有的与著作权有关的权利。

著作权又称“版权”，这两个术语从词源来看是存在很大差别的。“版权（copyright）”是英美法系（普通法法系）的概念，最初意思就是“复制权”，版权的侧重点在于保护作者的经济权利。“著作权（author's right）”是大陆法系（民法法系）的概念，与英美法系的版权法相比，大陆法系的著作权法将作品更多地视为作者人格的延伸和精神的反映，因此，大陆法系的著作权法更注重保护作者的人身权利。但是，随着两大法系的主要国家或地区均加入了《伯尔尼公约》以及两大法系之间的相互借鉴和融合，“著作权”和“版权”在概念上的差别也在缩小。

我国在正式立法中一直使用“著作权”，我国现行立法的名称也是《中华人民共和国著作权法》。

（二）著作权的特征

著作权是知识产权的一部分①，因此，具有知识产权共有的特征，即非物质性、时间性和地域性。

1. 非物质性

著作权的非物质性，是指著作权的客体是物质载体所“承载”或“体现”的非物质成果，而不是物质载体本身。这一特点决定了著作权的客体不可能像物一样进行占有和公示，自然增大了其保护的难度。

2. 时间性

著作权的时间性是指著作权有一定的有效期限。例如，我国《著作权法》第23条规定，著作权的主体是自然人的，其作品的发表权和财产权的保护期为作者终生及其死亡后50年，截止于作者死亡后第50年的12月31日；如果是合作作品，截止于最后死亡的作者死亡后第50年的12月31日。保护期的设置是为了防止过度保护妨碍公众根据前人的非物质成果进行新的创作和创造发明。但是，对于进入公有领域的作品，人们在使用时仍然要尊重作者的人身权利，不得随意更改署名、篡改和剽窃。

---

① 传统知识产权可大致分为著作权、专利权、商标权。

行业实务

涉及著作权保护期的经营案例

问:2012年4月10日,3D版《泰坦尼克号》亮相国内院线,细心的观众发现,影片某场景里出现的名画已经由毕加索的《亚威农少女》变成了德加的作品。这是为什么?

答:3D版《泰坦尼克号》是一部全新制作的影片,导演卡梅隆与作品版权方在重新签署使用毕加索作品协议时,双方未能达成协议。

提示:

①根据1993年欧盟通过的新版权法,版权保护期为作者死后70年,1998年美国通过了《版权保护期延长法》,将版权保护期一律延长20年,个人作品为作者的有生之年加死后70年,法人作品为首次发表后的95年。

②毕加索于1973年去世,其家人继续持有其作品的版权,直至2043年。德加逝世于1917年,他的作品版权目前属于公开。

③著作权保护期案例还有2007年之前齐白石(1864年—1957年)的7位后人将齐白石作品著作权突击出售给ARTKEY艺奇文创一案。

3. 地域性

著作权的地域性是指除非有国际条约、双边或多边协定的特定规定,否则著作权的效力只限于该国家(地区)境内。这一点与所有权形成鲜明对比,这是因为著作权是法定权利,也是公共政策的产物,必须通过法律的强制规定才能存在,其权利范围和内容也完全取决于法律的规定。例如,在1992年中国加入《伯尔尼公约》之前,一名中国人在英国被人抢劫,他完全可以要求英国警方抓住劫匪,找回被劫的财物。这是因为所有权的保护一般不受地域性的限制。但是,如果1992年之前有人在英国未经许可将中国人的作品翻译成英文并出版发行,中国作家的作品版权在英国是无法获得保护的。

二、著作权法

著作权法是指规定有关著作权以及相关权益的取得、行使和保护的法律规范的总和。

1910年,清政府颁布了中国历史上第一部著作权法《大清著作权律》,但并没有来得及真正实施清政府就垮台了。1915年和1928年北洋政府和南京国民政府也曾分别颁布过《著作权法》。

新中国第一部《著作权法》于 1990 年 9 月 7 日获得通过，历经三次修正，增加了受保护的作品种类和著作权人的专有权利，调整了“法定许可”的范围，增加了对技术措施和权利管理信息的法律保护，从而提高了我国著作权保护水平。2020 年修订的《著作权法》自 2021 年 6 月 1 日起正式施行。

除了《著作权法》，涉及著作权方面的法律还有《刑法》《民法典》中的有关规定；国务院的行政法规有《著作权法实施条例》《计算机软件保护条例》《著作权集体管理条例》《信息网络传播权保护条例》；部门规章有国家版权局发布的《著作权行政处罚实施办法》；司法解释有《最高人民法院关于审理著作权民事纠纷案件适用法律若干问题的解释》（2002 年）、《最高人民法院、最高人民检察院关于办理侵犯知识产权刑事案件具体应用法律若干问题的解释》（2004 年）、《最高人民法院、最高人民检察院关于办理侵犯知识产权刑事案件具体应用法律若干问题的解释（二）》（2007 年）、《最高人民法院关于审理侵害信息网络传播权民事纠纷案件适用法律若干问题的解释》（2012 年）等。《著作权法》和与此相关的一系列著作权方面法规的颁布标志着我国初步建立了现代著作权制度。

此外，我国还于 1992 年加入了《伯尔尼公约》《世界版权公约》，1993 年加入了《保护录音制品制作者防止未经授权复制其制品公约》。2001 年 12 月 11 日我国成为世界贸易组织成员，《与贸易有关的知识产权协议》已对我国生效，我国著作权制度逐步与国际接轨。我国公民在我国境内不可以直接寻求这些公约和协议的保护，因为这些公约和协议提供的是著作权的跨国保护或国际保护，它保护的是外国人，即只有有关外国人才可以在我国主张条约所赋予的利益。不过，外国人在我国主张著作权利益时，首先应依据的是我国《著作权法》，只有当我国《著作权法》与国际公约不一致时，才可以依据公约获得保护。

第二节　著作权的客体

著作权的客体，是创作者基于创作活动形成的作品。《中华人民共和国著作权法实施条例》（以下简称《著作权法实施条例》）第 2 条定义：“著作权法所称作品，是指文学、艺术和科学领域内具有独创性并能以某种有形形式复制的智力成果。”

一、作品应具备的条件

从对“作品”定义的理解，可以概括出作品应具备的条件。

(一)具有独创性

这是作品最重要的特征或条件。

1. 独创性的“独”是指劳动成果系劳动者独立完成,而非从别人的作品中抄袭得来。这里有以下两种情况:

(1)只要进行了独立创作,即使碰巧与他人的作品一模一样,仍然符合“独”的要求。《最高人民法院关于审理著作权民事纠纷案件适用法律若干问题的解释》(2002 年)第 15 条因此承认:“由不同作者就同一题材创作的作品,作品的表达系独立完成并且有创作性的,应当认定作者各自享有独立著作权。”

案例评析

从《千手观音》版权所属纠纷看作品的独创性认定①

【基本案情】2005 年央视春晚之后,《千手观音》进行了版权注册,作者为张某某。张某某表示,其创作灵感来自在山西的一次采风,其后四年又在全国各地对名山大川、风景名胜中的观音形象进行了观摩研究。但是,2005 年 3 月,原甘肃省艺术学校校长、现任北京师范大学艺术系兼职教授、国家一级编导高某某以《千手观音》的题目、主题和画面都来自她的创作为由,要起诉张某某。高某某详细解释了她所创作的《千手观音》的来龙去脉:“这个舞蹈原创于甘肃省艺术学校,1979 年我在敦煌莫高窟看见了千手观音的石像,当时就萌发了要创作《千手观音》这个舞蹈的想法。后来这支舞蹈被我创作出并在甘肃省电视台春节联欢晚会上首演,当时名称为《敦煌手姿》。1997 年,甘肃敦煌女子舞团成立,我在该团重新排练。1998 年,接受舞史学家王克芬先生的建议,改名为《千手观音》。”该案最终的结果是张某某拥有“张版”《千手观音》,高某某拥有“高版”《千手观音》。

【评析】千手观音的经和像在唐初传入,在我国寺庙壁画及石窟中存在千年,属于公共领域的文化艺术遗产。通过对千手观音形象的研摩进行创作,属于对文化遗产资源的创新性转化和创造性发展。本案例中两部作品的创作因为依据的原版类同,所以会产生纠纷。但只要各自的创作系独立完成且具有创作性,都被认定为作品。

① 参见《〈千手观音〉又起版权官司》,载新浪网,http://news.sina.com.cn/o/2007-06-10/103011993218s.shtml。

（2）假如成果是在他人已有作品基础上进行再创作，只要其与原作品之间存在着可以被客观识别的，并非太过细微的差异，该差异部分仍然符合“独”的要求。例如，杜尚给达·芬奇的《蒙娜丽莎》加上两撇胡子，成就了达达派艺术的经典作品——《带胡子的蒙娜丽莎》；又如，在写实油画的创作中，艺术家将摄影作品用油画再现出来，只要对着照片进行绘画的结果与照片本身存在显著视觉差异，就构成一部新的演绎作品。写实绘画构成原摄影作品的演绎作品，因为摄影和绘画两种不同创作手段之间的差异使得面对同一画面的摄影作品和油画作品在视觉上存在“可以被客观识别的，并非太过细微的差异”。必须强调，在他人作品的基础上进行再创作，需要获得原作品版权人的合法授权。

但是，如果在同一介质上对原作品进行精确临摹，达到足以以假乱真的地步，是否算创作出了作品呢？

对于这一问题，我国著作权法学者有不同的看法。一种观点认为，临摹原已存在的、享有著作权的绘画作品，不但要具备一定的技巧，而且要在自己的“再现品”中增加自己的创作性劳动，所以这种临摹的结果，实际上是“再创作”出新的美术作品。[①] 另一种观点认为，虽然对艺术作品进行精确临摹需要高度技巧、艺术品位与判断力，但由于精确临摹并没有产生可以被客观识别的、“源自临摹者”的成果，因此，临摹作品只是对原作品的重复和翻版。当然，如果临摹艺术作品的结果与原作品在视觉上差异明显，而且差异部分达到了“独创性”中“创”的要求，那么，临摹的结果就是作品（演绎作品）。不过，此时用“临摹”这个词可能不是很恰当。[②]

2. 独创性的“创”是指劳动成果包含一定的创造性，即智力含量。

如果仅仅按照事先既定的规程机械式地完成一种工作，即使劳动者必须具备某种技能和知识，这种劳动也会由于没有给劳动者留下智力创造的空间和个性发挥的余地而不能被称为“创作”，其劳动成果也不能成为作品。例如，汉字与盲文之间存在一一对应关系，任何懂盲文的人只要不犯错误，其将汉字转换成的盲文都是相同的。因此，这类工作属于“额头流汗”，劳动成果缺乏智力含量而不能形成作品。但是，同样将这篇汉字稿翻译成英文，却属于创作性劳动，翻译的结果是作品。因为面对同一篇汉字稿，不同的翻译者会根据自己对原作的理解，作出个性化的选择、判断甚至再创作。

---

① 郑成思：《版权法》，中国人民大学出版社 1997 年版，第 161 页。

② 王迁：《著作权法学》，北京大学出版社 2007 年版，第 10 页。

（二）必须是属于文学、艺术和科学领域内的创作

在文学、艺术和科学领域之外，人类的智力成果也广泛存在。比如，生产工艺的优化剂、技术领域的发明专利；再如，在体育比赛中和对方斗智，出人意料地摆出新的阵容、阵式等。但如果未以文字、图表等具体表现形式将其表达，就不属于文学、艺术和科学领域内的创作，不能称之为作品。[①]

（三）必须具有一定的可表现形式

作品只有具备可表现形式，才有被侵权的可能，因而才需要专门法律的保护。

作品具备一定的可表现形式，是指作者以文字、言语、符号、声音、动作、色彩等一定的表现形式将自己的思想表达出来，得以被公众阅读、欣赏或感知。尚未以一定的客观形式表现出来的构思、念头或者腹稿，即使具有重大的科学和艺术价值，也无法由《著作权法》加以保护。因此，像北宋画家文同的那种"胸有成竹"的境界并不为著作权法所关注。

二、不受著作权法保护的对象

为了进一步明确著作权法保护的客体范围，有必要了解一下不受著作权法保护的客体有哪些。

（一）思想

在建立版权制度的国家或地区，通常强调版权只保护"思想的表达"，而不保护思想本身。这就是国际版权理论中常见的"思想/表达两分法"。这个原则在《与贸易有关的知识产权协议》和《世界知识产权组织版权条约》中都有相应的规定。

为什么著作权法不保护思想？从深层原因上看，这是与民主社会对思想自由的珍视紧密相连的。[②] 同时，思想是创作的基石，如果思想获得排他性的垄断，又怎么鼓励创作呢？据此，著作权法不保护抽象的思想、思路、观念、理论、构思、创意、概念、工艺、系统、操作方法、技术方案，而只保护以文字、音乐、美术等各种有形的方式对思想的具体表达。在区分思想/表达时，常常会用到"必要场景原则"，是指在描述某一特殊的创作主题或概念时，必然会使用到某些不可避免的场景描写。比如，在展现旧上海的影片中，必然会出现唱着《夜上海》的歌舞场面，卖白兰花以及石库门建筑的场面，这种为描写特殊背景而采用的必要表达方式，同样不受著作

① 黄薇、王雷鸣主编：《〈中华人民共和国著作权法〉导读与释义》，中国民主法制出版社2021年版，第52页。

② 王迁：《知识产权法教程》，中国人民大学出版社2007年版，第50页。

权法的保护。

行业实务

创意人如何保护创意

文化产业又称创意产业，创意常常是一个项目中最具商业价值的核心，但著作权法并不保护抽象的思想、思路、观念、理论、构思、创意、概念、工艺、系统、操作方法和技术方案。著作权法只保护以文字、线条、图案、音符、旋律、动作等各种有形的形式对思想情感的外在表达。

那么，创意人该如何保护自己的创意呢？目前，至少可以采取以下措施：

（1）将思想成果形成文字，及时进行版权登记，以登记的形式确定权属。

（2）对于达不到受著作权法保护的思想创意，借助其他法律手段加以保护。一则通过《民法典》，如果创意要交付他人执行，至少需要拿走创意书的人出具收条，合同式的字据，不仅可以预防纠纷，还可以用保密义务约束对方。二则通过《反不正当竞争法》，在创作过程中，如果没有法律要求必须公示的，创作者可以对其采取保密措施，进行商业秘密式的保护。

虽然创意不是具体的表达，不能构成著作权法的保护客体，但是，在美国好莱坞，电影公司一般拒绝“未经邀请主动提供的创意”。电影公司的内部员工守则中一般规定，对于所有未经邀请主动提交的创意，公司内部员工一律不许打开信封或阅读其中资料，以免因创意剽窃而引发纠纷。①

（二）事实及对事实无独创性的汇编

除了思想，人类创作的基石还有事实，二者都是人类创作的材料来源。著作权法鼓励作者垄断其作品中的独创性部分，但不鼓励作者垄断其作品创作的材料部分。因为事实材料是人人共享的创作资源，如果著作权法允许作者禁止他人使用作品中的思想和事实，将严重阻碍思想和信息的传播以及文艺创作，这显然违背了著作权法的立法宗旨——促进文艺创作的发展。

事实是客观存在和发生的事情，它只可能由作者第一个发现、报告或描述出来，但不可能由作者创作出来，因此不可能是具有“独创性”的作品，自然不属于著作权

① 宋海燕：《娱乐法》（第2版），商务印书馆2018年版，第239页。同时，可参见“人在囧途”诉“泰囧”案，最高人民法院（2015）民三终字第4号民事判决书。

法的保护范围。此类事实包括人口统计数据、科学事实、历史事实、新闻事实等,它们从产生那一刻起就进入了著作权法意义上的公共领域,任何人都可以自由使用。

对事实无独创性的汇编难以获得著作权法保护,因为这种汇编付出的劳动只是“额头流汗”,缺乏足够的智力含量。当然,“额头流汗式”的劳动毕竟也是劳动,得不到著作权法的保护,并不意味着不能获得任何其他法律的保护,事实上,反不正当竞争法、民法典和近年来出现的数据库保护立法都可以在某种程度上对于在编排实施方面付出的辛劳提供一定程度的保护。

事实中的很大部分是大众传媒领域的单纯事实消息。为此,我国《著作权法》第5条第2项规定:著作权法不适用单纯事实消息。通过报纸、期刊、广播电台、电视台、网络等媒体报道的单纯事实消息直接涉及国家、社会公众、国际社会乃至全人类的经济、政治、文化和社会生活,因而要求广泛而迅速地传播,不应控制,所以法律不给予著作权保护。但如果作者在新闻报道中加入了自己的观点或形象描写,如新闻综述、新闻评论、报告文学等则适用著作权法保护。

行业实务

根据真实事件改编影视剧涉及的授权问题

真实具有无穷的力量,近年来,《亲爱的》《我不是药神》《八角笼中》等根据真实事件改编的影视剧直击人心,市场反响良好。那么,改编事实素材是否需要获得当事人或家属授权许可?对于这个问题的回答是,从著作权法角度,并非必须获得当事人或家属授权许可。从人格权角度,在创作中应保护当事人的相关合法的人格权益。

从著作权法分析,真实的事件或案件是人类创作的素材资源,不具有可版权性,因此,并非必须获得当事人或家属的授权许可。否则的话,事件当事人那么多,该向谁获取授权呢?就一个案件来讲,受害者是当事人,施害者也是当事人。这就涉及著作权的归属问题,著作权授权是向著作权所有人获取,那么,一般而言,事件的报道者才有可能获得该报道作品的著作权,前提是该报道属于具备独创性的作品,而非一般的客观事实披露。

从人格权角度分析,根据事件进行的改编,不能侵犯当事人的姓名权、肖像权、名誉权、隐私权等,具体在本书第一章已有阐述。

即便如此,还是建议改编者提前与当事人沟通,做好公关工作。

（三）国家正式文件

法律、法规，国家机关的决议、决定、命令和其他具有立法、行政、司法性质的文件以及官方正式译文都不适用著作权法保护。因为国家文件涉及社会公众和国家整体利益，属于全社会成员公有的信息资源，国家要尽可能快而广地使这些作品传播到公众手里，以规范公民的社会行为，维护正常的社会秩序。

（四）公有领域的作品

作品如果因超过保护期等原因进入了公有领域，则成为人人皆可得而用之的公共财产，不能再为任何人所垄断。但是，其著作权的署名权、修改权和保护作品完整权等应永远得到尊重。

行业实务

谁来保护《西游记》作者吴承恩的精神权利

孙悟空和白骨精谈恋爱，唐僧成了女人，玉皇大帝最爱用望远镜看畅销书……经典名著《西游记》的一部又一部翻拍版本不断挑战人们对经典的解读。对此，"猴王"六小龄童撰文表示："如果名著改编再这样发展下去，最后可能年幼的孩子都不知道哪个版本是真正的孙悟空了。现在总是有小孩子问我'孙悟空一共有多少个女朋友？他和女妖生了几个孩子？'这些问题让我哭笑不得。"①

六小龄童揭示了当前影视界在翻拍经典过程中的恶搞现象。从著作权法上分析，《西游记》的经济权利部分早已进入公共领域，成为全世界的人都可以利用开发的文化遗产。但是，根据著作权法，《西游记》的人身权利——作者吴承恩的发表权（已使用完毕）、署名权、修改权和保护作品完整权永远受到保护，没有时间限制。可是，吴承恩早已过世，当他的作品受到恶搞时，谁来主张他的精神权利呢？现行《著作权法实施条例》第 15 条第 2 款规定："著作权无人继承又无人受遗赠的，其署名权、修改权和保护作品完整权由著作权行政管理部门保护。"

（五）竞技体育活动

传统著作权法不仅保护具有独创性的表达，还保护对思想、观念或情感具有一

① 参见《名语辑录》，载《中国文化报》2010 年 9 月 16 日，第 10 版。

定美感的表达。竞技体育活动展现的是运动力量和技巧，虽然有时会闪现美感的瞬间，但其并非以展示文学艺术或科学美感为目标，那些美感的瞬间也只是在展示身体力量和竞技技巧过程中附带产生的，因此，不能构成著作权法意义上的作品。

但在体育竞技活动中，有一类竞赛比较特殊，那就是运动竞赛表演，典型的运动竞赛表演有花样游泳、花样滑冰、体育舞蹈、艺术体操等。它们不同于其他竞技比赛，一方面它们是一种竞赛，其主要目的在于取得优异成绩以便从比赛选手中胜出，另一方面它们具有极强的可观赏性，即使不参加比赛，它仍然可以独立成为一种艺术表演，其表演的方式凝结了运动员和其他人员的智力劳动成果，具有知识产权的属性，受到著作权法的保护。

三、作品的分类

依据我国《著作权法》第3条、第6条的规定。作品可划分为以下几类。

（一）文字作品

文字作品是指小说、诗词、散文、论文等以文字形式表现的作品。文字作品的范围要比文学作品广，那些没有上升到“文学”水准，但有独创性的文字组合如产品说明书、节目预告单、楼书、科技论文、广告词等也属于文字作品。但是，作品的标题、作品中的用词、作品的人物称谓等仅作为这部完整作品所具备的全部要素之一，并非《著作权法》所保护的“作品”，因此，不能单独受《著作权法》保护。

案例评析

难获《著作权法》保护的作品人物如何维权？

【基本案情】2015年，原告查某某（笔名金庸）发现被告杨某（笔名江南）在未经其同意的情况下，在创作的小说《此间的少年》（以下简称《此间》）中大量使用自己小说中的知名人物，遂提起诉讼。一审法院广州市天河区人民法院经审理查明，从整体上看，虽然《此间》使用了查某某四部作品中的大部分人物名称、部分人物的简单性格特征、简单人物关系以及部分抽象的故事情节，但上述人物的简单性格特征、简单人物关系以及部分抽象的故事情节属于小说类文字作品中的惯常表达，《此间》是在不同的时代与空间背景下，围绕人物角色展开撰写全新的故事情节，创作出不同于金庸作品的校园青春文学小说。在此情况下，《此间》与金庸作品的人物名称、人物关系、性格特征和故事情节在整体上仅存在抽象的形式相似性，不会导致读者产生相同或相似的欣赏体验，二者并不构成实质性相似。同时，法院认为，本案中，金庸作品及作品元素具有极高的知名度和影响力，在读者群体中这些元素与作品之间已经建立了稳定的联系，具备了特定的指代和识别功能，具有较高的商业市场价值。杨某创作《此间》时仅发表于网络供网友免费阅读，但在吸引更多网友的关注后即出版发行以获得版税等收益，其行为已具有明显的营利性质，故杨某在图书出版、策划发行领域包括图书销量、市场份额、衍生品开发等方面与查某某均存在竞争关系。故一审法院在认定《此间》不构成著作权侵权的同时，认为其违反《反不正当竞争法》[①]。

【评析】同人创作是指利用原有的漫画、动画、小说、影视作品中的人物角色等元素进行二次创作。但作品人物一般不能单独受《著作权法》保护，"仅使用从具体情节中抽离的角色名称、简单的性格特征及角色之间的简单关系，更多的是起识别符号的作用，难以构成与原作品的实质性相似"[②]。难获《著作权法》保护的还有作品标题，相关案例有五朵金花案、娃哈哈案等。作品标题、作品人物之所以知名，与创作者的创意性付出分不开。本案二审法院广州知识产权法院将涉案作品中的"人物群像"定性为"表达"，改判杨某构成侵犯著作权，与一审法院出现分歧。但两级法院均认可，《此间》2002年首次出版时将书名副标题定为"射雕英雄的大学生涯"，将自己的作品直接指向金庸作品，其借助金庸作品的影响力吸引读者获取利益的意图明显。据此，杨某的行为具有不正当性，构成不正当竞争。因此，作品标题、作品中的知名短语、作品人物等难获《著作权法》保护的作品元素，可以寻求《反不正当竞争法》《商标法》等路径维权。对于再创者来讲，利用原作品元素进行再创，应该尊重原创作者的智慧劳动成果。

（二）口述作品

口述作品是指即兴的演说、授课、法庭辩论等以口头语言形式表现的作品。我国《著作权法》虽然保护口述作品，但口述作品的创作者如果没有将其口述作品固定下来，形成作品的复制件，如对即兴演讲的录音或文字记录稿等，一般也难以对

---

① 参见广东省广州市天河区人民法院民事判决书，(2016)粤0106民初12068号。

② 王迁：《同人作品著作权侵权问题初探》，载《中国版权》2017年第3期。

他人未经许可使用其口述作品的行为提起诉讼。

（三）音乐、戏剧、曲艺、舞蹈和杂技艺术作品

音乐作品是指歌曲、交响乐等能够演唱或者演奏的带词或不带词的作品。

戏剧作品是指话剧、歌剧、地方戏等供舞台演出的作品，曲艺作品是指以相声、快书、大鼓、评书等说唱为主要形式表演的作品。两者受到著作权法保护的部分不是上演的那台戏，而是依据的剧本或底本。

舞蹈作品是指通过人体连续的动作、姿态、表情等表现思想情感的作品，同样，著作权法意义上的舞蹈作品是指被表演的舞蹈动作的设计。杂技艺术作品是指杂技、魔术、马戏等通过形体动作和技巧表现的作品，跟舞蹈作品一样，杂技艺术作品指的是对杂技艺术作品的设计与创作。同时，舞蹈或杂技表演中的常规动作、造型等因缺乏独创性，不能构成获得保护的作品。

（四）美术、建筑作品

美术作品是指绘画、书法、雕塑、工艺美术等以线条、色彩或者其他有审美意义的平面或者立体的造型艺术作品。这里的"审美意义"并没有严格的标准，只要创作者将其对美学的独特观点在物质载体之上以可视方式表现出来，符合最低限度创造性的要求，就能形成美术作品。①

行业实务

著作权法对工艺美术的保护

工艺美术通常分为两类：一类是陈设工艺，即专供陈设欣赏用的工艺美术品，如泥塑；另一类是日用工艺，即经过装饰加工可供人们日常生活中使用的实用艺术品，如家具工艺、陶瓷工艺等。

著作权法所保护的工艺美术，只保护工艺美术品中具有创造性的造型或者美术图案，不保护生产过程中的那一部分工艺；只保护使用艺术品中具有创造性的造型艺术，不保护日常生活中使用的那一部分实用功能。首创的新工艺、具有实用功能的实用品，可以受到其他有关法律的保护。

① 王迁：《知识产权法教程》，中国人民大学出版社2007年版，第83页。

关于实用艺术作品是否属于美术作品的问题。《伯尔尼公约》第2条规定，文学和艺术作品包括实用艺术作品。实用艺术作品的法律保护，由各国自行确定，如果不给予工业产权保护，则至少要给予著作权保护。世界知识产权组织对实用艺术作品的定义为：具有实际用途的艺术作品，无论这种作品是手工艺品还是工业生产的产品。1992年国务院颁布的《实施国际著作权条约的规定》，将"实用艺术作品"定义为艺术成分和实用成分不可分的艺术作品。由此可以看出，只有同时具备实用性和艺术性两个方面，才属于实用艺术作品。如雕刻精美的花瓶就属于实用艺术作品，因为花瓶的艺术造型与其实用性无法分离。相反，印有图案的壁纸则不属于实用艺术作品，因为壁纸的图案与纸分离后不影响壁纸的实用性。这也是实用艺术作品与纯美术作品的区别所在。①

建筑作品是指以建筑物或构筑物形式表现的有审美意义的作品。这里的"审美意义"是指具有独创性的艺术美感，而且这美感能与建筑物的实用功能相分离。因此，属于作品的建筑应具有新颖性、独创性和可复制性，是建筑艺术作品。建筑作品包含两方面的内容：一是建筑物本身，当然必须是外观或者装饰、设计上含有独创性成分的建筑物；二是这个建筑的设计图和它的模型。

（五）摄影作品

根据《著作权法实施条例》的定义，摄影作品是指借助器械在感光材料或者其他介质上记录客观物体形象的艺术作品。"艺术作品"一词体现了对摄影作品的审美要求。任何摄影照片都是借助了照相机这一机械设备拍摄完成的，但从摄影照片升级为摄影作品，必然融入了拍摄者的个性选择、艺术观念和独特的表达手法，从而达到了著作权法中对于独创性的要求。

（六）视听作品

视听作品，是指由一系列固定的带有或者不带有伴音的相关画面组成，能够被看到并在伴有声音的情况下能够被听到的作品。

视听作品包括电影作品、电视剧作品和其他视听作品。同样的剧本，在不同的视听制作者手里，会出来不同的音与像效果，说明在视听作品的拍摄和制作过程中，深深地烙上了创作者的审美痕迹和个性表达，符合独创性的要求。

---

① 黄薇、王雷鸣主编：《〈中华人民共和国著作权法〉导读与释义》，中国民主法制出版社2021年版，第54页。

(七)工程设计图、产品设计图、地图、示意图等图形作品和模型作品

根据《著作权法实施条例》的定义,图形作品是指“为施工、生产绘制的工程设计图、产品设计图以及反映地理现象、说明事物原理或者结构的地图、示意图等作品”。模型作品是指为展示、试验或者观测等用途,根据物体的形状和结构,按照一定比例制成的立体作品,如地理沙盘模型、动植物模型和产品模型等。两类作品的共同特征是属于科学领域,首要的功能要求是实用。著作权法的基本原则是不保护任何技术方案和使用功能,那为什么还要将两类作品列入著作权保护的对象呢?著作权法保护这类设计图是因为图形本身所具有的美感而绝非其中的实用性功能。① 以人体解剖图为例,人体骨骼和器官的数量、位置是不能随意改动的客观事实,但是不同的绘制者可以用不同的颜色标注某一器官,可以将美术创作手法应用在对器官特征的强调和说明上。在著作权法的保护范围内,绘制者只能阻止他人未经许可使用图中的个性成分,而不能禁止他人借鉴其中反映的客观事实。

(八)计算机软件

计算机软件是指计算机程序及其有关文档,对计算机软件的保护请详见《计算机软件保护条例》。一款游戏的游戏引擎,是由指令序列组成的计算机程序。它透过不同指令指挥计算机应当何时从何处阅读资料、播放声音,在屏幕(或终端机)上显示图像、如何下载或储存信息等,属于《著作权法》定义的“计算机软件”。②

(九)符合作品特征的其他智力成果

这是作品范围的兜底性规定。随着文艺创作和新兴技术的不断发展,有可能出现其他的作品类型,而法律的稳定性决定了法律可能难以列举所有的符合作品特征的智力成果,本兜底性条款为实践发展预留空间。

第三节　著作权的内容

著作权的内容是指著作权人享有的专有权利的总和,是著作权法中最核心的

---

① 王迁:《知识产权法教程》,中国人民大学出版社2007年版,第91页。

② 宋海燕:《娱乐法》(第2版),商务印书馆2018年版,第332页。

部分。我国《著作权法》第10条规定了著作权的权利内容，包括人身权和财产权两大部分。

一、人身权

人身权是作者基于作品依法享有的以人身利益为内容的权利。著作权中的人身权利，也称精神权利，只有作者才能享有，而且永远受到保护，没有时间限制（发表权除外）。我国《著作权法》规定了四项人身权，即发表权、署名权、修改权和保护作品完整权。

（一）发表权

发表权是指作者决定作品是否公之于众的权利。大陆法系的著作权法理论认为，作品就像作者的孩子，作者有权决定其作品是否发表、何时发表以及以何种形式发表。发表的形式有很多，包括出版发行、广播、上映、口述、演出、展示和网络传播等。所谓“公之于众”，是指向作者以外的不特定公众公布，而不是作者把自己的作品提供给家属、圈内好友等进行内部交流。

我国《著作权法实施条例》第17条规定：“作者生前未发表的作品，如果作者未明确表示不发表，作者死亡后五十年内，其发表权可由继承人或者受遗赠人行使；没有继承人又无人受遗赠的，由作品原件的合法所有人行使。”这条规定还含有这样的意思，如果作者明确表示不发表，无论是继承人、受遗赠人还是作品原件合法所有人都不能将作品发表，这体现了对作者精神权利的尊重。

发表权明确了只有作者本人才有权决定自己的思想是否公之于世，包括那些原件不在作者手中的作品，如写给他人的信件。

（二）署名权

署名权是指作者在自己创作的作品上署名的权利，以表明自己与特定作品之间的关系。作者享有署名权，意味着作者有权决定在作品上是署真名、笔名、假名还是暂时不署名，任何人不得干涉。如果作者投稿时署了笔名，编辑就不能擅自标出作者的真名，更不能不署作者的笔名。作者也有权禁止任何未参加创作的人在自己作品上署名的行为。如果作品署名发表，则其他任何人以出版、广播、表演、翻译、改编等方式使用这一作品时，都应当说明作者姓名，否则就构成侵权。

案例评析

作者署名非小事①

【基本案情】女性大世界杂志社与摄影家章某签订了一份摄影作品许可使用合同,双方在合同中载明:杂志社拟于2002年4月在《女性大世界》期刊上使用上述图片,并应注明作者姓名……合同签订后,杂志社如约在2004年4月下半月的《女性大世界》第126~131页中将章某的摄影作品与另一作者李某某的摄影作品一同刊载,署名为章某、李某某,但未对二人各自的作品分别加以注明。章某发现后,诉至法院,请求对侵犯其独立发表权的行为在期刊上予以纠正,并赔礼道歉。

法院作出判决如下:自本判决生效之日起2个月内,被告云南女性大世界杂志社在《女性大世界》杂志上刊登更正声明,明确为原告章某的作品独立署名。

【评析】在本案中,杂志社在刊登章某的作品时,未经许可将章某独立创作的作品与其他作者的作品混合使用,将章某与其他作者一并署名,并未对二人各自的作品分别加以注明,容易引起读者误认为是署名者二人的合作作品,不仅侵害了章某的署名权,也侵害了另一作者李某某的署名权,应当在该杂志上刊登更正声明,为两位作者的作品独立署名。

(三)修改权

修改权是指作者修改或者授权他人修改其作品的权利。所谓"修改",是对作品内容作局部的变更以及文字、用语的修正。② 修改可以在作品发表前进行,也可以在作品发表以后进行,但在后一种情况下,作者应适当承担因修改作品给有关部门造成的损失。

修改权的行使,一般由作者自己进行,也可以授权他人修改自己的作品。未经作者授权许可,任何人不得擅自修改其作品,否则构成侵权。

(四)保护作品完整权

保护作品完整权,是指作者保护其作品不受歪曲、篡改的权利。保护作品完整

① 参见张今主编:《中国文化产业合同案例精选与评析》,知识产权出版社2011年版,第8~10页。
② 胡康生主编:《中华人民共和国著作权法释义》,法律出版社2002年版,第43页。

权,包括保护作品的内容、表现形式和作品形象的完整。保护作品内容的完整,要求他人在使用作品时,不得作歪曲性、贬损性的使用,不得断章取义、篡改作者的思想观点;保护作品表现形式的完整,是指作者有权禁止他人剽窃、割裂文章,以维护文章形式的和谐统一;保护作品形象的完整,是指他人在评价作品时,不得随意吹捧或者贬损作品形象,以保护作品的社会评价水平不受伤害、不被降低。[①] 这项权利的重要意义在于维护作者的名誉和声望,因此,多数国家还将“可能对作者的声誉造成损害”作为侵犯保护作品完整权的要件。[②] 在法国,极端重视作品人身权的保护,例如,广告商不能将为了宗教目的而创作的音乐作品用于商业广告之中;未经许可为早期的无声电影配音也被判定侵犯了作品完整权;限制电视台在播放作品过程中插播广告。

案例评析

从电影《九层妖塔》侵权案看保护作品完整权[③]

【基本案情】电影《九层妖塔》根据作家张某某(笔名天下霸唱)的小说《鬼吹灯之精绝古城》改编而来,但是,影片将主要角色胡八一及雪莉杨分别设定为羿王子后裔及具有异能的鬼族后人,与原著小说中普通人类形象不符,而原本小说中是讲述“摸金校尉”风水玄学的故事,被电影改为鬼族人和怪兽战斗的故事。张某某主张该电影侵害了其保护作品完整权,提起诉讼。2019年8月8日,北京知识产权法院作出二审判决认定侵权成立,张某某胜诉。

【评析】制片方在拍摄影片前,已从第三方——上海玄霆娱乐信息科技有限公司获得原著小说的改编权,这是否意味着制片方可以随意魔改?本案例给出的答案是:改编者获得了合法的改编权,即视为原作者允许对原作品进行必要的改动,但是这种改动依然不得歪曲、篡改原作品。因此,改编者的自由不是绝对的,而是有限度的。必要的改动包含两层意思:一是改动是必要的,如果不进行改动,则原作品无法进行拍摄,或者将严重影响电影作品的创作和传播;二是

---

① 黄先蓉主编:《出版法规及其应用》,苏州大学出版社2005年版,第61页。
② 王迁:《知识产权法教程》,中国人民大学出版社2007年版,第108页。
③ 参见北京知识产权法院民事判决书,(2016)京73民终587号。

改动应当在必要限度内。以小说为例，如果电影对小说中的核心表达要素主要人物设定、故事背景、主要情节等进行改动，属于超出必要的限度。即便改动行为满足上述两个条件，属于必要改动，如果改动的结果仍然导致作者在原作品中要表达的思想情感被曲解，那么这种必要的改动仍然有可能侵犯作者的人身权利。那么，判定侵犯保护作品完整权时是否适用“荣誉或名声损害”标准？我国《著作权法》沿袭了作者权利国家的立法传统，采取的是作者精神权利和财产权利相分割的“二元论”观点。在本案中，北京知识产权法院认为，作者的名誉、声誉是否受损并不是侵害保护作品完整权的要件。

二、财产权

财产权，是指作者享有的使用作品而获得报酬的权利。与人身权利不同，它可以给作者带来经济回报，从而激发创作热情，促进文学、艺术和科技的进步和发展。这是国家立法保护著作财产权的宗旨，也是文化产业生存、发展和壮大的法律支撑。

我国《著作权法》共规定了 13 种财产权利，它可以通过转让或者许可他人使用来行使，这是财产权利与人身权利的又一区别。

（一）复制权

复制权是著作财产权中最为核心的权利。因为作品被盗版的主要前提是被复制。所以，只要能够有效地控制复制权，就能基本维护著作权人的经济利益。《著作权法》第 10 条第 5 款将复制权定义为“以印刷、复印、拓印、录音、录像、翻录、翻拍、数字化等方式将作品制作一份或者多份的权利”。

构成著作权法上的“复制行为”，应当满足以下两个要件：

1. 该行为应当在有形物质载体之上再现作品

在有形物质载体之上再现作品，是复制行为与其他再现作品行为，如表演、广播和放映等行为最根本的区别。如果再现作品的行为并不借助有形物质载体，则该行为不可能是著作权法意义上的复制。如将某本武林秘籍纹在人体的皮肤上是复制行为，但过目不忘将某本武林秘籍记在脑子里就不构成复制，因为记忆是一种精神方面的活动，并非在有形物质载体上再现作品的行为。

2. 该行为应当使作品被相对稳定和持久地“固定”在有形物质载体之上，形成作品的有形复制件

因为“将作品制作一份或者多份”，前提是将作品原件相对稳定持久地固定在

有形物质载体之上。所以,在一幅画前面摆放一面镜子以让镜面映出这幅画的全貌,并不是对美术作品的“复制”。因为镜子实际上只是暂时照出了这幅画,而没有真正把这幅画“固定”在镜子上。因为一旦将这幅画拿开,“镜中画”也就消失了。那么,演唱会的现场网络直播是不是复制行为呢？不是,因为网络对演唱会的现场直播虽然也使音乐作品和歌手的声音通过网络得以再现,但是被演唱的音乐作品只是通过网络被即时地播放,并没有被“固定”在网络中。如同拿掉镜子“镜中画”消失一样,只要歌手在现场停止演唱,网络也不会有作品传出了。但如果将这场演唱会直播过程进行数字化固定,就属于复制了。

根据复制行为涉及的载体类型,大致可将复制行为分为以下几类:①“从平面到平面”的复制,例如,将画家用画笔绘制的平面美术作品用照相机翻拍;②“从平面到立体”的复制(主要是指按照美术作品或设计图制作立体艺术品,以及根据建筑设计图建造建筑作品的行为),例如,将动画片《大闹天宫》中的孙悟空形象捏成立体的面人;③“从立体到平面”的复制,例如,在咖啡上拉花拉出2022年北京冬奥会吉祥物冰墩墩的形象①;④“从立体到立体”的复制,比如,同比例缩小或放大立体艺术品;⑤“从无载体到有载体”的复制,比如,将演讲者的口述作品用录音笔录制下来;⑥数字化复制,比如,以数字代码形式将传统媒体上的内容固定在芯片、光盘、硬盘等有形载体或转换成数字文件。

(二)发行权

发行权即以出售或者赠与方式向公众提供作品的原件或者复制件的权利。构成著作权法意义上的发行行为,应当符合以下条件:

第一个条件,该行为应当面向“公众”提供作品的原件或复印件。非公开地提供作品原件或复制件则不构成发行。因此,发行又被称为“公开发行”。可以表现为出版社出版发行一种书、书店出售一种书或影像带、音像公司录制发行一歌集、画廊印制散发美术作品介绍小册子,以及拍卖行公开拍卖美术作品原件等。

但发行不等同于公开面世,只有导致公众获得或得以获得作品有形复印件的行为才能构成发行行为,这是构成发行行为的第二个条件。因此,像公开朗诵诗

---

①　在一些立体艺术品的展览会,组织者是不允许参观者拍摄的,如果未经许可拍摄,就可能构成对复制权的侵犯。但是,雕刻、雕塑和建筑作品等三维作品往往存在于公共场合,如果一概限制公众对这些作品进行从立体到平面的复制,即拍摄或临摹,并不公平。因此,许多国家都对这类公众场合的立体艺术作品和建筑物的复制权加以一定的限制。我国著作权法的相关规定有:“对设置或者陈列在室外公共场所的艺术作品进行临摹、绘画、摄影和录像”可以不经著作权人许可。参见王迁:《知识产权法教程》,中国人民大学出版社2007年版,第125页。

歌、演唱歌曲、展览油画，或通过无线、有线系统向公众传送作品并非发行行为，因为它们虽然公开面世了，却不能使公众获得作品的原件或者复印件，只能让观众感受作品的内容。这是“发行”行为区别于“表演”“广播”和展览等行为的关键所在。

行业实务

发行权一次用尽原则

“发行权一次用尽原则”又称“首次销售原则”或“权利穷竭原则”，是著作权法中一条限制版权人专有权利的重要原则。它的含义是：作品原件和经授权合法制作的作品复制件经著作权人许可，首次向公众销售与赠与之后，著作权人就无法控制该特定原件或复制件的再次流转了，也就是说，合法获得该作品原件或复制件所有权的人可以不经著作权人许可将其再次出售或赠与。

正是由于“发行权一次用尽原则”的存在，旧书店或旧唱片店可以将用过的正版书籍和唱片再次出售，而无须经过著作权人的许可。

（三）出租权

出租权即有偿许可他人临时使用视听作品和计算机软件的权利，计算机不是出租的主要标的的除外。通过著作权法的出租权定义可以知晓，向公众出租视听作品和计算机软件是需要经过著作权人许可的。不过，对于计算机软件而言，如果软件并非出租的主要标的，而是作为被出租物中的一个次要附属，则该出租行为无须经过著作权人的许可。例如，向公众出租数字电影放映机，该类放映机必然装有固化了计算机软件的电脑芯片，由于该软件并非出租的主要标的。因此，该出租行为无须取得著作权人的许可。

（四）展览权

展览权是指公开陈列美术作品、摄影作品的原件或者复制件的权利。

我国《著作权法》的展览权仅适用于美术作品和摄影作品。展览的形式不仅指直接展示，还包括以电视、幻灯或其他设备来固定作品中的某一个画面。《著作权法》第 20 条规定：“作品原件所有权的转移，不改变作品著作权的归属，但美术、摄影作品原件的展览权由原件所有人享有。作者将未发表的美术、摄影作品的原件所有权转让给他人，受让人展览该原件不构成对作者发表权的侵犯。”这是对“展览权”规定的一个重要例外。

(五)表演权

表演权是指公开表演作品,以及用各种手段公开播送作品的表演的权利。

表演权可分为现场表演和机械表演。现场表演,指的是表演者直接或借助技术设备以声音、表情、动作公开再现作品的“活表演”,如朗诵诗歌、演奏音乐、上演戏剧、表演舞蹈等。机械表演,指的是使用录放设备等将前述表演公开传播的行为,即以机械的方式传播作品的表演。例如,在歌舞厅、迪斯科舞厅;酒吧、咖啡厅、餐厅;商场、超级市场;宾馆、航空和铁路等场所播放背景音乐的行为就是典型的机械表演。

行业实务

如何区别表演权中的“公开”与“非公开”

无论是现场表演还是机械表演,“公开”是认定要件之一,非公开的表演不属于著作权法意义上的表演权控制范围。

区别表演是否属于“公开”,关键看受众是否特定。歌手的线下大型演唱会,听众是不特定的,须取得著作权人的表演权授权;音乐类电视综艺节目的现场,歌手面向众多的现场听众演唱,听众是不特定的,须取得著作权人的表演权授权。相反,私人聚会上的表演,受众是特定的,因此,不受表演权控制,聚会上的演唱无须取得著作权人的表演权授权。使用他人音乐作品录制唱片,会聘请歌手在录音棚演唱,录音棚不属于公开场合,录音时会有录音师、制作人、乐队成员等,但这些听众都是特定的,因此,无须取得著作权人的表演权授权。在网络直播间表演唱歌,直播间只有网络主播,现场即便有几个辅助工作人员也属于特定听众,因此,不受表演权控制,无须取得著作权人的表演权授权。

(六)放映权

放映权是指通过放映机、幻灯机等技术设备公开再现美术、摄影、视听作品等的权利。放映权的设立意味着公开播放电影等作品的行为应当经过著作权人的许可并支付报酬。在我国现实生活中,大家认为在电影院和放映厅等经营场所放映需要取得许可并支付报酬,但没有意识到在宾馆、餐厅等公共场所和学校、工厂、机关等半公开场所播放电影也需要取得许可并支付报酬,合理使用的除外。

对电影作品而言,放映权是其主要的著作权。那么,放映电影为什么不是机械表演呢？因为，机械表演是播送"作品的表演"，而电影本身就是作品。

（七）广播权

广播权是指以无线或者有线方式公开传播或者转播作品，以及通过扩音器或者其他传送符号、声音、图像的类似工具向公众传播广播的作品的权利。无线方式公开传播或者转播作品，以传统广播电台、电视台、卫星广播组织的传播方式为典型。有线方式公开传播或者转播作品，比如，有线电视系统不仅传送无线电台电视台的广播节目，也直接播放作品；又如利用互联网从事网络直播、网络定时传播、网络同步转播等非交互式传播的方式。通过扩音器或者其他传送符号、声音、图像的类似工具向公众传播广播的作品，比如通过扩音器等工具传播电台、电视台"广播的作品"。

（八）信息网络传播权

网络信息传播权是指以有线或无线的信息传输网络向公众提供作品，使公众可以在其个人选定的时间和地点获得作品的权利。

网络出现以前，传统的传播方式是单向的，时间和地点都由传播者指定，观众只能被动接受。但是，网络的出现改变了传播模式，一部作品被人进行"数字化"后上传至向公众开放的网络服务器上，则只要作品本身没有被删除以及网络服务器保持开机和联网状态，任何用户即可自己选定时间和地点在任何一台联网的计算机上点击下载作品文件在线收看或收听。网络传播打破了受众只能被动接受信息的传统传播方式的束缚，也向著作权法的规定发起挑战。为了应对网络环境下的新变化，我国2001年修订的《著作权法》赋予作者信息网络传播权。

信息网络传播权的核心内容是"使公众可以在其选定的时间和地点获得作品"，即用交互式的方式获取作品，这是厘清信息网络传播权的关键。信息网络传播权控制的并不是所有通过信息网络传播作品的行为，其只适用于通过信息网络交互式传播作品的行为，比如，公众在互联网中随时阅读作品、观看电影、电视片或者通过电话通信系统收听歌曲、故事等。

（九）摄制权

摄制权是指以摄制视听作品的方法固定在载体上的权利。最常见的是将作品拍成电影、电视剧等作品，也包括将作品制作成讲课录像等录像制品，还包括将作品制作成其他视听作品。

（十）改编权

改编权是指改变原作品形态，创作出具有独创性的新作品的权利。一般是指在保留原作品基本表达的情况下，将原作品由一种类型改变成另一种类型。如将小说改编成剧本或连环画、将真人版电视剧改编成动漫版等。音乐领域将古典音乐改写成流行乐，将戏曲曲调改编成小提琴曲等，也属于改编。改编权也包括将作品扩写、缩写或者改写，比如将电影、电视剧等进行长拆短视频解说，虽未改编作品类型，只要创作出具有独创性的作品，也可认为是改编。

（十一）翻译权

翻译权是将作品从一种语言文字转换成另一种语言文字的权利。如将国外的作品译成中文，或将中文的作品译成外文，但翻译不包括由普通话译成中国某地区的方言或将方言译成普通话，因为它们在书面上都使用汉字。翻译权适用于文字作品、口述作品、视听作品以及一切以文字为其表现的作品。甚至在英国、新加坡等少数国家，还适用于计算机软件，将原计算机程序的源代码改变为目标代码，将一种计算机语言写成的程序改变为另一种语言写成的程序也被认为是翻译。①

（十二）汇编权

汇编权是指将作品或者作品的片段通过选择或者编排汇集成新作品的权利。汇编并不改变作品本身，只是为一个主题将作品汇编，从而在其选择与编排上体现出创造性劳动。

（十三）应当由著作权人享有的其他权利

这是著作权法为未来将出现的新的作品使用方式预留空间。

上述对十三项权利的列举，是为了更加明确作者权利，便于适用法律，未列举的并不表明作者没有这些权利。

三、其他著作权介绍

我国《著作权法》规定了上述13项著作权利。在著作权保护水平较高的一些大陆法系国家，还规定了收回作品权、接触作品权和追续权。

1. 收回作品权

假如作者对自己已经转让或许可出去的权利作品中所表达的思想感情出现悔意，以致想要阻止作品在市场上的进一步流通，那么应该怎么办？一些大陆法系国家规定了收回作品权。

其基本含义是：即使作者已经转让了经济权利或许可他人行使，如因其所表达

① 黄薇、王雷鸣主编：《〈中华人民共和国著作权法〉导读与释义》，中国民主法制出版社2021年版，第97页。

的思想感情发生了变化而希望修改作品或不希望原作品继续流传,可以收回已转让或许可的权利。但是,收回作品权的行使必然会影响先前合法获得权利者的利益,因此,作者在行使此项权利时必须进行合理补偿。

2. 接触作品权

画家将自己的画作原件出售或赠与后,他人只获得了该美术作品原件的物权,著作权依然归属画家。但是,假如他人阻止画家与画作接触,从而使得画家无法行使包括复制权在内的任何经济权利,怎么办?部分大陆法系国家规定了接触作品权。其含义是:即使作品原件或复制件已为他人合法取得,作者为了有效行使其著作权,仍然有权接触该作品原件或复制件。但作者对作品原件或复制件的接触应当尽量避免对合法占有人造成不便。

3. 追续权

对视觉艺术作品而言,其最有价值的是原件。假如艺术家早年低价出手后,其作品原件的价值越拍越高,而根据"发行权一次用尽原则",作者对再次出售的原件丧失了控制权,因而也不能分享后来增值的那部分利益。怎么办?为了纠正这种对艺术家不公平的现象,欧盟国家规定了追续权。

根据2001年欧盟通过的《追续权指令》,欧盟成员国应当为绘画、拼装画、油画、素描、雕版画、版画、石版画、雕刻、编织画、照片以及陶瓷、玻璃造型等原创视觉艺术作品的作者规定追续权,使之能够在其首次销售作品之后,按转售价金的法定比例收取版税。但适用对象仅限于由作者亲手制作的原件或由作者编号、签名的有限数量的复制件。

第四节　著作权的主体和著作权的归属

著作权的主体就是对作品享有著作权的自然人、法人或者非法人组织。著作权的归属是指作品著作权应当由谁所享有。

一、著作权主体概述

按照《著作权法》第9条的规定:"著作权人包括:(1)作者;(2)其他依照本法享有著作权的自然人、法人或者非法人组织。"由此,我们可以将著作权人分为以下几类。

(一)自然人作者

著作权最基本的权利主体是自然人。这里是指创作文学、艺术和科学作品的自然人,而为他人创作进行组织工作、提供咨询意见或物质条件或进行其他辅助活动的人不是作者,为他人创作提供线索、材料而没有参加创作的人也不是作者。在通常情况下,作者与著作权人是同一的。但作者和“著作权主体”又不能完全画等号,因为作者之外的其他人根据合同或法律的直接规定也可以成为著作权人。

有一类著作权人是通过继承、赠与、遗赠、受让等途径获得著作权的。通过这些方式获得著作权的著作权人称继受主体。根据我国《著作权法》的规定,著作权的继受主体不能享有完整的著作权,原因在于著作权中的人身权利是不能转让的,而是由继受主体保护。

还有一种特殊情况是作者并不享有著作权或只享有有限的著作权。《最高人民法院关于审理著作权民事纠纷案件适用法律若干问题的解释》第 13 条规定:“由他人执笔,本人审阅定稿并以本人名义发表的报告、讲话等作品,著作权归报告人或者讲话人享有。著作权人可以支付执笔人适当的报酬。”这意味着真正动手从事创作的作者不享有任何著作权,甚至没有署名权。

典型案例

中国著作权“天字第一号大案”简介

《我的前半生》一书原来是由末代皇帝爱新觉罗·溥仪在抚顺战犯管理所关押期间口述,他的弟弟溥杰执笔完成的。后来,群众出版社指派当时在该社工作的文化干部李某某与溥仪一起对《我的前半生》进行修改。李某某在确立的新主题思想下“另起炉灶,重新创作”,亲自到溥仪过去生活过的地方进行调查,澄清了原书中许多讹误的史实,终于完成了修改稿。在 20 世纪 80 年代,李某某以合作作者的身份对外宣传《我的前半生》,溥仪的遗孀李淑贤认为这本书的著作权仅属于溥仪一人所有,因此对李某某提起了诉讼。经过审理和最高人民法院批复,最终认定自传体作品《我的前半生》的著作权应归特定人物溥仪享有。

该案曾经被称为中国著作权“天字第一号大案”。

(二)视为作者的法人或者非法人组织

根据《著作权法》第 11 条的规定,法人或者非法人组织成为著作权人的情况是指:“由法人或者非法人组织主持,代表法人或者非法人组织意志创作,并由法人或者非法人组织承担责任的作品,法人或者非法人组织视为作者。”由于我国行政法规规定只有单位才可以申报制作电影、电视剧,所以,电影作品和电视剧作品的著作权人就一定是法人或者其他组织。

(三)国家

在特殊情况下,国家也可以成为著作权的主体。国家成为著作权主体主要有以下三种情况:(1)公民、法人或者非法人组织将著作权中的财产权赠与国家;(2)公民死亡时,没有继承人或受遗赠人,或继承人放弃继承权的,著作权中的财产权归国家所有;(3)法人或者非法人组织终止,没有权利义务承受人的,著作权中的财产权归国家所有。

(四)外国人

外国人的作品只要符合以下三项条件之一,就可以在我国获得著作权保护:(1)外国人的作品首次在中国出版,或者在中国境外出版后,30天内在中国境内出版;(2)其所属国或者经常居住国与中国签订了相互保护著作权的协议或共同参加了保护著作权的国际条约,包括《伯尔尼公约》《世界版权条约》《与贸易有关的知识产权协议协议》;(3)外国人的作品首次在上述中国参加的国际条约的缔约方出版,或者在非缔约方首次出版后,30天内在缔约方出版。

二、特殊作品的著作权归属问题

通常情况下,著作权归属作者。《著作权法》第12条规定:“在作品上署名的自然人、法人或者非法人组织为作者,且该作品上存在相应权利,但有相反证明的除外。”同时,作者等著作权人可以“向国家著作权主管部门认定的登记机构办理作品登记”①。这是判断著作权归属的一般原则。但是,有些作品在创作和传播过程中,会涉及多个主体,这样就产生了比较复杂的著作权归属问题。

(一)演绎作品的著作权归属

演绎作品,是指改编、翻译、注释、整理已有作品的基础上经过创造性劳动而派生出来的作品。演绎作品的构成包含两方面条件:一是保留了原作品的基本表达,如果新作品只有在思想、观念和创意上与原作品相似,则新作品不是原作品的演绎作品,而是一部独立的作品;二是对原作品的演绎达到了独创性的要求,如果连最基本的独创性要求都没有达到,那演绎后的结果只能被视为对原作品的复制。

① 根据有关国际条约和我国《著作权法》第2条的规定,著作权自作品创作时起,无须履行任何手续。那么,在著作权交易和权利人维权时,该如何证明权利归属和权利来源合法呢?我国建立的作品登记制度有助于解决这一问题。

对于演绎作品著作权的归属与行使,我国《著作权法》第13条规定:“改编、翻译、注释、整理已有作品而产生的作品,其著作权由改编、翻译、注释、整理人享有,但行使著作权时不得侵犯原作品的著作权。”

一部演绎作品实际上同时包含了原作者和演绎作者的智力创造,因此,使用演绎作品应当取得原作者和演绎作者的双重许可。例如,将一部真人版的电视剧改编成动画版,需要同时取得原作著作权人和真人版电视剧著作权人的双重许可。演绎作品是对原作品的再创作,所以演绎作者在行使其演绎作品的著作权时,不得侵犯原作者的著作权,包括在演绎作品上注明原作品的名称和原作者的姓名。

行业实务

当侵权演绎作品被侵权时

对于附加了创意的部分抄袭或未经授权的演绎作品是否享有著作权,我国著作权法并没有规定,但是,司法实践中,并不否认侵权作品享有著作权。《北京市高级人民法院关于审理著作权纠纷案件若干问题的解答》(京高法发字〔1995〕192号)第5条规定:未经许可演绎他人作品产生的演绎作品尽管对原作作者来说是侵权作品,但它不是对已有作品的抄袭或复制,它本身是创作活动的产物,它的作者也付出了创造性劳动,它本身是有著作权的,演绎作品的作者有权禁止他人使用演绎作品。举例来说,A是原作作者,B未经A的授权对A作品进行了附加创意的再创,形成演绎作品,C对B的演绎作品进行了未经授权的侵权使用。那么,根据该司法解释,B享有其演绎作品的著作权,因此,有权对C提起诉讼进行维权。至于B对A作品的侵权使用,只有当A提起诉讼时,与C无关。这样的法律规定助长了再创过程中的侵权行为,打击了原创的积极性。

(二)合作作品的著作权归属

合作作品是指两个以上的作者合作创作的作品。合作作品的著作权由合作作者共同享有。当合作作品可分割使用时,作者对各自创作的部分可以单独享有著作权。最普遍的例子是合作歌曲的词作者和曲作者可以单独享有词部分的著作权和曲部分的著作权。如果在原曲基础上重新填词创作,仅需获得原曲部分的著作权许可,反之亦然。但合作作品有机结合无法分割时,其著作权由各合作作者共同享有，通过协商一致行使；不能协商一致，又无正当理由的，任何一方不得阻止他方行使除转让、许可他人专有使用、出质以外的其他权利，但是所得收益应当合理分配给所有合作作者。

（三）汇编作品的著作权归属

汇编作品是指根据特定要求将若干作品、作品的片段或者不构成作品的事实、数据或其他材料进行选择、汇集和编排而产生的新作品。汇编作品包括百科全书、词典、选集、数据库作品等。汇编作品的著作权归汇编人享有，但行使著作权时，不得侵犯原作品的著作权。例如，某出版社编辑们经过有关作者的许可之后汇编了《贺岁电影剧本精选》，该精选因体现了出版社具有创造性的选择而成为汇编作品，但出版社未经过各电影剧本作者的同意，是无权自行许可电影公司将精选的各剧本拍摄成电影的，否则构成侵权。因为各剧本的摄制电影权仍然掌握在作者手中。

跟演绎作品一样，汇编作品同时包含了原作品和汇编作者的创造性劳动，如果另有出版社出版该《贺岁电影剧本精选》，则应当取得原作品所有相关著作权人和该汇编作品著作权人的许可。

（四）视听作品的著作权归属

从著作权归属的明确情形来看，视听作品可分电影电视剧作品和其他视听作品两类。

对于电影作品、电视剧作品的著作权归属，《著作权法》规定其著作权“由制作者享有，但编剧、导演、摄影、作词、作曲等作者享有署名权，并有权按照与制作者签订的合同获得报酬”。电影作品、电视剧作品是将众多作者和表演者以及其他创作活动和技术活动凝结在一起的复杂的集合体，大多数作者的创作不可分割地融进同一个表现形式中，除去音乐、剧本、美术等作品外，每个作者的创作成果都无法从影视作品整体中分割出来获得独自的表现形式，因而这些作者都无法单独行使其著作权。同时，考虑到制作者的巨额投资和商业运作特点，将电影作品、电视剧作品的著作权赋予制作者，有利于协调创作者之间以及创作者与制作者之间的关系。

随着网络技术、视音频技术发展，在视听作品领域，出现了网络游戏、微电影、短视频、具有独创性的综艺节目和直播赛事等。这些视听作品涉及众多类型，创作情况复杂，各个利益主体诉求不尽相同。著作权法本着约定优先的原则，明确它们的著作权归属“由当事人约定；没有约定或者约定不明确的，由制作人享有，但作者享有署名权和获得报酬的权利”。

视听作品中的剧本、音乐等可以单独使用的作品的作者有权单独行使其著作权。如编剧作者可以将创作的剧本出版,词曲作者可以将他们的作品另外授权制作或演唱演奏。

(五)职务作品的著作权归属

职务作品是指法人或非法人组织的工作人员或者借调人员和临时招聘人员,为完成该单位的工作任务所创作的作品。《著作权法》第 18 条对职务作品的著作权归属作了明确规定。

第一,一般情况下,职务作品的著作权由作者享有,但法人或者非法人组织有权在其业务范围内优先使用。作品完成 2 年内,未经单位同意,作者不得许可第三人以与单位使用的相同方式使用该作品。

第二,有两种情况,职务作品的作者只享有署名权,著作权的其他权利由法人或者非法人组织享有,法人或者非法人组织可以给予作者奖励:①主要是利用法人或者非法人组织的物质技术条件创作,并由法人或者非法人组织承担责任的工程设计图、产品设计图、地图、示意图、计算机软件等职务作品。这里的“物质技术条件”,是指该法人或者非法人组织为作者完成创作专门提供的资金、设备或者资料。②报社、期刊社、通讯社、广播电台、电视台的工作人员创作的职务作品。③法律、行政法规规定或者合同约定著作权由法人或者非法人组织享有的职务作品。

(六)委托作品的著作权归属

委托作品是指受人委托创作的作品,基于委托合同而产生。《著作权法》第 19 条规定:“受委托创作的作品,著作权的归属由委托人和受托人通过合同约定。合同未作明确约定或者没有订立合同的,著作权属于受托人。”那么,假如在没有合同约定的情况下,新婚夫妇展示自己的婚纱照,还必须经过摄影作品著作权人的许可,甚至再支付额外报酬吗?根据相关司法解释,如果委托作品著作权归属于受托人,则委托人在约定的使用范围内享有使用作品的权利;双方没有约定使用作品范围的,委托人可以在委托创作的特定的目的范围内免费使用该作品。因此,新婚夫妇展示自己的婚纱照,无须经过摄影作品著作权人的许可,也无须再支付额外费用。但如果将婚纱照成册出版,则需要经过摄影作品著作权人的许可。作为出版社来说,此种情况下出版婚纱照,不仅需要取得摄影作品著作权人的许可,还要取得新婚夫妇的肖像权使用许可。当然,摄影作品著作权人如果想要将婚纱照作为典范放置在橱窗里,也需要取得新婚夫妇的肖像权使用许可。

(七)涉及作品原件所有权的著作权归属

作品内容通过物质载体加以表达,此时,一件内容作品就至少涉及两种权利属性,这在原件唯一的美术作品、摄影作品、名人书信手稿中归属问题尤为突出,名人书信手稿还会涉及隐私权。以美术作品为例,它涉及两类权利:一类是美术作品原件所有人对美术作品原件的所有权,这是一种物权,它包括占有、使用、收益和处分美术作品原件的权利;另一类是美术作品的著作权。

作品原件所有权的转移,不改变作品著作权的归属是国际通行的原则。我国《著作权法》第20条规定,作品原件所有权的转移,不改变作品著作权的归属。同时,考虑到作品原件出售给买受人之后,原件在所有人手里,如果再强调著作权人有展览权,会影响所有人对物权的行使。本法条还规定,美术、摄影作品原件的展览权由原件所有人享有。

行业实务

艺术家赠送艺术作品一般认定为原件物权的赠与

当艺术家将自己创作的一件美术作品赠给美术馆后,美术馆是否可以许可他人在网站、宣传品、设计产品以及影视作品中使用有关这幅画的图像?不可以,除非艺术家在赠书上特别注明,将艺术作品的著作权也一并赠与。

一件美术作品原件包含两种权属——美术作品原件的物权和美术作品的著作权,除非艺术家赠书上特别注明,一般的赠与行为被认为只是原件物权的赠与,而他人在网站、宣传品、设计产品以及影视作品中使用有关这幅画的图像,属于著作权的开发与经营行为,因此,美术作品著作权的开发方首先应该取得美术作品著作权所有人(艺术家)的许可。当然,如果开发过程中需要使用原件本身,还需要征得美术馆方的同意。

第五节 与著作权有关的权利

文化产业中,作品的创作只是文化产业链的始端而不是全部,之后,还要经过生产、传播、营销等环节。因此,图书报刊出版者、表演者、录音录像制作者和广播电台电视台在过程中投入的劳动也不可忽视，甚至他们在传播作品过程中贡献了创意性劳动，为作品附加艺术价值。试想，同样是一首提琴曲《梁祝》，由小提琴演奏家来表演和由普通小提琴演奏员来表演为什么效果不一样？同样的一部作品，不同的版本为什么会有不同的市场反响？这说明作品的传播者为促进作品的传播进行了某些有价值的非物质劳动。

但是，一方面，他们的这些劳动无法达到多数国家或地区对于作品“独创性”的要求；另一方面，随着录音技术、电影摄制技术和无线广播技术的迅猛发展，他们的劳动成果面临着被轻易复制和蚕食的危险，结果导致他们的积极性降低。以唱片公司为例，一张正版唱片的制作成本包含了支付给音乐著作权人和歌手乐队的报酬以及录制唱片的人力和设备上的投入，而未经许可复制这张唱片只需一点录制成本。

如何保护为传播作品而投入大量资金和劳动的作品传播者的利益？著作权法肯定了与著作权有关的权益以解决这个问题。与著作权有关的权益源于著作权，但也有其独立性。著作权法保护的是作者的智力创造，而著作权有关的权益侧重保护的是传播作品过程中投入的劳动和资金；著作权主体多是自然人作者，而著作权有关的权益主体是作品的传播者，它们通常是法人；此外，除去财产权利外，著作权还有极强的人身权性质，而著作权有关的权益通常只侧重保护经济利益，一般不具有人身性（表演者享有的两项人身权除外）；最后一点，著作权有关的权益的保护期一般短于著作权的保护期。①

我国《著作权法》第四章“与著作权有关的权利”分别对图书报刊出版者、表演者、录音录像制作者以及广播电台电视台因传播作品而产生的权利作了规定。

一、图书报刊出版者

《著作权法》第四章第一节中规定的图书报刊出版者与著作权有关权利内容涉及图书出版者的专有出版权；报刊转载、摘编的法定许可；版式设计权等。报刊转载、摘编的法定许可在后文中阐述，这里阐述专有出版权和版式设计权问题。

（一）专有出版权

出版行为涵盖复制权和发行权，出版者取得著作权人的许可使用复制权和发行权，为此，双方签订图书出版合同。合同双方可就许可使用的出版权利是否是专

---

① 黄薇、王雷鸣主编：《〈中华人民共和国著作权法〉导读与释义》，中国民主法制出版社 2021 年版，第 181～182 页。

有使用或非专有使用作出约定。对于专有使用的约定,《著作权法》第 33 条规定:“图书出版者对著作权人交付出版的作品,按照合同约定享有的专有出版权受法律保护,他人不得出版该作品。”专有出版权是出版者在与著作权人的合同约定的期间内享有排除包括著作权人在内的一切人再次出版该作品的权利。出版者的专有出版权具有排他性,明确了:(1)著作权人在出版合同约定的专有出版权期限内,在合同约定的地区内,不能再行使出版权;(2)因为出版者取得的专有出版权是对作品的专有出版许可,而不是作品的著作权,因此,出版者在享有出版权期间,只能自己出版,不得许可他人出版;(3)其他人不得以印刷方式复制发行该作品。

(二)版式设计权

《著作权法》第 37 条规定:“出版者有权许可或者禁止他人使用其出版的图书、期刊的版式设计。前款规定的权利的保护期为 10 年,截止于使用该版式设计的图书、期刊首次出版后第十年的 12 月 31 日。”

版式设计是指对印刷品的版面格式的设计,包含对版心、排式、字体、行距、标点等版面布局因素的安排。版式设计是出版者在编辑加工作品中付出劳动的体现,受到《著作权法》的保护。

版式设计与装帧设计存在区别,后者是对出版物外观的装饰设计,如封面的色彩、图形等。许多装帧设计可以作为美术作品受到保护,如果出版物因销量较大而变得知名,那装帧设计还可以作为有一定影响的商品特有的装潢受到《反不正当竞争法》的保护。

二、表演者

表演者对其表演活动所享有的专有权利称为表演者权。

(一)主体

《世界知识产权组织表演和录音制品条约》第 2 条、《视听表演北京条约》第 2 条均规定,“表演者”是演员、歌唱者、演奏者、舞蹈者和其他演出、歌唱、讲述、朗诵、演奏、诠释或以另外方式表演文学或艺术作品或民间文艺表达形式的人员。

理解关于表演者主体的界定,要把握以下几点:

1. 表演者限定为自然人,演出单位不是表演者。

2. 无论被表演的作品是否过了著作权保护期,表演作品的表演者都对其表演活动享有表演者权。比如,吴承恩的《西游记》已过了著作权保护期,但是,著名演员六小龄童对其塑造的孙悟空依然享有表演者权。

3. 如果被表演的不是著作权法意义上的作品,那么从事表演活动的人就不是著作权法意义上的“表演者”。例如，运动员、主持人等均非我国著作权法意义上的“表演者”。

4. 表演者演出作品应取得被表演作品著作权人的许可。但是，在非表演者自己组织的演出活动中，这类许可的取得由演出组织者去落实，并支付报酬。沙某某演唱《暗香》引发的纠纷案，案中演唱者是演出组织者的签约歌手，受组织者安排演唱，不应承担法律责任，所以法院判决由演出组织者赔偿词作者人民币12,000元。[①]

（二）客体

表演者权的客体是表演活动。也就是“表演者通过自己对作品的理解和解释，以声音、动作、表情等将作品的内容传达出来，或者借助一定的工具如乐器、道具等将作品的内容传达出来”。如果表演者多次进行了表演，则无论每次表演的内容是否相同，表演者对每一次表演都享有表演者权。[②]

（三）内容

根据我国《著作权法》第39条的规定，表演者对其表演享有以下权利：表明表演者身份；保护表演形象不受歪曲；许可他人从现场直播或公开传送其现场表演，并获得报酬；许可他人录音录像，并获得报酬[③]；许可他人复制、发行出租录有其表演的录音录像制品，并获得报酬；许可他人通过信息网络向公众传播其表演，并获得报酬。

三、录音录像制作者

录音、录像制品的制作者对其制作的录音、录像制品享有的专有权利称录音录像制作者权，简称“录制者权”。录音音像制作者使用他人作品制作录音录像制品，应当取得著作权人许可，并支付报酬。使用演绎作品制作录音录像制品时，需要同时取得原著作权人和演绎作品著作权人的许可。录音录像制作的完成涉及表演者加入的，应当同表演者订立合同，并支付报酬。采用音乐作品制作录音制品时，如果该音乐作品已经被合法录制过录音制品的，可以不经著作权人许可，但应当按照规定支付报酬。

（一）主体

首次制作录音录像制品的自然人、法人和非法人组织。

---

① 魏永征、李丹林主编：《影视法导论——电影电视节目制作人须知》，复旦大学出版社2005年版，第204页。

② 王迁：《知识产权法教程》，中国人民大学出版社2007年版，第215页。

③ 亦称“首次固定权”。

（二）客体

录音制品和录像制品。

录音制品，是指任何对表演的声音和其他声音的固定。这里的"其他声音"比如自然界的声音和动物的声音等。录音制品的载体可以是唱片、磁带、激光唱盘等，也可以是电脑硬盘、服务器或者虚拟网络空间等。

录像制品，是指视听作品之外的任何有伴音或者无伴音的连续相关形象、图像的原始录制品。

（三）内容

录音录像制作者对其制作的录音录像制品，享有许可他人复制、发行、出租、通过信息网络向公众传播并获得报酬的权利；此外，录像制作者还享有许可电视台播放权，录音制品被用于有线或者无线公开传播，或者通过传送声音的技术设备向公众公开播送，录音制作者享有获酬权。

四、广播电台、电视台

在产业实践中，广播电台、电视台等广播组织会从事三类著作权属的活动：一是摄制电视剧、电视综艺节目和时事新闻节目等，这类属于创作作品，作为视听作品著作权人享受保护；二是录制录音录像制品等，这类属于录音录像制品制作，作为录音录像制作者享受邻接权保护；三是基于播放产生的广播组织权。广播电台电视台就自己播放的节目信号享有的专有权利。此节仅阐述广播组织权。

（一）主体

广播组织，不仅是指广播电台，还包括电视台、卫星广播组织、有线广播组织等。

（二）客体

广播组织播放的节目信号，非广播组织制作的广播、电视节目。这意味着无论该节目是否为广播组织自己制作，只要是广播组织合法播放的，广播组织对节目信号都享有广播组织权，因为被播放的非自制节目都是广播组织支付了高额费用购买转播权而来，当然，对于广播组织播放自制节目而言，广播组织既可以作为制片人享有著作权，同时又作为广播组织享有广播组织权。

（三）内容

《著作权法》第 47 条规定，广播电台、电视台有权禁止未经其许可的下列行为：(1)将其播放的广播、电视以有线或者无线方式转播；(2)将其播放的广播、电视录制以及复制；(3)将其播放的广播、电视通过信息网络向公众传播。

第六节　著作权的限制

著作权法的终极目标不是奖励创作者,而是通过奖励创作者,以鼓励和刺激更多的人投身到文学、艺术和科学领域的创作,从而促使更多原创性的作品得以产生和传播。因此,"创造性作品是要受到鼓励和奖励的,但私人动机必须最终服务于促进公众广泛获得文学、音乐和其他艺术(作品)的(目标)"①。

为了防止著作权人过度垄断作品的传播和使用,以致成为公众获取知识的障碍,著作权法对著作权人的财产权利进行限制。我国著作权的限制有两类:合理使用和法定许可。两者的不同在于:根据合理使用规定对作品进行的使用既不需要经过著作权人许可,也不需要支付报酬;根据法定许可使用作品者无须经过著作权人的许可,但应当支付报酬。

一、合理使用

合理使用,是指在法律规定的条件下,可以不经著作权人许可,不向其支付报酬,基于正当的目的而使用他人有著作权作品的行为。

《伯尔尼公约》第9条第2款规定,联盟国家的法律可以允许在某些特殊情况下复制作品,只要此种复制不与作品的正常利用相冲突并且不过度损害作者的合法权益。这一规定被国际社会公认,称为判断合理使用的"三步检验法"。我国《著作权法》第24条明确规定:"在下列情况下使用作品,可以不经著作权人许可,不向其支付报酬,但应当指明作者姓名或者名称、作品名称,并且不得影响该作品的正常使用,也不得不合理地损害著作权人的合法权益。"

以下是《著作权法》规定的12种合理使用情形:

(1)为个人学习、研究或者欣赏,使用他人已经发表的作品。

条款的表述中包含了"合理使用"的三个条件:一是主体上限于使用者本人(包括家庭),排除单位或团体使用;二是使用目的是学习、研究或欣赏,而不是以营利为目的;三是使用著作权人已经发表的作品。

(2)为介绍、评论某一作品或者说明某一问题,在作品中适当引用他人已经发表的作品。

---

① 王迁:《知识产权法教程》,中国人民大学出版社2007年版,第237页。

条款表述中的关键词在于“适当”两字。一般来说,引用不能超过一定的量,引用的量越大,侵权的可能性就越大。但是,也会出现另外两种情况:一是引用的量不大,却是原作品的灵魂所在;二是引用的量较大,却是为一个不同于原作品的核心思想服务,常见于模仿讽刺作品和挪用艺术作品。

(3)为报道时事新闻,在报纸、期刊、广播电台、电视台等媒体中不可避免地再现或者引用已经发表的作品。

条款的设置是为了保障公民对时事新闻的知情权,但也存在一个再现或者引用的“量”的衡量问题。

(4)报纸、期刊、广播电台、电视台等媒体刊登或者播放其他报纸、期刊、广播电台、电视台等媒体已经发表的关于政治、经济、宗教问题的时事性文章,但作者声明不许刊登、播放的除外。

条款的表述属于穷尽式列举,限于政治、经济、宗教三个方面的内容,这三类以外的内容,如理论、历史、艺术等类文章都不属合理使用的范围。合理使用的方式是其他新闻媒介可以刊登或者播放,如果不是新闻媒介,不能对这些时事性文章作合理使用。

(5)报纸、期刊、广播电台、电视台等媒体刊登或者播放在公众集会上发表的讲话,但著作权人声明不许刊登、播放的除外。

条款的设置理由跟上一种基本相同,都是为了让公众了解当前政治生活中的事件和观点为公民参政议政创造条件。因此,此处的“公众集会”一般是指公众可以自由出入的场所的集会,包括政治性集会或庆典活动性集会,而不包括学术性讲座、诗歌朗诵、科学报告等进行的场所。

(6)为学校课堂教学或者科学研究,翻译、改编、汇编、播放或者少量复制已经发表的作品,供教学或者科研人员使用,但不得出版发行。

条款的衡量标准之一是“非营利目的”,如果出于营利目的,就属于侵权行为。标准之二是“使用的量”,如果大量使用使得学校和科研机构不再购买正版作品,导致著作权人的合法利益受损,则不应被视为“合理使用”。

(7)国家机关为执行公务在合理范围内使用已经发表的作品。

最能说明条款设置的必要性的例子是:公安机关张贴或在网络中分发通缉令时要使用的犯罪嫌疑人的照片或者画像,即使该照片或画像是受到著作权保护的作品,相信所有的人都认可公安机关的使用是“合理”的。

(8)图书馆、档案馆、纪念馆、博物馆、美术馆、文化馆等为陈列或者保存版本的需要,复制本馆收藏的作品。

条款表述中的两个关键点在于:一是“为陈列或者保存版本需要”。如果将复制品用来流通、借阅,甚至出租、出售,就会造成侵权行为的发生。二是“本馆收藏的作品”。

(9)免费表演已经发表的作品,该表演未向公众收取费用,也未向表演者支付报酬,且不以营利为目的。

从条款的表述中可以推断,这里的表演仅指现场表演,而不包括机械表演。构成这种“合理使用”有严格的条件限制:第一,免费演出的作品必须是已经发表的。如果作品没有发表,即使演出是免费的,也要经过著作权人许可。第二,不向公众收取费用,包括间接的收费。比如,酒吧并未向歌手支付任何费用,也没有向前来就餐者直接收取餐费之外的额外费用,该表演也不属于合理使用的“免费表演”。这里的“免费表演”与义演不能画等号,因为义演是演员把自己应得的演出报酬奉献给有关单位或个人,但义演收入中还要拿出一部分向著作权人付酬。第三,不给表演者任何报酬。这里的报酬包括给表演者的车马费、出场费或实物对价。

(10)对设置或者陈列在公共场所的艺术作品进行临摹、绘画、摄影、录像。

设置或者陈列在公众活动场所的雕塑、绘画、书法等艺术作品本身就具有长期公共及公益的性质,已经成为公共文化生活的一部分,应当给予公众较多的使用自由,于是,有必要对著作权人的权利进行适当限制。

(11)将中国公民、法人或者非法人组织已经发表的以国家通用语言文字创作的作品翻译成少数民族语言文字作品在国内出版发行。

条款的设置是为了增加少数民族获得信息和受教育的机会,以促进少数民族科学文化的发展。但本条款的合理使用范围限定于将中国公民或组织的国家通用语言文字作品翻译成少数民族语言文字,且在中国境内出版发行。

(12)以阅读障碍者能够感知的无障碍方式向其提供已经发表的作品。

条款的设置目的与上一种相似,即增进阅读障碍群体的福利,使他们能够像一般人一样获得信息和阅读作品。但是,本条并没有将使用作品限定为中国公民或组织以国家通用语言文字创作的作品,这是因为各国对阅读障碍群体的公共政策基本是相同的。《伯尔尼公约》因此明确允许各国在著作权立法中规定例外,以保障阅读障碍群体的利益。

二、法定许可

法定许可是指使用者依照法律的明确规定,不经著作权人同意而使用享有著作权的作品，但必须向著作权人支付报酬的制度。我国《著作权法》一共规定了5种“法定许可”。《信息网络传播权保护条例》又增加了一种“法定许可”和一种“准法定许可”。

（一）教科书编写出版法定许可

《著作权法》第25条规定：“为实施义务教育和国家教育规划而编写出版教科书，可以不经著作权人许可，在教科书中汇编已经发表的作品片段或者短小的文字作品、音乐作品或者单幅的美术作品、摄影作品、图形作品，但应当按照规定向著作权人支付报酬，指明作者姓名或者名称、作品名称，并且不得侵犯著作权人依照本法享有的其他权利。”

为了保障著作权人依法获得报酬的权利，国家版权局授权中国文字著作权协会承担教科书等“法定许可”著作权使用费的收转工作。现行依据的“规定”为国家版权局和国家发展改革委联合发布的《使用文字作品支付报酬办法》（2014年）。

（二）报刊转载法定许可

《著作权法》第35条第2款规定：“作品刊登后，除著作权人声明不得转载、摘编的外，其他报刊可以转载或者作为文摘、资料刊登，但应当按照规定向著作权人支付报酬。”本法定许可规定适用于报刊之间的相互转载、摘编，不适用于书籍之间和报刊与书籍之间。

为了保障著作权人依法获得报酬的权利，国家版权局授权中国文字著作权协会承担报刊转载文字作品等“法定许可”著作权使用费的收转工作。现行依据的“规定”为国家版权局和国家发展改革委联合发布的《使用文字作品支付报酬办法》（2014年）。

（三）制作录音制品的法定许可

《著作权法》第42条第2款规定：“录音制作者使用他人已经合法录制为录音制品的音乐作品制作录音制品，可以不经著作权人许可，但应当按照规定支付报酬；著作权人声明不许使用的不得使用。”此法定许可的立法目的是防止唱片公司对音乐作品的独家垄断。

“制作录音制品的法定许可”是指使用于已经被合法录制为录音制品的音乐作品。其一，作品种类仅限于音乐作品；其二，如果音乐作品尚未被合法录制为录音制品，如仅在网络中传播、报刊上发表、现场表演中演唱等，都不能作为法定许可的条件。如果音乐作品作为配乐被电影作品所使用，对这部电影的制作和出版不能视为“已经将音乐作品合法录制为录音制品”。因为电影中的配乐只是电影作品的一部分，电影录像带、VCD、DVD 等也不是“录音制品”。

该“法定许可”也只是对音乐作品著作权人“机械复制权”的许可，并不包括对表演者和录音制品制作者享有的“复制权”和“发行权”的许可。如果直接翻录他人制作的录音制品，或在翻录的基础上以技术手段进行加工和编辑、制作新的制品出版，将同时构成对表演者和前一录音制品制作者“复制权”和“发行权”的侵犯。因此，“制作录音制品的法定许可”实际上只允许使用词曲本身。根据法定许可制作录音制品者，必须自己聘用乐队、与歌手（表演者）签约，并将歌手的演唱录制下来制成录音制品。① 本法定许可的使用费通过中国音乐著作权协会进行转收。

（四）广播电台、电视台播放已发表作品的法定许可

《著作权法》第 46 条第 2 款规定：“广播电台、电视台播放他人已发表的作品，可以不经著作权人许可，但应当按照规定支付报酬。”需要指出的是，“播放作品的法定许可”不适用于电视台播放视听作品和录像制品。因为《著作权法》第 48 条明确规定：电视台播放他人的视听作品、录像制品，应当取得著作权人和录像制作者的许可。所以，本条款中，广播电台、电视台播放他人已发表的作品，主要是指播放录音制品、在节目中朗诵小说或散文等情形。本条第 2 款所称的“规定”，应当由国家著作权主管部门会同有关部门制定。现行针对录音制品播放的“规定”为国务院公布的《广播电台电视台播放录音制品付酬暂行办法》（2009 年），广播电台、电视台播放其他类型已发表的作品，目前暂无相关规定。

（五）制作和提供课件法定许可

《信息网络传播权保护条例》第 8 条规定：为通过信息网络实施九年制义务教育或者国家教育规划，可以不经著作权人许可，使用其已经发表作品的片段或者短小的文字作品、音乐作品或者单幅的美术作品、摄影作品制作课件，由制作课件或者依法取得课件的远程教育机构通过信息网络向注册学生提供，但应当向著作权人支付报酬。该条款实际上是“教科书编写出版法定许可”在网络环境中的延伸。

（六）通过网络向农村提供特定作品的准法定许可

《信息网络传播权保护条例》第 9 条规定：“为扶助贫困，通过信息网络向农村地区的公众免费提供中国公民、法人或者其他组织已经发表的种植养殖、防病治病、防灾减灾等与扶助贫困有关的作品和适应基本文化需求的作品，网络服务提供者应当

① 王迁：《知识产权法教程》，中国人民大学出版社 2007 年版，第 267 页。

在提供前公告拟提供的作品及其作者、拟支付报酬的标准。自公告之日起30日内，著作权人不同意提供的，网络服务提供者不得提供其作品；自公告之日起满30日，著作权人没有异议的，网络服务提供者可以提供其作品，并按照公告的标准向著作权人支付报酬。网络服务提供者提供著作权人的作品后，著作权人不同意提供的，网络服务提供者应当立即删除著作权人的作品，并按照公告的标准向著作权人支付提供作品期间的报酬。依照前款规定提供作品的，不得直接或者间接获得经济利益。”

第七节　著作权许可使用和转让

根据《著作权法》的规定，著作权中的财产权利可由著作权人自己使用，也可通过流转由著作权人以外的人使用。流转的方式主要有许可使用和转让两种，合同是实现流转的途径。

一、著作权的许可使用

著作权的许可使用是指著作权人在法律规定的范围内，以一定的方式、在一定的地域范围和期间内许可他人使用其所拥有的作品权利的民事法律行为。其特点是不改变著作权权利归属，被许可使用人取得的只是使用权，著作权仍属于许可人。使用他人作品，应当同著作权人订立许可使用合同，法律规定的例外情形除外，如前述“合理使用”和“法定许可”的情形。

根据《民法典》第469条第1款的规定，当事人订立合同，可以采用书面形式、口头形式或者其他形式。但约定许可事宜，建议以书面合同的形式进行。根据《著作权法》第26条规定，许可使用合同包括下列主要内容：(1)许可使用的权利种类；(2)许可使用的权利是专有使用权或者非专有使用权；(3)许可使用的地域范围、期间；(4)付酬标准和办法；(5)违约责任；(6)双方认为需要约定的其他内容。

许可使用合同的内容是当事人双方真实意思的表示，完整明确、公平合理的条款内容有助于双方正确履行合同，保护自己的合法权益。

(一)许可使用的权利种类

著作权人可以许可他人使用的权利主要是指13项财产权，它们是复制权、发行权、出租权、展览权、表演权、放映权、广播权、信息网络传播权、摄制权、改编权、翻译权、汇编权以及应当由著作权人享有的其他权利。使用者根据使用需要，与著作权人在许可合同中明确是其中哪项或哪几项权利，表述清楚无误。如果表述不清,会被视为未明确许可,而根据《著作权法》第29条的规定,合同中著作权人未明确许可、转让的权利,未经著作权人同意,另一方当事人不得行使。

(二)许可使用的权利是专有使用权或者非专有使用权

著作权人许可他人使用的权利类型分专有使用权和非专有使用权。这里的专有的含义是指独占的和排他的,非专有的含义是指非独占的和非排他的。

专有使用权是指在一定的地域和期限内,著作权人只授权某人使用合同约定的权利,从而该使用人取得对该项权利的专有使用权,著作权人不得将该项权利再授权第三人使用。按照我国图书行业的惯例,著作权人授权出版社出版图书的,通常授予出版社专有出版权。

非专有使用权是指在一定的地域和期限内,著作权人授权某人使用合同约定的权利后,还可以将该权利再授权第三人使用。在这种情况下,使用人取得的该项使用权就属于非专有使用权。比如,一首歌曲的词曲作者甲授权乙使用歌曲的表演权,如果双方签订的是非专有使用合同,那么,甲还保留着自己表演歌曲的权利,合同也不禁止甲再将表演权许可第三人使用。

(三)许可使用的地域范围、期间

许可使用的地域范围,是指明确在什么地域范围内许可使用作品的权利。境内境外、某国及其某地、全国及其某地等,这些都属于使用的地域范围问题,当事人应当在签订许可使用合同时明确约定清楚这一内容,以免产生纠纷。许可使用的期间,是指明确使用人使用该项权利的时限,也可以是使用人享有使用权的承续期间,一般为具体的时间段,或者截至某一时间点。期间的长短由当事人在许可使用合同中明确约定。

(四)付酬标准和办法

付酬标准是指确定付酬多少的问题,付酬办法是指确定怎样付酬的问题。付酬标准和付酬办法有联系,也有区别。付酬标准一般都以当事人自行约定为准,双方综合考虑各项因素,本着公平合理、自愿的原则,在许可合同中明确下来。付酬办法包括明确是现金还是支票、汇票或者以何种货币支付,也包括是一次付清还是分期付酬、版税方式付酬等。付酬标准和付酬办法都需要双方当事人在许可使用合同中明确下来,从而保证交易的顺利进行。

(五)违约责任

违约责任,是指当事人一方或者双方在不履行合同约定的义务或者履行合同义务不符合约定时,依照法律的规定或者按照当事人的约定应当承担继续履行、采取补救措施或者赔偿损失等法律责任。违约责任是用以保证双方当事人履行合同的手段,在约定违约责任的具体内容时,当事人应尽可能地预见各种可能出现的情况,针对不同的违约情况明确承担违约责任的形式、是否规定违约金、违约的赔偿金额以及赔偿金额的计算方法,是否规定违约责任的免除和减轻条款等。

(六)双方认为需要约定的其他内容

上述5项是著作权许可使用合同的一般条款内容。但是,考虑到每一种具体的合同都会有其特殊情况,《著作权法》规定,当事人还可以在合同中约定其他需要约定的内容,以应对特定情形。这里,有两项具有普遍意义的条款,一是"税收条款",即要明确合同规定的报酬数是税前的,还是税后的;缴纳义务人是何方,即是支付方代扣代缴还是收受方自行缴纳。二是"争议解决方式条款",即双方当事人应当将争议解决的方式在合同中予以明确。解决争议的途径主要有:其一,双方通过协商和解;其二,由第三人进行调解;其三,仲裁;其四,诉讼。当事人可以约定解决争议的方法,如果意图通过诉讼解决争议是不用进行约定的,通过其他途径解决都要事先或事后约定。当事人选择和解、调解方式解决争议,都不能排除法院的管辖,当事人可以提起诉讼。依照仲裁法的规定,如果选择适用仲裁解决争议,除非当事人的约定无效,则排除法院对其争议的管辖,同时,选择仲裁方式解决争议的,合同应当对选择哪一个仲裁机构规定具体、清楚,不能笼统地规定"采用仲裁解决",否则将会影响仲裁协议条款的效力。[①]

行业实务

著作权合同中应明确是否可以转许可

在产业实践中,被许可人从著作权人手中获得权利许可后,会出现被许可人自行行权,也会出现被许可人将权利再行许可或分许可的情况。比如,通过"转手"的方式谋取其中的差价利润,还可能将所获得的许可权利许可给第三方作为与第三方合作的资产性投入。[②] 依照现行《著作权法实施条例》第24条的规定,除合同另有约定外,被许可人许可第三人行使同一权利,必须取得著作权人的许可。

---

① 黄薇、王雷鸣主编:《〈中华人民共和国著作权法〉导读与释义》,中国民主法制出版社2021年版,第164页。

② 余锋:《中国娱乐法》,北京大学出版社2017年版,第87页。

二、著作权的转让

著作权转让是著作权人在法律规定的范围内,按照自己的意愿将其所拥有的著作权的全部或者一部分权利转移给他人所有的民事法律行为。著作权转让分为全部转让和部分转让两种。全部转让是指著作权人在著作权保护期内,将其拥有的著作权中的法定许可转让的权利有偿地全部转移给他人所有。部分转让是指著作权人在著作权保护期内,只将其拥有的著作权中的法定许可转让的权利的一种或者几种权利转让给他人所有。

与著作权许可使用不同,约定的著作权一经转让完成,受让人即成为新的著作权人,对作品享有相应的财产权利。著作权的许可使用是有期限的,而著作权的转让是永久性的,受让人买断转让的著作权之后,即享有在整个著作权保护期内的受让权利。

法定可以转让的著作权只能是作品著作权的财产权利,有关人身方面的权利是不能转让的。根据《著作权法》第 27 条的规定,著作权的转让应当签订书面合同。权利转让合同包括下列主要内容:(1)作品的名称;(2)转让的权利种类、地域范围;(3)转让价金;(4)交付转让价金的日期和方式;(5)违约责任;(6)双方认为需要约定的其他内容。

著作权转让要求订立书面合同,符合世界上大多数国家或地区的做法。书面合同有助于厘清事实,有据可循。

(一)作品的名称

著作权转让的全部或部分权利一般都依托某一具体作品,某作品的全部权利、几项权利或一项权利。指代该作品的称谓,就是作品的名称。作品的名称是著作权权利转让合同应当具备的基本内容。

(二)转让的权利种类、地域范围

依照《著作权法》第 10 条第 3 款的规定,著作权人可以全部或者部分转让的权利有复制权、发行权、出租权、展览权、表演权、放映权、广播权、信息网络传播权、摄制权、翻译权、汇编权以及应当由著作权人享有的其他权利。在著作权转让合同中,要明确约定转让哪一种或哪几种权利。著作权转让合同中著作权人未明确转让的权利,另一方当事人原则上不得行使。

转让权利的地域范围,一般是指著作权人所转让作品权利的适用地区。如果转让的作品权利仅在某一地区适用,也就意味在其他地区不允许适用。转让权利的地域范围问题,也需要双方在转让合同中明确约定。

（三）转让价金、交付转让价金的日期和方式

转让价金，是著作权人转让其作品的某种或某几种权利而获得的报酬，也是受让人获得作品著作权利所应当支付的代价，作为一种无形财产的交易结果，表现为体现价值的金额。

转让合同中不仅要明确约定转让价金，还要约定转让价金交付的明确日期和具体的转让方式。例如，是一次付清还是分期支付，是付现金还是支票、汇票支付或何种货币支付等。

（四）违约责任

违约责任，是指当事人一方或者双方在不履行合同约定的义务或者履行合同义务不符合约定时，依照法律的规定或者按照当事人的约定应当承担的继续履行、采取补救措施或者赔偿损失等法律责任。例如，受让人未按合同约定的日期和方式交付转让价金时，应承担的违约责任，著作权人在权利转让合同中保证其作品不包含侵犯他人著作权或者不含有侵犯他人名誉权、隐私权的内容，但事实证明该保证不实以致给受让人造成不利影响甚至经济损失时，应承担的违约责任。为了保证合同义务严格按照约定履行，双方当事人对于违约责任应在合同中明确。

（五）双方认为需要约定的其他内容

上述著作权转让合同的内容普遍适用于所有的著作权转让合同，但针对不同的转让情形，从双方当事人的特殊需要出发，合同还可以约定其他条款内容。

（六）著作权人未明确许可、转让的权利的归属

《著作权法》第29条规定，许可使用合同和转让合同中著作权人未明确许可、转让的权利，未经著作权人同意，另一当事人不得行使。

这项规定要求著作权被许可人只能行使著作权人明确许可的权利。许可使用合同中著作权人未明确授予的权利，被许可人不得行使。如果行使了合同中著作权人未明确许可使用的权利，就是侵犯了著作权人的使用权，就要承担法律责任。规定对著作权被许可方而言，就是要格外留意购得的许可使用权是否与自己设定的商业计划目标一致，以免“漏买”。一旦发现需要行使许可使用合同中著作权人未明确授予的权利，需要及时跟著作权人沟通，获得著作权人同意方能行使。

这项规定明确著作权转让合同中的受让方取得的权利只能是著作权合同中明确约定的那一种或几种权利。对于著作权转让合同中未明确转让的权利，受让人不得行使。如果行使了权利转让合同中未明确转让的权利，就侵犯了著作权人的著作权，就要承担法律责任。

三、著作权中的财产权出质的规定

著作权质押融资对于激励作品创作、摆脱文化企业“融资难”困境、促进文化产业发展具有现实意义。近年来,我国在文化金融领域有不少著作权质押的探索。

著作权质押融资一般有三种模式:第一种是直接将著作权质押给银行获得融资;第二种是将著作权质押给担保公司获得融资;第三种是在向银行贷款的过程中,由担保公司为融资方提供担保,同时融资方将自己的著作权质押给担保公司作为反担保。①

著作权分人身权和财产权两部分。根据《民法典》第 440 条的规定,债务人或者第三人有权处分的,可以转让的注册商标专用权、专利权、著作权等知识产权中的财产权可以出质。因此,著作财产权作为质押标的包括以下权利:复制权、发行权、出租权、展览权、表演权、放映权、广播权、信息网络传播权、摄制权、改编权、翻译权、汇编权和应当由著作权人享有的其他权利。这些权利中的每一项都可以单独作为质押的标的,也可以是任意几项权利的集合体甚至所有著作财产权打包作为质押的标的。

当事人办理著作权质押,需要注意两点:一是应当采用书面形式订立质押合同。这是《民法典》第 427 条的相关规定。二是著作权出质应当依法办理出质登记。这是《民法典》第 444 条第 1 款的规定。因为著作权是一种无形财产权,无法以占有的方式来公示,所以要求以登记的方式予以公示。著作权质押登记机关为国家版权局,实践中,中国版权保护中心受国家版权局委托,开展著作权质押登记工作。

对于出质人处分已出质的著作财产权,法律进行了限制。《民法典》第 444 条第 2 款规定,知识产权中的财产权出质后,出质人不得转让或者许可他人使用,但是,出质人与质权人协商同意的除外。出质人转让或者许可他人使用出质的知识产权中的财产权所得的价款,应当向质权人提前清偿债务或者提存。

第八节　著作权的集体管理

著作权法赋予著作权人享有各项著作财产权利,以控制复制、发行、公开表演

---

①　黄薇、王雷鸣主编:《〈中华人民共和国著作权法〉导读与释义》,中国民主法制出版社 2021 年版,第 170 页。

等对作品的特定使用行为,以此保障作者能够从其创作中获得经济利益,从而鼓励更多的人投身于文艺创作。但是,著作权人手中的著作财产权需要通过著作权人对自己手中各项著作财产权的开发与管理来实现“变现”的目的。著作权法同样保障著作权人合法管理自己的著作权利。

著作权人对其合法权利的管理方式大体可以分为两种,即个人管理和集体管理。个人管理表现为著作权人仅依靠自身的力量,对其合法权利加以行使和保护。集体管理则表现为著作权人借助专门机构、著作权集体管理组织,对其合法权利更有效地行使和保护。

个人管理方式在有效行使和保护著作权方面,存在诸多局限性。一方面,著作权人对手中多项著作权利的多个利用方式难以一一落实,也难以一一追踪那些权利的使用情况;另一方面,著作权使用者难以迅速找到那位著作权人,以取得使用许可或转让,何况,使用人通常长期大量地使用数以千计的作者的作品。

作为有效行使权利的著作权所有者方和便捷取得使用许可的著作权使用方之间的桥梁,著作权集体管理组织应运而生。1851 年,世界上第一个著作权集体管理组织在法国成立,那就是法国的“作家作曲家与音乐出版商协会”(Societe des Auteurs, Compositeurs et Editeurs de Musique, SACEM),随后,从 19 世纪末至今,全世界已有 100 多个国家建立了著作权集体管理制度和机构,既为著作权人和使用人解决困境,又提高了著作权开发和使用效率,是著作权经营管理领域的必要组成。

中国自 1992 年创办中国音乐著作权协会以来,相继又成立了中国音像著作权集体管理协会、中国文字著作权协会、中国摄影著作权协会、中国电影著作权协会。目前共有 5 家著作权集体管理组织,分别涵盖了音乐、音像、文字、摄影、视听等作品的著作权集体管理领域。

一、《著作权法》对著作权集体管理组织的规定

对于中国著作权集体管理组织的设立、性质、职能和运营管理活动等方面的规范,《著作权法》第 8 条进行了规定。对于著作权集体管理组织设立的具体方式、权利义务、使用费的收取和分配,以及对其监督和管理等,根据《著作权法》的授权,2004 年国务院出台《著作权集体管理条例》,作出了相关规定。

(一)著作权人、与著作权有关的权利人和著作权集体管理组织的关系

关于著作权权利人对集体管理组织的授权模式,其他国家和地区一般采取自愿许可的做法,但是对于特定领域和特定使用方式采取延伸集体管理或者强制集体管理的做法,前者以丹麦、芬兰、挪威和瑞典等为例,后者以德国、罗马尼亚等

为例。

中国《著作权法》第8条第1款规定，著作权人和与著作权有关的权利人可以授权著作权集体管理组织行使著作权或者与著作权有关的权利，从而明确了中国著作权集体管理制度采取自愿许可的原则。也就是说，著作权集体管理组织只有在著作权人或者与著作权有关的权利人明确授权的前提下，才能以自己的名义向使用人进行许可发放、费用收取、对侵权行为提起诉讼等。

自愿许可的授权制度下的著作权集体管理会出现著作权集体管理协会的权利人会员不能涵盖所有著作权人的情况，也会出现著作权权利人授权程度不一的情况。对于这两种情况，著作权使用的申请者需要特别留意。

著作权权利人一般只将那些自己难以控制的作品使用方式授权著作权集体管理组织进行管理，比如，复制权、发行权、表演权、广播权、信息网络传播权等。至于著作权人到底将哪些权利明确授权给著作权集体管理组织，抑或在将某种权利授权给著作权集体管理组织后自己是否还在一定程度上保留自己的授权许可，这都要根据著作权人和著作权集体管理组织在授权合同上的约定，不是一概而论的。也有不少著作权权利人没有加入著作权集体管理组织，他们要么自己管理著作权，要么将权利授权给有关商业机构进行管理。

案例评析

深圳市声影网络科技有限公司诉河南歌迷文化娱乐有限公司侵害著作权纠纷案件①

【基本案情】深圳市声影网络科技有限公司（以下简称声影公司）是一家著作权代理公司，其于2009年11月11日加入中国音集协，2012年11月16日退出。对此，中国音集协针对声影公司的曲目发布过160首曲目的删歌公告。河南歌迷文化娱乐有限公司（以下简称歌迷公司）是一家卡拉OK经营单位，其经营的曲库由VOD设备商预装，约存有20万首歌曲。歌迷公司按照行业标准向中国音集协缴纳了版权使用费（通常情况下5万元/年）。但是，歌迷公司对该预装曲库的歌曲权利没有进行排查，后声影公司发现其中55首著作权歌曲未经其授权却被歌迷公司使用。于是，2016年，声影公司将歌迷公司告上法庭。

---

① 参见最高人民法院民事裁定书，(2019)最高法民申910号。

自2016年4月立案后，经过一审、二审、再审程序，历时3年，最终尘埃落定。2019年9月20日，最高人民法院判决，已付费歌厅被小权利人[①]诉讼，每首歌曲判赔金额不超过100元，符合利益平衡原则。

【评析】本案揭示了我国日益增长的“小权利人”诉讼问题，即权利人不加入或者专门退出集体管理组织，将权利授权给有关商业机构，再通过大量的商业诉讼，获取比通过集体管理组织发放授权高出数百倍的商业利益。对此，最高人民法院强调：著作权保护制度的核心是相关各方利益的平衡，在保护权利人利益的同时，也要防止权利人因过分维权而导致谋取超额利润的情况出现，保护使用人的合法权益。在本案中，一审法院确定歌迷公司侵权使用55首歌曲，共计赔偿数额29000元，每首歌曲约支付527元（含合理支出）。二审法院改判赔偿金额为5500元，每首歌曲赔偿100元（含合理支出）。最高人民法院支持了二审法院的赔偿额判决。本案的原告方和被告方对于歌迷公司的侵权事实都予以认可，中国音集协发布删歌公告，歌迷公司应知无权使用涉案歌曲，却使自己陷入纠纷。作为著作权使用方，在向著作权集体管理组织申请使用时，应多加排查，留意那些小权利人权属的著作权利。

（二）著作权集体管理组织的设立、性质和职能

《著作权法》第8条第1款规定，依法设立的著作权集体管理组织是非营利法人。具体的设立方式由国务院另行规定。世界上绝大多数国家或地区都要求著作权集体管理组织能在全国范围代表相关权利人的利益，按照作品或作者的类别分别成立协会。主要原因是一家著作权集体管理组织，在代表著作权人与作品使用者谈判时，具有独一无二的话语权优势，有助于为权利人争取更高的许可费用。按照类别成立也更能展现专业性。“非营利法人”明确了著作权集体管理组织的成立目的为非营利性，不参与利润分配。协会会从收取的使用费中扣除一定比例的管理费用于协会日常管理运营的维持。

著作权集体管理组织被授权后，可以以自己的名义为著作权人和与著作权有关的权利人维护权利，主要是在法律框架内，发放使用许可，向使用者收取使用费，并尽可能多地将使用费分配给权利人。著作权集体管理组织还可以作为当事人进行涉及著作权或者与著作权有关的权利的诉讼、仲裁、调解活动。

---

① 不加入著作权集体管理组织的个体权利人，俗称“小权利人”。

（三）因使用费收取标准发生争议的解决程序

发放许可与收取许可费是著作权集体管理组织的基本工作内容。

针对不同类型、使用量的作品使用方，通行的做法是采取两种不同的许可方式：一揽子许可和单项许可。一揽子许可适用于使用者对作品的需求量较大的情况。如广播电台、电视台，以及宾馆、超市、航空公司、娱乐场所等每年比较固定地会播出或播放大量音乐作品，集体管理组织往往采取一揽子许可的方式来节约许可成本，提高办事效率。集体管理组织和使用方通过签订一项一揽子许可合同允许使用者在约定的时间内随意使用该集体组织管理的全部作品。单项许可即著作权集体管理组织针对每一次特定的使用作品行为，向使用者发放许可并收取许可费。最常见的是演唱会上的音乐作品的使用。对演唱会的组织方来说，首要的工作就是与音乐著作权集体管理组织就欲使用的音乐作品进行许可费的谈判，根据票价、场地面积等支付许可费。

对于收费标准，有的国家由政府管理部门制定，但大多数国家或地区由著作权集体管理组织自行制定并公布。使用者如果对该收费标准不满，可以启动与著作权集体管理组织的争端解决机制，如提起仲裁或向法院起诉。

《著作权法》第8条第2款规定，著作权集体管理组织根据授权向使用者收取使用费。使用费的收取标准由著作权集体管理组织和使用者代表协商确定，协商不成的，可以向国家著作权主管部门申请裁决，对裁决不服的，可以向人民法院提起诉讼；当事人也可以直接向人民法院提起诉讼。

（四）关于使用费的收取和转付等情况的定期公布义务

著作权集体管理组织的运行效率，主要是看该组织管理费用的支出与收取的全部许可费收入的比例，其提取的比例越低，著作权人所获取的利益越大。

为了保障著作权和与著作权相关权利人的权益，防止著作权集体管理组织滥用权力，《著作权法》第8条第3款规定，著作权集体管理组织应当将使用费的收取和转付、管理费的提取和使用、使用费的未分配部分等总体情况定期向社会公布，并应当建立权利信息查询系统，供权利人和使用者查询。国家著作权主管部门应当依法对著作权集体管理组织进行监督、管理。

二、中国著作权集体管理组织概况

为了推动著作权作品的创作繁荣，促进作品的广泛传播，近年来，中国积极有序地进行著作权集体管理制度的完善。就著作权集体管理组织的建立而言，中国已经成立了音乐著作权协会、音像著作权集体管理协会、文字著作权协会、摄影著作权协会和电影著作权协会，至此，音乐、音像、文字、摄影、电影等主要作品类型的集体管理组织基本齐备，为广大著作权人和使用人提供了便利。

（一）中国音乐著作权协会

中国音乐著作权协会简称音著协，成立于1992年12月17日，是由国家版权局和中国音乐家协会共同发起成立的中国唯一的音乐著作权集体管理组织，是专门维护作曲者、作词者和其他音乐著作权人合法权益的非营利性机构。

目前拥有会员超万个，年度许可收入超4亿元，签约海外协会70余家，管理音乐作品超1600+万首。

中国音乐著作权协会主要为使用者提供音乐作品的现场表演权、机械表演权、广播权、复制权和信息网络传播权的授权许可。对使用者来说，以下授权需求可以通过中国音著协实现：当你举办音乐会、演唱会涉及表演者向现场观众表现作品的时候；当你在商场、餐厅、酒店、飞机、列车等场所播放背景音乐的时候；当你以有线或者无线的方式公开传播音乐作品的时候；当你使用音乐作品制作录音制品（首次）或录像制品的时候；当你使用音乐作品出版图书的时候；当你在视听节目中植入音乐的时候；当你在广告中使用音乐作品的时候；当你将音乐作品通过互联网供中国用户下载为移动通信设备终端振铃的时候；当你使用音乐作品供网络上播放、下载的时候。

（二）中国音像著作权集体管理协会

中国音像著作权集体管理协会，简称中国音集协，成立于2008年，是经国家版权局批准、在民政部登记注册的我国唯一音像著作权集体管理组织，依法对音像节目著作权进行集体管理。

音像节目著作权客体涉及音乐类视听作品和录音录像制品。根据《著作权法》的相关规定，视听作品著作权人拥有复制权、发行权、表演权、出租权、广播权、翻译权、信息网络传播权、摄制权、展览权、放映权、改编权、汇编权和应当由著作权人享有的其他权利等13项权利。录音录像制作者享有许可他人复制、发行、出租、通过信息网络向公众传播并获得报酬的权利。

目前，中国音集协开展的主要业务是根据国家版权局公布的标准，收取卡拉OK经营场所著作权使用费，向权利人分配。

（三）中国文字著作权协会

中国文字著作权协会是依据《著作权法》和国务院颁布的《著作权集体管理条例》，由中国作家协会、国务院发展研究中心等12家著作权人比较集中的单位和陈建功等500多位我国各领域著名的著作权人共同发起，并于2008年在北京成立。这是我国唯一的文字作品著作权集体管理机构，协会宗旨是保护文字著作权，维护文字作品著作权人和相关权利人的合法权益，推动文字作品的创作、使用和传播，促进文学、艺术和科学技术的繁荣和发展。

目前，协会主要承担教科书和报刊转载文字作品等“法定许可”著作权使用费的收转工作。

（四）中国摄影著作权协会

中国摄影著作权协会由中国摄影家协会联合全国性摄影团体和著名摄影家发起，经国家版权局同意，报国务院总理办公会议批准成立的国家一级社团及非营利性组织。协会于2008年成立，是国内唯一从事摄影著作权集体管理的社团法人机构。

协会依照《著作权法》和国务院颁布的《著作权集体管理条例》，维护摄影作品权利人及其相关权利人的合法权益，通过对著作权及其相关权利的集体管理，促进摄影作品的创作、传播和使用，推动摄影事业的发展和繁荣。协会经权利人授权，对摄影作品的复制权、发行权、展览权、放映权、广播权、信息网络传播权、其他适合集体管理的摄影著作权以及与摄影著作权有关的权利实施保护和管理。

目前，协会主要负责全国各种“法定许可”摄影作品使用费收取和转付工作。

（五）中国电影著作权协会

中国电影著作权协会于2009年成立，是全中国合法从事电影创作、生产、经营的企业法人和个人自愿组成的非营利性社会团体，是中国电影作品权利人唯一的著作权集体管理组织。它的成立对维护电影作品权利人的权益、建立和完善电影作品使用和保护的便捷渠道、推进我国电影产业的健康发展具有重要意义。

中国电影作品的权利人主要是影视制作单位，随着短视频的兴起，未来短视频作为新类型加入视听作品大家庭，将会出现个人会员。

目前，中国电影著作权协会对在网吧、交通工具、视频点播、非营利性局域网等使用电影作品的行为人收取著作权使用费，也向“在广播、电视、网络、手机等领域通过剪辑、汇编电影作品传播”的经营者收取著作权使用费。

复习思考题：

1. 为什么说著作权法是文化产业的保护神？

2. 2010年著名的科幻作家刘慈欣将代表作《三体》的影视改编权以10万元卖

给张姓夫妇,后者10年后以1.2亿元转卖给游族网络公司。对此,请谈谈你的看法。

3. 2015年中国数字音乐市场开启正版化,经历了打击盗版→独家版权模式→“独家授权”+“转授权”模式的调整,结合正版化以来数字音乐产业发展报告的相关数据,讨论产业外部法治环境和产业发展之间的关系。

4. 什么是著作权延伸性集体管理制度?请思考我国实行著作权延伸性集体管理制度的必要性和可行性。

第四章　文化产业中的合同法

无论过去还是现在，很多名角在收徒弟和挑配角方面，由于怕他们盖过自己，故而都不选强手、高手来配戏或培养。但马连良的舞台阵容全是精选之才。为此，他创设了一套方法，即签订合同。

——章诒和《伶人往事》

合同是管理者工作内容的抓手，通过合同，管理者在每一个工作环节与其他主体建立关系，明确权利和义务的界限，保证相互之间的配合协调。因为市场各主体都是互不隶属的平等关系，大家唯有靠合同凝结，实现整个产业的流畅有序。双方博弈都希望对方如己所愿，合同是博弈的结果。有了合同，就可以放心大胆地开展工作，达到预期结果。所谓"大胆"，是指合作双方都知道自己的分内工作范围，可以大胆地开展工作；所谓"放心"，是指合同规定的违约责任有助于约束对方，及时防范风险。一旦违约，法律会介入。

合同的重要性在于为合同各方建立平等、友好、一致且彼此信任的合作关系。合同法的重要性是为这种合作关系提供法律保障。

使用合同是文化产业实践活动的必然需要。作为一个文化产业领域的经营管理者，你的工作常态基本就是在拟合同、审合同、签合同、执行合同，搞不好还要打一场合同纠纷官司，正如一位制片人所说,一部电影下来,手里就会攒上100多份合同。

合同也称契约,是平等的当事人之间设立、变更、终止民事权利义务关系的协议。合同作为一种民事法律行为,是当事人协商一致的产物,是两个以上的意思表示相一致的协议。只有当事人所作出的意思表示合法,合同才具有法律约束力。

作为民事合同的重要组成部分,文化产业领域合同具备一般民事合同的法律特征。

第一,合同双方当事人的法律地位平等。在法律上,合同当事人是平等主体,没有高低、主从之分,不存在命令者与被命令者、管理者与被管理者。不论所有制性质如何,也不论财力、规模以及经济实力的强弱,合同主体的法律地位一律平等。

第二,合同一旦生效,即具权威性。依法成立的合同自成立时生效,受法律保护。俗话说,法律不是儿戏,合同作为当事人意思自治的体现,就是当事人之间的法律,对合同当事人具有强大有效的约束力。

第三,合同具有相对性。依法成立的合同,仅对当事人具有法律约束力。合同主要在特定的合同当事人之间发生,只有合同的当事人可以依据合同向另一方提出请求或提起诉讼,不能向其他没有合同关系的第三人(局外人)提出合同上的请求,更不能擅自为局外人设定合同上的义务。

体现在《民法典》合同编中的合同制度内容,分通则、典型合同和准合同三分编,规范平等民事主体之间订立的民事权利义务关系,主要是财产关系。就文化产业而言,调整的是文化市场平等主体之间涉及债权、物权、知识产权、人格权等民事合同。①

文化产业领域的合同,既具备一般合同的特征,也带有行业合同的特殊性。考虑到本书面向未系统学习过法律知识的文化产业经营管理者,本章先从一般合同法的概要讲起。

第一节　一般合同法与文化产业

一般合同法的阐述按照合同的订立;合同的效力;合同的履行和保全;合同的

① 非平等的主体之间也存在合同关系,比如企业、单位内部管理者与被管理者之间的劳动合同、政府出于对文化经济活动的管理,而与被管理者之间的协议。本章内容主要围绕平等民事主体之间的合同关系展开。

变更、转让及权利义务的终止;合同的违约责任等5个分节。

一、合同的订立

合同的订立是指在文化产业运作过程中,当事人之间就合同的内容达成的合意。从达成的结果来看,涉及合同订立的形式和内容条款方面,从达成的过程来看,涉及要约和承诺两个环节。

(一)合同订立的形式

合同订立的形式是当事人合意的表现形式,是合同内容的外在表现,是承载合同内容的载体。合同的形式主要分为三种:口头形式、书面形式及其他形式。

1. 口头形式

口头形式,是以口头语言的方式订立的合同,其意思表示都是用口头语言的形式表示,未用书面语言予以记录。

2. 书面形式

书面形式,是指以文字等可以有形再现内容的方式达成的协议。《民法典》合同编第469条第2款规定,书面形式是合同书、信件、电报、电传、传真等可以有形地表现所载内容的形式。以电子数据交换、电子邮件等方式能够有形地表现所载内容,并可以随时调取查用的数据电文。

3. 其他形式

对于其他形式的具体类别,《民法典》合同编没有列举。在实践中,当事人既没有采用口头形式,也没有采用书面形式缔约的,往往表现为默示形式。所谓默示,是指通过当事人的行为来推定其意思。比如,画廊用房租期满后,出租人继续接受承租人所交纳的租金,根据这一特定的行为,可以推定当事人有延长房屋租赁合同的意思表示。

鉴于文化产业领域的合同往往涉及较大的标的额,涉及范围较广,履行期限也较长,为避免日后发生纠纷时无以为凭,各类合同采用书面形式为宜。

(二)合同的内容条款

合同的内容由当事人约定,体现为具体条款。合同的条款是否齐全、准确,决定了合同能否成立、生效以及能否顺利地履行、实现订立合同的目的。一般包括当事人的姓名或者名称和住址、标的、数量、质量、价款或者报酬、履行的期限、履行的地点、履行的方式、违约责任、解决争议的方法。其中,当事人、标的、数量和价款等是合同的必要条款,当事人对必要条款未达成合意,合同不成立。其他条款内容欠缺,不影响合同的成立,但应按规则进行补救。

（三）合同的订立过程

当事人订立合同，可以采取要约、承诺方式或者其他方式。要约、承诺是合同订立的典型方式。合同订立是当事人合意的过程，是对合同内容协商一致的过程，一般情况下要经过要约、承诺这一程序。

1. 要约

要约是合同的发起。对此，有必要了解要约的概念、构成条件、生效要素等问题。

（1）要约的概念

要约是向对方作出签订合同的意思表示。作出意思表示的一方称为要约人，接受要约的一方称为受要约人。

（2）要约的构成条件

构成要约的意思表示，必须具备以下要件：第一，要约必须是特定人所为的意思表示。要约人必须是特定的对象，否则当事人之间无法完成承诺。第二，内容具体明确。要约的内容必须包含订立一项合同应该具有的最基本内容，而且，内容必须明了肯定，不能模棱两可。第三，表明经受要约人承诺，要约人即受该意思表示的约束。要约的发出一经到达受要约人，在法律或者约定的期限内，要约人就不得擅自撤回或者变更其要约。因此，发出要约应谨慎。

（3）要约的生效

从要约的生效时间来看，以对话方式作出的要约，其生效时间的判定采取了解主义原则，即只有在相对人知悉时才发生效力。以非对话方式作出的要约，其生效时间的判定采取到达主义原则，即到达相对人时生效。

从要约的生效环节来看，要约可以撤回和撤销。要约的撤回是指在要约发出之后但在发生法律效力之前，要约人欲使该要约不发生法律效力而作出的意思表示。要约得以撤回的原因是，要约尚未发生法律效力，所以不会对受要约人产生任何影响，不会对交易秩序产生任何影响。要约撤回的条件为撤回通知先于要约到达受要约人，或者与要约同时到达受要约人。要约的撤销是指要约人在要约生效以后，受要约人发出承诺的通知之前，将该项要约取消，使要约的法律效力归于消灭的意思表示。允许要约人撤销要约，有利于要约人根据市场情况的变化而从事灵活的交易活动，有利于避免和减少因要约内容不全、市场环境变化等各种因素可能造成的对要约人的损害。但同时由于要约的撤销往往会不利于受要约人，所以，法律上对其予以限制。[①] 两种情况下，要约人不可以撤销：(1)要约人以确定承诺期限或者其他形式明示要约不可撤销；(2)受要约人有理由认为要约是不可撤销的，并已经为履行合同做了合理准备工作。

2. 承诺

承诺是合同生效的关键。有必要了解承诺的概念、构成要件、法律效力和如何撤回。

(1)承诺的概念

承诺是受要约人同意要约的意思表示。作出承诺的受要约人又称承诺人。

(2)承诺的构成要件

一般情况下，承诺作出生效后合同即告成立。作为使合同得以成立生效的承诺，必须具备一定的条件：第一，承诺必须由受要约人作出。这里的“受要约人”包括受要约人本人，也包括受要约人的合法代理人。第二，承诺向要约人作出。承诺是受要约人同意要约而与要约人订立合同的意思表示，因此，承诺应当向要约人(含要约人的合法代理人)作出。第三，承诺的内容应当与要约的内容一致。如果受要约人对要约作了实质性变更，则该意思表示不构成承诺。而构成新的要约或反要约。比如，在委托剧本创作合同中，如果受要约人对完成作品的数量或者酬金作了修改，则不被视为作出对原要约的承诺，而视为对原要约人提出的一项反要约。实践中，合同双方当事人往往要经过多个回合的交涉，最终达成共识。第四，承诺应当在有效期限内到达要约人。要约人在要约中指定的，要求受要约人答复的期限成为有效期限。

(3)承诺的法律效力

承诺的法律效力表现在，除了法律另有规定或者当事人另有约定，承诺生效之时，即为合同成立的时间。

对于承诺的生效时间，分为“以通知方式作出的承诺生效时间”和“不需要通知的承诺生效时间”两种情况。“以通知方式作出的承诺生效时间”，如果该承诺以对话方式作出，采取了解主义原则。如果该承诺以非对话方式作出，采取到达主义原则。“不需要通知的承诺生效时间”，如根据交易习惯或要约人提出的要求作出承诺的行为的，则以行动的作出作为承诺生效的时间。

---

① 中国审判理论研究会民事审判理论专业委员会编著，《民法典合同编条文理解与司法适用》，法律出版社2020年版，第28～29页。

(4)承诺的撤回

承诺的撤回,是指在发出承诺之后,承诺成效之前,受要约人阻止承诺发生法律效力的意思表示。承诺可以撤回,但撤回承诺的通知应当在承诺通知到达要约人之前或者与承诺通知同时到达要约人。

(四)合同订立过程中的缔约过失责任和保密义务

合同订立过程中,要约人和承诺人之间会就合同内容进行多次磋商、修正,最后达成共识。接触的过程中会产生先合同义务。所谓先合同义务,是指在订立合同过程中,合同成立之前所发生的,应由合同双方当事人各自承担的法律义务。它根据诚实信用原则而产生,也是一种法定的附随义务,如协作、告知、忠实、保密、照顾等义务。

1.缔约过失责任

缔约过失责任,是指当事人在订立合同过程中违背诚实信用原则而给对方造成损失的赔偿责任,其保护的是一种信赖利益的损失。

缔约过失责任存在以下几种类型:(1)假借订立合同,恶意进行磋商。所谓"假借",是根本没有与对方订立合同的意图,与对方进行谈判仅是一个借口,目的在于损害对方或者他人的利益。"恶意"是假借磋商、谈判而故意给对方造成损害的主观心理状态。(2)故意隐瞒与订立合同有关的重要事实或者提供虚假情况,即缔约欺诈,是指在缔约过程中,一方故意实施某种欺骗对方当事人的行为,并使其陷入错误而与该方订立合同的行为。(3)其他违背诚实信用原则的行为。

2.保密义务

当事人在订立合同过程中知悉的商业秘密①或者其他应当保密的信息,无论合同是否成立,均不得泄露或者不正当地使用。泄露、不正当地使用该商业秘密或者信息,造成对方损失的,应当承担赔偿责任。

在合同订立过程中,为达成协议,当事人会基于信赖,告诉对方当事人商业秘密或者其他应当保密的信息。基于诚实信用原则,无论合同是否达成,只要商业秘密仍然是商业秘密,其他应保密的信息仍有保密必要,无论经过了多长时间,都不得泄露或者不正当使用。不得泄露或者不正当使用商业秘密或者其他应当保密的

---

① 《反不正当竞争法》第9条第3款规定:本法所称的商业秘密,是指不为公众所熟知,具有商业价值并经权利人采取相应保密措施的技术信息、经营信息等商业信息。技术信息,如技术秘密,可以给权利人带来很大的经济利益;在经营方面的经营信息,如客户名单,为交易带来极大的便利条件,对其经营活动,如材料与成品的购销,意义重大。

信息,不仅仅是合同相关法律规定的要求,其他法律,如《反不正当竞争法》等也有规定。因此,违反法律规定泄露或者不正当使用商业秘密或者其他应当保密的信息的,不仅仅限于承担民事赔偿责任,还有可能承担行政责任甚至刑事责任。①

二、合同的效力

合同的生效,是指符合法定生效要件的合同,可受到法律的保护,并能够产生合同当事人所期望的法律后果。它与合同的成立不同,合同的成立,是指订约当事人就合同的主要条款达成合意,意思表示一致,属于当事人意思自治的范畴。合同的生效属于国家法律对合同的效力进行价值判断和效力评价的范畴,体现国家干预原则。

合同效力是合同法的核心问题,合同只有在发生效力的情况下,才能产生履行、变更、解除以及违约责任的承担问题。

(一)合同的生效要件

一般而言,依法成立的合同,自成立时即生效,但存在例外,因而可以将合同生效要件分为合同生效的特殊要件和合同生效的一般要件。

1. 特殊要件

特殊要件,是指有些合同需要具备特殊的条件方能生效,从而发生当事人所预期的法律效果。第一类是法律、行政法规规定应当办理批准、登记等手续才生效的合同,自依法办理批准、登记等手续时合同生效;第二类是附条件、附期限的合同自合同条件成就时或期限界至时生效。

2. 一般要件

一般要件,是指欲使已成立的合同发生完备的法律效力而应当具备的法律条件。

第一,合同当事人具有相应的民事行为能力。民事行为能力是指民事主体以自己的行为享有民事权利或者承担民事义务的能力。自然人的民事行为能力分为完全民事行为能力、限制民事行为能力和无民事行为能力。(1)完全民事行为能力人的范围为:18周岁以上的成年人、以自己的劳动收入为主要生活来源的16周岁以上的未成年人。具有完全行为能力的自然人可以自主订立一切法律允许自然人作为合同主体的合同。(2)限制民事行为能力人的范围为:8周岁以上的未成年

---

① 中国审判理论研究会民事审判理论专业委员会编著:《民法典合同编条文理解与司法适用》,法律出版社2020年版,第70页。

人、不能完全辨认自己行为的成年人。限制民事行为能力人可以独立订立与其智力、精神健康状况相适应的民事法律行为。在此范围之外则要由其法定代理人代理或者经其法定代理人同意、追认。(3)无民事行为能力人的范围为:不满8周岁的未成年人、不能辨认自己行为的成年人、不能辨认自己行为的8周岁以上的未成年人。这类人由其法定代理人代理实施签订合同的行为。法人行为能力的范围取决于有关法律、法规的规定以及有关部门对法人设立的审查批准。

第二,当事人意思表示真实。意思表示真实是指当事人在意志自由,能认识到自己的意思表示的法律效果的前提下,内心意图与外部表达相一致的状态。

第三,合同内容合法。这里说的"合法",不限于遵守合同相关法律,还应当遵守其他相关的法律。文化产业是内容产业,产品内容遵行内容规管,合同的内容也不得违反法律的强制性规定、不得违背公序良俗。

(二)效力待定的合同

效力待定的合同是指合同成立以后,因欠缺生效的有效要件,其是否生效处于不确定状态,有待于有权追认的第三人作出一定的意思表示来确定效力的合同。效力待定合同经有权追认的第三人追认后,该合同才有效。效力待定的合同有以下三种:

第一种,限制民事行为能力人依法不能签订的合同。限制民事行为能力人是指,8周岁以上的未成年人和不能完全辨认自己行为的成年人。根据《民法典》第145条的规定,限制民事行为能力人可以实施纯获利益的合同,如单纯接受赠与、奖励、报酬等,可以实施与其年龄、智力、精神健康状况相适应的合同。超出其能力范围签订合同的效力要取决于法定代理人是否在法定期限内追认。

文化产业活动中有不少未成年的创作者、表演者参与,如果他们是无民事行为能力人,只能跟他们的法定代理人订立合同,如果他们是限制民事行为能力人,超出其能力范围签订的合同需要经其法定代理人追认才能生效,在法定代理人追认前,合同效力处于不确定状态,对相对人不利,建议行使催告权,即催告法定代理人在一定期限内予以追认,法定代理人未作表示的,视作拒绝追认。

第二种,无权代理订立的合同。无权代理合同是指合同签订人无代理权或超越代理权限或者代理终止以后,以被代理人名义订立的合同。

无权代理行为,只有经过被代理人追认,被代理人才承担民事责任。没有追认的行为,由行为人承担民事责任。这一民法领域最基本的一般性规定同样适用于无权代理合同。被代理人的追认表示应当以明示的方式向相对人作出,无须相对人同意即发生法律效力。追认具有溯及以往的效力,就是一旦追认,合同从订立之日起既已生效。而在追认以前,无权代理合同处于效力待定状态。但被代理人已经开始履行合同义务或者接受相对人履行的,视为对合同的追认。需要注意的是,被代理人以履行合同义务的行为追认合同,必须是履行合同全部义务,才能构成追认。

在无权代理合同中有两种特殊情况,它们是表见代理行为和代表行为。表见代理是指行为人没有代理权、超越代理权或者代理权终止后,以被代理人名义与第三人进行民事行为,且在客观上使第三人相信其有代理权而实施的代理行为。表见代理应具备以下构成要件:(1)存在无权代理行为;(2)第三人在客观上有正当理由相信无权代理人具有代理权,如无权代理人持有公司的印章,或盖有公司印章的空白合同书等;(3)第三人主观上是善意的。在具体实践中,建议签订合同时应注意对方当事人的缔约资格,可以要求其出示身份证明、授权书等方式加以了解。

与表见代理行为相似的还有代表行为。《民法典》第 504 条规定,法人的法定代表人或者非法人组织的负责人超越权限订立的合同,除相对人知道或者应当知道其超越权限外,该代表行为有效,订立的合同对法人或者非法人组织发生效力。如某影视制作公司董事会约定,投资新项目必须经董事会决议通过,董事长不得单独决定。该公司董事长认为机会难得,未通过董事会的决议,单独以公司名义对外签订了投资合同。法定代表人在以法人名义从事经营活动时,不需要获得法人特别授权,法定代表人依法代表法人时,他的行为就是法人行为,除非接受投资的对方知道制作公司内部有这样的规定。该合同应该是有效的,公司不得以内部规定否认这个合同。

第三种,无处分权人订立的合同。无处分权合同是指行为人对某项财产没有处分权,而与相对人订立的转让该财产的合同。

在无权处分的情况下,如果该财产是动产并且已转移占有,相对人在受让该财产时是善意的,并支付了相应的对价,则相对人受善意取得制度的保护,依法取得该动产的所有权。于此情形下,不得主张合同无效,原权利人无权要求善意受让人返还该动产,而只能以侵权为由要求行为人(无处分权人)赔偿损失。但有关专家表示,善意取得制度不适用于著作权的处分合同。因为著作权对象作品具有无体性,作品可以被多个民事主体同时使用或反复多次使用,这种占有不具有唯一性、排他性,因而不足以产生使社会公众相信作品的占有人即其合法所有人的公信力。[①] 以一幅画作而言,对画作物权的处分合同适用善意取得规定,但对画作著作权的处分合同则不适用善意取得制度。

（三）可撤销的合同

可撤销的合同是指在订立合同的生效要件中,当事人意思表示不真实,法律允许撤销权人通过行使撤销权使已经生效的合同归于消灭。撤销权通常由意思表示不真实而受损害的一方当事人享有。可撤销合同的种类可分为以下几种。

1. 因重大误解订立的合同

所谓重大误解,是指误解者作出意思表示时,对涉及合同法律效果的重要事项存在认识上的显著缺陷,其后果是使误解者的利益受到较大的损失,或者合同的后果与其意思相悖。

2. 以欺诈的手段订立合同

欺诈分相对人欺诈和第三人欺诈两种情况。相对人欺诈是指一方以欺诈手段,使对方在违背真实意思的情况下作出错误意思表示的行为,受欺诈方有权请求人民法院或者仲裁机构予以撤销。第三人欺诈是指第三人实施欺诈行为,使一方在违背真实意思的情况下实施的民事法律行为。第三人欺诈情形中,受欺诈方请求撤销合同,须受欺诈方的相对人知道或者应当知道该欺诈行为。比如,甲与乙签订合同,是由于第三人丙的欺诈,须乙知道或者应当知道丙的欺诈行为,甲才能成立撤销权。

3. 胁迫

胁迫是以将来要发生的损害或以直接施加损害相威胁,使对方产生恐惧,并因此而订立合同。胁迫情形下,胁迫人可以是相对人,也可以是第三人。只有受胁迫人有撤销权。例如,甲胁迫乙与丙签订了合同,受胁迫人乙可以请求撤销该合同,甲和丙都没有撤销权。

4. 自始显失公平的合同

显失公平是指一方利用对方处于危困状态、缺乏判断能力等情形,致使合同双方的权利、义务明显违反公平、等价有偿原则的情况。显失公平包括两种情况:一种是乘人之危造成自始显失公平;另一种是利用缺乏判断能力等情形,造成自始显失公平。显失公平情形下,只有受害方有撤销权。

---

① 张今主编:《中国文化产业合同案例精选与评析》,知识产权出版社2011年版,第47～48页。

(四)无效合同

合同无效,是指虽经合同当事人协商订立,但因其不具备或违反了法定条件,法律规定不承认其效力的合同。合同无效的5种情形包括:

1. 无民事行为能力人订立的合同

无民事行为能力人,由于其不具有实施民事行为的能力,应当由其法定代理人代理其实施民事法律行为,其自身实施的民事法律行为归于无效。因此,无民事行为能力人本人订立的合同应认定无效,即使是纯获利益的合同。

2. 双方以虚假意思表示订立的合同

虚假意思表示,是指当事人双方均知其所表示的意思并非真意,进而通谋作出与真意不一致的意思表示。一种如演艺机构和艺人签订"阴阳合同",恶意串通以减少纳税,损害国家利益。此种情形下,因为"阳合同"并非当事人真实意思,因而无效;隐藏的"阴合同"才属于当事人真实意思,因为不存在违反法律法规效力性强制性规定的情形,因此合同有效。另一种虚伪表示行为是实践中常见的名实不符的合同,比如名为买卖、实为借贷的合同。

3. 恶意串通损害他人利益的合同

恶意串通是指当事人为实现某种目的,串通一气,共同实施订立合同,造成他人利益损害的民事行为。例如,文化企业为项目融资而与银行信贷人员恶意串通骗取银行贷款而签订的借款合同。

4. 违背公序良俗的合同

"公序良俗"包括公共秩序与善良风俗两个方面。公序,即社会一般利益,包括国家利益、社会经济秩序和社会公共利益;良俗,即一般道德观念或良好道德风尚,包括社会公德、商业道德和社会良好风尚。合同内容违反公序良俗的,应当认定无效。如性别歧视、教唆吸毒等内容的合同。

5. 违反法律、行政法规效力性强制性规定的合同,但是该强制性规定不导致该民事法律行为无效的除外

《民法典》第153条第1款规定,违反法律、行政法规的强制性规定的民事法律行为无效。但是,该强制性规定不导致该民事法律行为无效的除外。条文规定了例外情形,即强制性规定不导致该民事法律行为无效的除外。按照最高人民法院的司法解释,强制性规定分为效力性和管理性两种,只有违反了效力性强制性规定才导致合同无效。

案例评析

未取得营业性演出许可证,网络直播经纪合同是否无效?①

【基本案情】2019年9月,宋虹(化名)和某文化公司签订了一份视频直播演艺人员经纪合同,约定某文化公司作为宋虹直播服务和演艺服务唯一经纪人,为其提供视频直播演艺的经纪服务和日常演艺经纪服务,宋虹需在该公司指定平台进行直播。同时,合同约定如出现违约行为,违约方需支付违约金30万元。合同签订2个月后,宋虹认为某文化公司未按照合同约定履行义务,便单方停止在该公司安排的平台上直播,转而在另一平台进行直播。之后,双方多次协商无果,某文化公司遂将宋虹诉至法院,要求解除合同,宋虹支付其违约金30万元。宋虹则认为,某文化公司没有营业性演出许可证,双方签订的经纪合同违反了《营业性演出管理条例》的强制性规定,为无效合同。而且她没有违约,不应支付30万元违约金。

法院经审理认为,营业性演出许可证是《营业性演出管理条例》作出的相关规定,属于管理性规定,不属于效力性强制性规定,宋虹与某文化公司签订的经纪合同系双方真实意思表示,应认定有效。在合同履行过程中,宋虹单方停止在该公司安排的平台上直播,转而在另一平台进行直播,其行为已构成违约,应当承担违约责任。对于该公司要求宋虹支付的30万元违约金,按照有关法律规定,属于约定的违约金数额过高情形,应当事人请求酌情予以适当减少。最终,法院依法判决,解除双方签订的合同,宋虹向某文化公司支付违约金1万元。

【评析】本案涉及两个问题:合同效力认定和违约金数额。违约金数额问题在后文展开,此处仅讨论合同效力认定问题。

认定合同无效的情形之一是"违反法律、行政法规的强制性规定"。《最高人民法院关于当前形势下审理民商事合同纠纷案件若干问题的指导意见》第15条提出:"违反效力性强制规定的,人民法院应当认定合同无效;违反管理性强制规定的,人民法院应当根据具体情形认定其效力。"本案法院认为,营业性

① 参见汐溟、侯建勋:《无营业性演出许可证的经纪公司与艺人签订经纪合同是否无效?》,载搜狐网2020年10月23日,https://www.sohu.com/na/426710691_100134463。

演出许可证是《营业性演出管理条例》作出的相关规定，目的在于加强营业性演出行业的管理，属于管理性规定，某文化公司未取得营业性演出许可证没有违反法律行政法规的强制性规定，故双方签订的合同有效。曾有晋新纪元公司因未取得《营业性演出许可证》而归于无效的案例，在该案中，法院认为，晋新纪元公司始终未取得《营业性演出许可证》，故其与唐某签订的《演出经纪合约》及其《补充协议》，因违反行政法规禁止性经营的规定，应属无效。[①]

相似的案情不同法院却作出不同的判决，关键在于判断该行政法规的禁止性规定是效力性强制性规定还是管理性强制性规定。如何判断某项规定属于效力性强制性规定还是管理性强制性规定？对此，学术界和实务界阐述不一。《全国法院民商事审判工作会议纪要》第31条明确，下列强制性规定，应当认定为“效力性强制性规定”：强制性规定涉及金融安全、市场秩序、国家宏观政策等公序良俗的；交易标的禁止买卖的，如禁止人体器官、毒品、枪支等买卖；违反特许经营规定的，如场外配资合同；交易方式严重违法的，如违反招投标等竞争性缔约方式订立的合同；交易场所违法的，如在批准的交易场所之外进行期货交易。关于经营范围、交易时间、交易数量等行政管理性质的强制性规定，一般应当认定为“管理性强制性规定”。[②] 学者王利明提出：“首先，在法律当中规定了违反禁止性规定会导致合同无效或合同不成立的，这种规定属于效力规定。其次，法律法规当中虽然没有明确规定，但如违反该规定后要使合同继续有效的话将损害国家利益和社会公共利益，这也应当属于效力规定。最后，法律既没有规定违反禁止性规定将导致合同无效或合同不成立，违反规定后使合同继续有效也不必然损害国家利益和社会公共利益，仅仅损害了当事人的利益，在这种情况下就不应属于效力规定。”[③]

（五）合同无效或被撤销的法律后果

合同无效或被撤销后，其法律后果如何？《民法典》第157条规定：民事法律行为无效、被撤销或者确定不发生效力后，行为人因该行为取得的财产，应当予以返

---

① 参见唐某诉北京晋新纪元文化传播有限公司著作权许可合同纠纷案，北京市第一中级人民法院(2005)一中民初字第8224号民事判决书。

② 《最高人民法院关于印发〈全国法院民商事审判工作会议纪要〉的通知》(法〔2019〕254号)，载杭州劳动争议网2019年11月8日，http://www.hzldzy.com/detail-5027.html。

③ 王利明：《合同法研究》(第1卷)，中国人民大学出版社2011年版，第638页。

还;不能返还或者没有必要返还的,应当折价补偿。有过错的一方应当赔偿对方由此所受到的损失;各方都有过错的,应当各自承担相应的责任。法律另有规定的,依照其规定。据此,合同无效或被撤销后,会产生以下法律后果:

1. 返还财产

返还财产是在合同被依法裁定无效或被撤销后,双方当事人在合同履行过程中都享有的请求对方返还自己投入的财产权,而接受的一方则依法负有返还的义务。要求返还的权利和应返还的义务,是指双方均应恢复合同履行前的状况而绝不是指未履行合同的损失。如果无法返还的或没有返还必要的,应折价补偿。在唐某诉北京晋新纪元文化传播有限公司著作权许可合同纠纷案中,法院判决唐某与晋新纪元公司签订的合同自始无效,但晋新纪元公司为制作《丁香花》专辑投入成本 72 万元,唐某确因晋新纪元公司的行为而获有利益,应当予以返还。此乃适用民法等价、有偿、公平等原则。

2. 赔偿损失

赔偿损失是指合同被依法裁定无效或者被撤销后,有过错的一方应当赔偿对方因此而受到的损失,双方都有过错的,应当各自承担相应的责任。

3. 行政处罚

合同在无效的情况下,可能产生追缴财产,被课以行政罚款等处分。如果订立合同的双方当事人是出于恶意串通,以损害国家、集体、社会公共利益或第三人利益为目的,因此而取得的财产属非法所得。非法所得应依法追缴,并课以相应的行政处罚,情节严重,触犯刑律的,应追究刑事责任。

三、合同的履行和保全

合同的履行,是指合同的双方当事人按照合同的约定,正确、适当地完成合同中规定的双方应当承担的义务行为。合同的履行是合同法律制度的核心。当事人订立合同,是为了实现合同的目的,满足各自不同的要求。合同中的权利、义务的实现,只有通过履行才能达到。因此,如果说合同订立是前提,那么,合同履行是关键。

(一)合同履行的原则

为了更好地履行合同,实现合同目的,在合同履行中需要遵守一定的原则。其中按约定全面履行原则、诚实履行原则和绿色履行原则是三项重要原则。

1. 全面履行原则

全面履行原则,是指合同当事人按照合同约定的主体、标的、质量、数量、价款或者报酬以及履行方式、地点、期限等全部、正确履行自己承担的义务，既不能只履行部分义务而将其他义务弃之不顾，也不能擅自变更合同内容或者解除合同，否则未按约定履行的当事人应当承担相应的责任。

2. 诚实履行原则

诚实履行原则，是指当事人必须以善意的心理状态履行合同，在履行合同中不得有损害社会公共利益和他人合法权益的故意和过失。在合同履行中遵循诚实原则，就是要求当事人在履行合同的全过程中守信用，要善意，依照诚实原则行使债权、履行债务，合同的约定符合诚实原则的，当事人应当严格履行合同，不得擅自变更或者解除。诚实履行原则要求当事人除了应履行法律和合同规定的义务，还应履行依此原则所产生的附随义务，即当事人根据合同的性质、目的和交易习惯履行通知、协助、保密等义务。

3. 绿色履行原则

绿色原则，是指民事活动中应当遵循的节约资源、保护生态环境的基本原则。在合同实践领域，普遍存在过度包装造成资源浪费，应该回收却不回收等做法。"避免浪费资源、污染环境和破坏生态"是绿色原则在合同履行过程中的体现和要求。①

（二）合同履行中的抗辩权

合同履行过程中会因某些原因出现一方不能按约定履行合同义务，或者有可能不履行合同或无力履行合同义务甚至会因此给另一方造成危害等。对此，《民法典》明确了合同履行中的三大抗辩权，即同时履行抗辩权、先履行抗辩权、不安抗辩权。

1. 同时履行抗辩权

同时履行抗辩权，是指互负债务，没有先后履行顺序，当事人一方在他方未为对待给付之前，可以拒绝自己履行的权利。

同时履行情形，如通常所说的"一手交钱一手交货"。那么，一方不交钱，另一方就有权拒绝交货。如歌厅雇请歌手唱歌，合同约定每周四晚 8～10 点演出，连续 12 场（周），每场演出后即时支付演出费。第一周歌手来了，按约定进行了演出，然而，雇主没有支付演出的报酬却要求歌手按期继续演出。这种情况下，歌手可以行

① 中国审判理论研究会民事审判理论专业委员会编著：《民法典合同编条文理解与司法适用》，法律出版社 2020 年版，第 86～87 页。

使同时履行抗辩权,即可以不来,这是“抗”。同时,可以要求雇主把演出费支付了,什么时候拿到演出费什么时候继续如约演出,这是“辩”。所以,同时履行抗辩权属延期的抗辩权,只是暂时阻止对方当事人请求权的行使,并不是解除合同。当事人行使同时履行抗辩权致使合同迟延履行的,迟延履行责任由对方当事人承担,在本案例中,迟延履行责任由歌厅方承担。

2. 先履行抗辩权

先履行抗辩权,是指在双务合同中约定有先后顺序的,负有先履行义务的一方当事人未依照合同约定履行债务,后履行债务的一方当事人可以依据对方的不履行行为,拒绝对方当事人请求履行的抗辩权。

先履行抗辩权发生于有先后履行顺序的双务合同中,基本上适用于先履行一方违约的场合。再以歌厅和歌手为例,如果合同约定歌手演出6场后,歌厅结算所有演出费的1/2,后6场演出后,结算余款。结果,歌手第六场演出进行到晚上9点就提前离场,未告知歌厅,那么,歌厅可以行使先履行抗辩权。不过,履行抗辩权只能针对另一方未履行或履行不合格的部分,也就是歌厅只能针对第6场演出履行抗辩权。

3. 不安抗辩权

不安抗辩权,是指在双务合同中应当先履行义务的一方当事人,在有确切证据证明后履行一方当事人有丧失或者可能丧失履行能力时,在对方当事人未恢复履行能力并且未提供适当担保前,享有暂时中止履行的抗辩权。如果对方在合理的期限内还是未能提供适当的担保,那么,中止履行的一方可以解除合同。

还是前述歌厅和歌手的例子。合同约定歌手演出6场后,歌厅结算所有演出费的1/2,后6场演出后,结算余款。歌手在歌厅连续演出了3场(每周四晚8~10点),跟歌厅酒吧的服务生相熟。结果,从服务生处得知歌厅已经有段时间发不出工资了。这时,歌手就可以要求歌厅老板作出付酬能力的保证,否则暂时停止接下来的演出。

(三)合同的保全

合同的保全,是指法律为防止因债务人财产的不当减少致使债权人债权的实现受到危害而设置的保全债务人责任财产的法律制度。

债权作为请求权,既不能支配债务人的人身,也不得支配债务人的财产。但是,债务人应以自身拥有的全部财产作为清偿债务的保证。作为一般担保的债务人之财产在法律上被称为责任财产。[①] 合同保全的目的在于保全责任财产的完整性,从而保证债权人的债权能够顺利实现。合同的保全包括债权人代位权和债权人撤销权。

1. 债权人的代位权

所谓债权人代位权,是指债务人享有对相对人(次债务人)的权利却怠于行使,致使其财产应能增加而未增加并危及债权人债权时,债权人享有的以自己的名义代债务人之位行使其权利的权利。债权人行使代位权比较多地用于解决三角债或连环债的问题。

债权人在行使代位权时,有几点要注意:①债权人应当以自己的名义行使;②债权人应当通过诉讼的方式行使,而不是通过仲裁;③债权人行使代位权的必要费用,由债务人负担;④债权人代位权的行使范围,一般以其自身债权为限。

2. 债权人的撤销权

债权人的撤销权,是指在债务人实施可能危害债权的行为时,债权人请求法院予以撤销。债务人实施的可能损害债权人债权的行为,可分为无偿行为和有偿行为。

(1)关于债权人在债务人实施无偿行为时行使撤销权的规定

《民法典》第538条对债权人在债务人实施无偿行为时行使撤销权进行了规定:债务人以放弃其债权、放弃债权担保、无偿转让财产等方式无偿处分财产权益,或者恶意延长其到期债权的履行期限的,影响债权人的债权实现的,债权人可以请求人民法院撤销债务人的行为。

本条对债务人实施无偿行为区分了两种情形:第一种情形是债务人在客观上存在无偿处分财产权益的行为,如放弃其债权、放弃债权担保、无偿转让财产,在后果上将影响债权人的债权实现;第二种情形是债务人延长其到期债权的履行期限的行为,而且具有主观上的恶意,后果上将影响债权人的债权实现。

(2)关于债权人在债务人转让、受让和担保情形下行使撤销权的规定

《民法典》第539条对债权人在债务人转让、受让和担保情形下行使撤销权进行了规定:债务人以明显不合理的低价转让财产、以明显不合理的高价受让他人财产或者为他人的债务提供担保,影响债权人的债权实现,债务人的相对人知道或者

---

① 中国审判理论研究会民事审判理论专业委员会编著:《民法典合同编条文理解与司法适用》,法律出版社2020年版,第132页。

应当知道该情形的,债权人可以要求人民法院撤销债务人的行为。

在债务人实施有偿行为并害及债权的情形下,债权人行使撤销权需要同时满足:债务人在客观上实施的是有偿行为,具体类型有明显不合理的低价转让财产、以明显不合理的高价受让他人财产或者为他人的债务提供担保,在后果上将影响债权人的债权实现。此外,债务人的相对人须有主观恶意,即知道或者应当知道价格不合理。

四、合同的变更、转让及权利义务的终止

合同成立以后,在尚未履行或未完全履行之前,可能会出现一些新的情况需要对双方当事人的权利义务关系进行调整,以实现双方利益的最大化。调整包括合同内容的调整和合同主体的调整,前者涉及合同的变更,后者涉及合同的转让。合同履行过程中,双方当事人根据合同条款或双方的意思会采取使合同消灭或走向消灭的行为,从而终止权利义务。

(一)合同的变更

合同的变更是指在合同缔结后,在当事人不变的情况下合同内容发生变化的现象。合同变更需要当事人协商一致。合同非经当事人达成合意,任何人都不得更改,否则可能构成违约。合同变更是在原有合同的基础上对局部的合同内容进行调整,如果调整幅度过大,导致实质性内容发生变化,则转变成订立了新的合同。

合同中变更的条款同其他条款一样具有同样的法律效力。

当事人对合同变更的内容不明确的,推定为未变更。当事人变更合同的意思表示必须以明示或默认但不含糊的方式作出,否则不得推定当事人存在变更合同的主观意愿。

(二)合同的转让

合同的转让,是指合同当事人一方将其合同的权利和义务全部或部分地转让给第三人。转让涉及债权转让、债务转移和债权债务一并转让三种形式。

1. 债权转让

债权转让,是指不改变合同权利内容,由债权人将权利转让给第三人。债权人转让权利,既可以是债权的全部转让,也可以是债权的部分转让,只要转让债权被充分特定化即可。债权全部转让的,原债权人退出债权债务关系,第三人取代原债权人成为新的债权人。债权部分转让的,第三人加入债权人与债务人的合同法律关系中,共同享有债权。债权人可以将债权的全部或部分转让给第三人,但是有下列情形的除外:①根据债权性质不得转让的。此类债权主要是指那些基于当事人特定身份而产生，或债权与债权人的人身有不可分割的关系。如基于当事人信任关系而订立的委托合同、赠与合同、雇佣合同等。②按照当事人约定不得转让的。③依照法律规定不得转让的。

在债权转让中，如果当事人约定非金钱债权不得转让，而债权人违反双方禁止转让约定，将其转让了，善意第三人仍可取得该债权。如果当事人约定金钱债权不得转让，而债权人违反双方禁止转让约定，将其转让了，则第三人仍可取得该债权。但鉴于原合同对债权不得转让进行了约定，债务人可通过追究原债权人违约责任的形式主张相关权利。

债权人转让权利的行为会直接影响债务人的履行，因此法律要求债权人转让债权时通知到债务人，让债务人知晓应履行债务的对象。

2. 债务转移

债务转移是在保持债务统一性的基础上，替换或增加债务人。债务人转移债务，可能是债务的部分转移，也可能是债务的全部转移。在债务的部分转移中，第三人加入债务履行之中，和原债务人共同承担债务。在债务的全部转移中，原债务人退出债的履行，第三人成为新的唯一的债务人，对债权人负担所有的合同义务。

债务人将债务的全部或者部分转移给第三人的，应当经债权人同意。债务人或者第三人可以催告债权人在合理期限内予以同意，债权人未作表示的，视为不同意。债权人对债务转移同意是债务转移的生效要件之一。

3. 债权债务一并转让

债权债务一并转让是一方当事人将其享有的合同权利和承担的合同义务一并转移给第三人，自己退出原有的法律关系。债权债务一并转让是合同权利义务的整体性处分，可以是全部转让，也可以是部分转让。一方当事人同意转让债权债务给第三人的，应当取得对方当事人的同意。债权债务一并转让通常出现在双务合同中，当事人同时享有权利、承担义务。

（三）合同的权利义务终止

合同的权利义务终止是指合同的权利义务就此归于消灭，合同终止以后，合同当事人之间的权利义务客观上归于消灭。

一般情况下，合同的终止存在多种情况，如债务已经履行；债务相互抵销；债务人依法将标的物提存；债权人免除债务；债权债务同归于一人等。而在文化产业实践中，合同的解除是最为常见的一类终止合同的做法。

根据合同自愿原则，当事人在法律规定范围内享有自愿解除合同的权利。所谓合同解除，就是在合同成立以后，基于一方或双方的意思表示，使基于合同发生的债权债务归于消灭的行为。合同解除又分为协商解除、约定解除和法定解除三种情况。

1. 协商解除

协商解除，是指合同生效后，未履行或未完全履行之前，当事人以解除合同为目的，经协商就解除原合同达成合意。

采用协商解除合同时，合同当事人往往需要将解除合同事宜进行协商，因此，建议订立一个合同解除的书面协议，就双方原合同的履行情况加以说明、合同解除后的保密义务加以约定。

2. 约定解除

约定解除，是指当事人在合同中约定，合同履行过程中出现某种情况，当事人一方或者双方有解除合同的权利。解除权可以在订立合同时约定，也可以在履行合同的过程中约定；可以约定一方享有解除合同的权利，也可以约定双方享有解除合同的权利。当解除合同的条件出现时，享有解除权的当事人可以行使解除权解除合同，而不必再与对方当事人协商。

3. 法定解除

法定解除，是指合同生效后，没有履行或者未履行完毕前，当事人在法律规定的解除条件出现时，行使解除权而使合同关系消灭。

合同法定解除的情形规定有：①因不可抗力致使不能实现合同目的。不可抗力，通常是指不能预见、不能避免且不能克服的客观情况，如自然灾害等。②在履行期限届满前，当事人一方明确表示或者以自己的行为表明不履行主要债务。③当事人一方迟延履行主要债务，经催告后在合理期限内仍未履行。④当事人一方迟延履行债务或者有其他违约行为致使不能实现合同目的。⑤以持续履行的债务为内容的不定期合同，当事人可以随时解除合同，但应当在合理期限之前通知对方。

五、合同的违约责任

违约责任，是指当事人一方不履行合同或不按照约定履行合同义务所应承担的责任。可见，违约责任的构成要件：其一，合同已经成立并且有效。这也是违约责任与前述缔约责任的区别之一。其二，存在违约行为。能够产生违约责任的违约行为有两种情形：一是一方不履行合同义务，即未按合同约定提供给付；二是履行合同义务不符合约定条件,即其履行存在瑕疵。

(一)违约责任的特点

1. 违约责任是一种民事责任

当事人违反合同的行为,往往不仅仅产生民事权利、义务方面的后果,也可能产生危害公共利益和国家利益的后果,并由此产生侵权责任(责任竞合)以及行政责任、刑事责任(责任聚合)。因此,违约责任是违反合同的一种民事法律责任。①

2. 违约责任具有相对性

违约责任是合同当事人之间的民事责任,合同当事人以外的第三人对当事人之间的合同不承担违约责任,违约责任的相对性由合同关系的相对性决定。当事人一方因第三人的原因造成违约的,应当向对方承担违约责任。至于当事人一方和第三人之间的纠纷,依照法律规定或者按照约定另行解决。

3. 违约责任具有补偿性

违约责任以补偿非违约方因违约行为所受损失为主要目的,以损害赔偿为主要责任形式,故具有补偿性质。

4. 违约责任具有任意性

违约责任可以由当事人在法律规定的范围内约定,具有一定的任意性。如事先约定违约金的数额或因违约产生的损失赔偿额的计算方法。

(二)违约责任归责原则

违约责任归责原则,是指确定违约责任是否成立,即违约行为人是否应对其违约行为承担违约责任的原则。

在违约责任制度中,对当事人违约行为责任的追究,法律是以当事人的主观过错、违约后果或者其他作为判断标准,正是违约责任归责原则的旨意所在。

违约责任归责原则通常有两种:过错责任原则和严格责任原则。过错责任原则是指当事人一方不履行合同义务或履行合同义务不符合约定时,应当以过错作为确定责任的要件和确定责任范围的依据。严格责任原则是指无论违约方主观是否有过错,只要不履行合同义务或者履行合同义务不合约定,就必须承担违约责任。

《民法典》第577条规定:当事人一方不履行合同义务或者履行合同义务不符

---

① 中国审判理论研究会民事审判理论专业委员会编著:《民法典合同编条文理解与司法适用》,法律出版社2020年版,第204页。

合约定的,应当承担继续履行、采取补救措施或者赔偿损失等违约责任。本条规定不以合同违约方的过错作为违约责任的构成要件,说明我国合同法采取的是严格责任原则。严格责任原则符合合同法的发展趋势,其理论基础在意思自治原则——既然合同是当事人自主判断、自由选择的结果,则当事人也应自负其责。

在严格责任原则下,除非存在合同约定或法律规定的免责事由,违约方才可免于承担违约责任。

法定的免责事由是不可抗力。《民法典》第590条规定:当事人一方因不可抗力不能履行合同的,根据不可抗力的影响,部分或者全部免除责任,但是法律另有规定的除外。

文化产业有较强的行政许可属性,有时候合同的违反并非出于违约方的本意,而是政府行政主管部门不予颁发许可证,政府行为很难被认定为不可抗力。为此,当事人为避免因政府行为而承担违约责任,可以在合同中订立免责条款,预设政府审批一旦落空的风险。

(三)违约责任的承担方式

违约责任的承担方式有继续履行、采取补救措施、赔偿损失和支付违约金等。

1. 继续履行

继续履行,在民法理论上也称"强制履行",是指在违约方不履行合同时,由法院强制违约方继续履行合同债务的违约责任方式。由此可见,继续履行是非违约方借助国家强制力的介入来要求违约方按合同约定履行相应债务。

继续履行作为违约救济措施的一种,其适用需要满足几个条件。首先,存在违约行为。其次,非违约方请求继续履行合同。最后,具有继续履行的可能性。

2. 采取补救措施

补救措施,是指在违约方的过错行为造成对方损失后,为了防止损失的进一步扩大,由违约方依照法律规定所承担的违约责任形式,包括重新制作、补足数量、更换产品等。

3. 赔偿损失

赔偿损失,是指违约方不履行合同义务时,依法赔偿非违约方所受损失的救济措施。其适用需要满足几个条件:首先,一方有违约行为;其次,另一方遭受损失;最后,损害与违约行为之间具有因果关系。

损失赔偿形式有填补赔偿、迟延赔偿和单纯赔偿。所谓填补赔偿,即代替本来应履行的给付义务的损害赔偿,是一种替代履行的赔偿。迟延赔偿产生于债务人迟延履行的情况，是与本来的给付一并请求的赔偿。单纯赔偿是因违约方的违约而造成非违约方固有利益损失时违约方的赔偿。

例如，合同中约定：“(1)双方认可，支付版权使用许可费是乙方的核心义务，如乙方未能按时支付，每逾期一日，应支付甲方当期应付款1%的违约金。(2)如甲方因权利瑕疵导致乙方无法合法完整地取得该小说的改编权，则甲方应退还乙方已支付的全部版权使用许可费，并赔偿乙方因此遭受的一切损失(包括但不限于实际损失、律师费、公证费、调查取证费等)。”

这个例子的第(1)条违约条款，双方约定的即迟延赔偿，如果乙方迟延履行付款义务，则乙方不仅应当支付应支付的费用，同时应当按每日1%的约定支付迟延赔偿金。而第(2)条中，甲方本来应当履行授权这一义务，但甲方违约，双方就违约事宜约定了违约责任：“甲方应退还乙方已支付的全部版权使用许可费”是填补赔偿，“并赔偿乙方因此遭受的一切损失”是单纯赔偿，即赔偿非违约方因甲方的违约行为而遭受的固有利益的损失。①

4. 支付违约金

违约金，是指不履行或者不适当履行合同义务的违约方应当按照合同约定支付给非违约方一定数量的金钱。

违约金条款是最常见的违约责任条款。违约金适用需要满足几个条件。首先，存在当事人违反合同的行为。其次，合同设有违约金责任的条款。因此，建议在合同的洽谈制定中，尽可能对重要事项进行独立的违约金约定。最后，当事人违反合同行为不具有免责事由。

《民法典》第585条规定，包含了违约金的三项规则：①违约金的约定性。当事人可以约定一方违约时应当根据违约情况向对方支付一定数额的违约金，也可以约定因违约产生的损失赔偿额的计算方法。②违约金的数额与损失平衡。约定的违约金低于造成的损失的，人民法院或者仲裁机构可以根据当事人的请求予以增加；约定的违约金过分高于造成的损失的，人民法院或者仲裁机构可以根据当事人的请求予以适当减少。③支付违约金不免除履行债务的责任。当事人就延迟履行约定违约金的，违约方支付违约金后，还应当履行债务。而因其他违约行为支付了违约金的，通常不再负继续履行的责任。

---

① 王军、司若主编：《中国影视法律实务与商务宝典》，中国电影出版社2017年版，第103页。

第二节　文化产业中的合同法适用

本节关注文化产业中合同适用的特殊性,以“物、人、财”为顺序对涉及素材、人员、资金等方面的合同管理进行概述。

一、素材使用合同

从文化产业内容制作者的视角出发,文化产业素材使用包括原始素材的取得和对原始素材的再创作,途径有自创自有、著作权授权和委托创作等。

(一)素材使用类合同概述

素材使用首先与上游创作环节发生关系,本阶段合同行为的相对主体一般为素材作品创作者或著作权所有人。然后,原始素材在使用过程中需要再行创作,将之“加工”成与产品生产目标相一致的内容基础,对内容制作者来讲,这一过程中合同行为的相对主体一般为编剧、编曲、编舞等再创作人员。

取得业已完成的素材作品,一般通过著作权交易,以著作权许可使用合同或者著作权转让合同的形式进行。关于著作权的许可和转让,本书第三章第六节已有讲解,这里不作赘述。

随着制作者中心制代替创作者中心制,素材的委托创作逐渐盛行,以委托创作合同形式进行的素材使用受到关注。《著作权法》第 19 条规定,“受委托创作的作品,著作权的归属由委托人和受托人通过合同约定。合同未作明确约定或者没有订立合同的,著作权属于受托人”。在合同未作明确约定或者没有订立合同的情况下,著作权属于受托人。此规定既尊重当事人的意思自治,又体现了对创作者和再创作者的保护。这里的委托人往往是内容制作者,如影视音乐作品的制片方、演艺机构、出版机构、游戏开发商、拥有平台的 IP 运营者等,相对应的受托人是影视音乐作品中的编剧编曲、演出剧目的编剧编曲编舞、作家、游戏故事撰写者、网络作家等。通常,根据《著作权法》第 19 条的规定,当事人约定:自作品交付、被委托人接受并且委托人付清受托人全部款项后,委托人对该作品拥有相应著作权。

(二)委托创作类合同的性质和特点

委托创作合同的使用较为普遍,但是,由于创作成果的无形性,委托创作合同的性质和合同法适用具有特殊性。

从合同性质上来看,委托创作合同属于委托合同还是承揽合同,尚存争议,但一般认定为承揽合同。

委托创作合同因名称上存在“委托”两字，常常被认为属于委托合同。在委托创作合同纠纷中，受托人就会以《民法典》第933条规定“委托人或者受托人可以随时解除委托合同”为由，要求解除合同。委托合同是指委托人和受托人约定，由受托人处理委托人事务的合同，其合同目的是为他人处理事务，委托合同订立后，受托人在委托的权限内所实施的行为，等同于委托人自己的行为。委托创作合同是指受托人根据委托人的要求进行创作，交付合乎要求的作品而获得报酬的合同。世界知识产权组织将委托合同定义为“委托一方按双方同意的标准支付作者一定的报酬，作者则为此创作某一具体作品”。委托合同以提供劳务为目的，而委托创作合同中的受托人按照委托人的要求创作作品获得报酬，提供的是特定的智力成果。两者在性质、内容及法律适用上显然是不同的。

委托创作合同中，委托人签订合同的目的、支付报酬的对价是获得作者按照其指示创作完成的智力成果，而非单纯的创作行为。因此，委托创作合同类似承揽合同中的定作类型。根据《民法典》第770条的规定：“承揽合同是承揽人按照定作人的要求完成工作，交付工作成果，定作人支付报酬的合同。承揽包括加工、定作、修理、复制、测试、检验等工作。”在承揽合同中，定作人所需的并非劳务而是物化的工作成果；承揽合同的标的具有特定性，定作人通常是基于信任与承揽人签订承揽合同，因此，承揽人原则上应独立完成工作，未经定作人同意，承揽人不得将全部或部分工作转交给他人完成。定作人在承揽人完成工作前可以随时解除合同，造成承揽人损失的，应当赔偿损失。承揽合同的6种类型中，定作就是承揽人根据定作人的要求，以自己的技能、设备和劳力，用自己的材料为定作人制作成品，定作人接受制作成品并给付对价的合同。

从合同的特点上来看，委托创作合同存在验收标准的主观性问题。

委托创作合同与承揽合同中的定作合同类似。但又与一般承揽合同存在差异。一般承揽合同的定作物是有形物，成果的验收标准清晰量化，客观具体，具备可操作性。而委托创作合同的标的是智力成果，一般数量方法和质量指标的规定不足以体现质量要求，可谓一物一品，见仁见智。

委托创作合同必然涉及成果的验收标准，由于其判定存在主观性，为避免纠纷，建议合同双方引入第三方参与评审；尽量将验收标准细化量化；成果验收阶段化，以委托剧本创作合同为例，可分故事大纲、分集大纲、分场大纲、剧本初稿、定稿几个创作阶段进行成果验收，相应报酬的支付也分阶段进行；如果是格式合同，可以签补充协议。

案例评析

朱某诉三辰影库音像出版社有限公司委托创作稿酬纠纷案①

【基本案情】2004年11月1日,被告公司(三辰影库音像出版社有限公司)下属的一个专门教材编写部门——二十一世纪教材编写委员会发函邀请原告赴京参加小学作文课题研究相关事宜,原告系安徽省某市教育局教师,曾编写《小学生趣味作文》一书,并由山东省教育出版社出版。双方正式签订《委托书》,主要内容:(1)二十一世纪教材编委会委托原告撰写《小学生兴趣作文》系列低、中、高年级3本,受托人依委托人标准按时高质量完成,每千字60元;待审定合格后,一次性付酬。(2)该书版权为三辰出版社所有,作者有权署名,稿酬一次性买断。(3)书稿完成时间为2005年1月20日前。

合同订立后,原告进行相关创作活动。2004年12月15日,原告向二十一世纪教材编委会交付其创作的《蓝猫小学生兴趣作文》稿件的低年级和中年级部分,共计约17万字,但被告却拒绝支付稿酬,被告认为:双方约定被告向原告支付稿酬的前提是稿件审定合格。但原告创作的稿件经被告组织的专家论证后,被认定不符合当初委托的要求。在告知原告后,被告亦委托他人另行创作。双方遂起争议,诉至法院。经审,判决被告三辰影库音像出版社有限公司向原告朱某支付委托合同报酬5000元。

【评析】本案争议的焦点是:原告提交的稿件是否符合合同的要求?查看合同对原告提交稿件的质量要求,合同约定的条款只有"受托人依委托人标准按时高质量完成"这样一句话,笼统的表述,使得质量评价存在很大弹性。针对本案,法院作出如下分析:首先,法院认为原告曾编写过《小学生兴趣作文》,又是教育局的教师,说明其具有完成委托任务的能力和资质。其次,被告提出"依据被告组织的专家论证后,认定原告稿件不符合委托要求",这条在原合同中并未明确出现,用一种未经双方合意的行为来约束对方当事人,显然是不公平和不公正的。

---

① 参见张今主编:《中国文化产业合同案例精选与评析》,知识产权出版社2011年版,第157~158页。

委托创作合同不同于一般的定作合同，因创作行为存在很大的主观性，委托人难以预见最终作品的质量能否符合自己的要求。合同条款中，一句“受托人依委托人标准按时高质量完成”远远不够，需要尽量将标准要求具体化、客观化。

二、人员经纪和聘用合同

文化产业中涉及人员管理的合同大致有三类：劳动合同、人员经纪合同和聘用合同。

劳动合同适用用人单位和劳动者之间发生的劳动关系。劳动关系是指国家机关、企业、事业单位、人民团体等法人单位，以及合法登记的个体经济组织因工作需要，招聘公民个人为其提供较为长期的有偿劳动而建立的法律关系。我们平时所说考编成功，有了编制入了单位，就是其中一种。劳动关系受《劳动合同法》及相关司法解释的调整，国家对于劳动者的保护力度相对较大，规定了一系列社会保险、工伤保险等规范，并且这些都是强制性规定，用人单位必须遵守。法院认定劳动关系一般基于两点：①在劳动者向用人单位提供劳动过程中形成的持续性的、相对稳定的社会关系；②兼具财产依附关系与人身隶属关系的双重性质。

文化产业领域中用人单位与劳动者的劳动关系，与其他领域没有差别。比较特殊的是艺人经纪合同和劳务聘用合同，本节展开如下。

（一）艺人经纪类合同

艺人经纪机构一开始提供单纯的中介服务，帮助艺人获得工作，促成交易后提取佣金。随着行业的逐渐发展，艺人经纪机构为艺人提供的服务内容更加延伸，经纪机构与艺人之间的关系也捆绑得更紧，从简单的居间发展到行纪或代理，这是一种涉及人身属性的复杂关系，其经纪合同因之也更加复杂。

1. 艺人经纪类合同的特点

艺人经纪合同的双方是文化经纪公司和艺人，其内容一般包括经纪公司对艺人的包装、打造、宣传、收入分配及演艺事务代理等。工作内容主要包括登台表演、产品代言、影视综艺演出、现场演出、参与商事活动、主播主持、艺人 IP 开发等。

这类合同特点有三个：(1)合同期限较长。一般 8 ~ 10 年。(2)巨额违约金。比如，《SNH48 专属艺人合约》规定：“如果乙方接受甲方培训，培养期在 3 年以内，乙方支付的违约金为 500 万元，培养期 3 年至 5 年，乙方支付的违约金为 800 万元，培养期超过5年，乙方须向甲方支付的违约金为1000万元。”①(3)涉及人身自由的约束条款。比如，不准恋爱、不准结婚、不准生子等条款内容。

2. 对多起艺人经纪纠纷案例的剖析

在新中国成立前，艺人与戏班之间依据梨园行规处理相互关系；新中国成立后，演员与单位之间属于事业单位的劳动管理关系。随着文化市场化和文化产业的发展，艺人经纪合同逐渐在演艺经纪行业得到应用，因之产生的纠纷也逐渐增多。本书通过对多起艺人经纪合同纠纷②的剖析，梳理出以下要点。

(1)艺人经纪合同性质：一种具有鲜明行业特征属性的商事合同，兼具居间、委托、代理、行纪、服务的综合属性③

这类合同几乎都是艺人方单方提出解除合同。艺人方解除合同的主张往往是经纪合同属于委托合同或行纪合同，因为这类合同有法定的单方解约权。那么，艺人经纪合同是否属于委托合同或行纪合同？根据多起合同纠纷的法院判决，答案是合约具有居间、代理、行纪的综合属性。此类合同既非代理性质亦非行纪性质，而是各类型相结合的综合性合同，因此不能依据法律关于代理合同或行纪合同的规定由合同相对方单方行使解除权。

这里以“新画面窦某案”中北京市高级人民法院判决书佐以说明④：本案(演出经纪)合约具有居间、代理、行纪的综合属性，属于演出经纪合同。此类合同既非代理性质亦非行纪性质，而是具有各类型相结合的综合性合同，因此不能依据合同法⑤关于代理合同或行纪合同的规定由合同相对方单方行使解除权。为了体现合

---

① 上海尚久演艺经纪有限公司诉俞某文其他合同纠纷案，上海市虹口区人民法院(2013)虹民一(民)初字第4194号民事判决书。

② 窦某与北京新画面影业有限公司表演合同纠纷案，北京市高级人民法院(2013)高民终字第1164号民事判决书。蒋某某与天津唐人影视股份有限公司合同纠纷案，北京市朝阳区人民法院(2015)朝民(商)初字第43905号民事判决书。李某某与湖南芒果娱乐有限公司合同纠纷案，北京市第三中级人民法院(2016)京03民终13936号民事判决书。林某某诉上海唐人影视制作有限公司委托合同纠纷案，(2013)闵民一(民)初字第3749号民事判决书；(2013)沪一中民一(民)终字第2086号。张某某与上海上腾娱乐有限公司解约纠纷案，上海市第二中级人民法院(2008)沪二中民一(民)终字第1830号民事判决书。贾某某与上海东锦文化传播有限公司其他合同纠纷案，上海市第一中级人民法院(2014)沪一中民四(商)终字第692号民事判决书；上海市高级人民法院(2014)沪高民一(民)再提字第8号民事判决书。

③ 蒋某某与天津唐人影视股份有限公司合同纠纷案，北京市朝阳区人民法院(2015)朝民(商)初字第43905号民事判决书；李某某与湖南芒果娱乐有限公司合同纠纷案，北京市第三中级人民法院(2016)京03民终13936号民事判决书。

④ 窦某与北京新画面影业有限公司表演合同纠纷案，北京市高级人民法院(2013)高民终字第1164号民事判决书。

⑤ 本案发生于2021年1月1日《民法典》实施前，适用原《合同法》及相关司法解释。

同自愿、公平以及诚实信用等基本原则，在该类合同权利义务关系终止的确定上应当主要遵循双方约定、按照合同法的规定进行界定，不能在任何情况下都赋予当事人单方合同解除权。因为在演艺行业中，相关从业人员（艺人）的价值与其自身知名度、影响力紧密相关，而作为该行业从业人员的经纪公司，在艺人的初期培养、宣传以及知名度的积累上必然付出商业代价，而艺人能否具有市场的影响力，存在不确定性，由此经纪公司在艺人的培养过程中存在一定风险。在艺人具有市场知名度后，经纪公司对其付出投入的收益取决于旗下艺人在接受商业活动中的利润分配，故若允许艺人行使单方解除权，将使经纪公司在此类合同的履行中处于不对等的合同地位，而且违背诚实信用的基本原则，同时会鼓励成名艺人为了追求高额收入而恶意解除合同，不利于演艺行业运营秩序的建立，因此，在演艺合同中单方解除权应当予以合理限制。

（2）鉴于艺人经纪合同具有的人身性，难以强制继续履行

演艺活动的履行，必须有艺人配合方能实现，这使得艺人经纪合同具有一定的人身性。而且，双方一旦失去信任，万一经纪公司采取“雪藏”的办法，不利于艺人演艺事业的发展。多起案例看下来，一般法院都对继续履行不予支持。还是在“新画面窦某案”中，法院不予支持继续履行：“本着有利于合同当事人实现各自利益及发展，本着公平、有价、平等的基本原则，在实现合同当事人真实意思的情况下，确定合同权利、义务关系。若涉案《合约》解除后，在窦某赔偿相应损失的情况下，不仅新画面公司作为经纪公司能够实现培养艺人的经济收益，而且窦某亦能够正常发展其自身演艺事业。”①也不排除少量案例，比如蒋某某诉天津唐人影视股份有限公司一案，因为双方有继续履行的基础，法院判决合同继续履行。

（3）没有正当理由的解约，属于违约行为。至于违约金的赔付数额，需考虑违约金数额与损失之间的平衡

艺人成名后与经纪公司产生争议要求解约的现象比较常见。经纪公司在与艺人签订经纪合同时，为了防止公司捧红艺人后反被解约，往往会设置巨额的违约金条款，违约金数额甚至会爆出天价，那么，如何看待艺人经纪合同中的违约金条款？假如艺人提出解约，真的要赔偿这么多吗？

首先，无论违约金的约定有多高，只要是合同双方平等协商的结果，就是合法、

① 窦某与北京新画面影业有限公司表演合同纠纷案，北京市高级人民法院（2013）高民终字第1164号民事判决书。

有效的。

其次，我国的民事法律体系采取传统的“安抚止损、定分止争”的法理原则。为了避免过高或过低的违约金造成严重的不公，根据守约方所受到的损失来确定。在经纪合同中，如艺人单方提出解约，则经纪公司的损失可以用对此艺人的已知投入再加上艺人可评估的商业价值来衡量，在此基础上违约金最高不超过 30%。

最后，约定的违约金过分高于造成的损失，当事人可以请求人民法院或者仲裁机关予以适当减少。前述宋虹（化名）和某文化公司的视频直播演艺人员经纪合同纠纷，原告要求宋虹按合同约定支付 30 万元违约金，法院依法判决的实际违约金为 1 万元。有两则上海法院对于 SNH48 组合的判例：一则判决的违约金金额从原先约定的 100 万元调整为实际支付的 10 万元；另一则从原先约定的 500 万元调整为 20 万元。①

司法实践在判决艺人经纪合同解除时的违约金金额时，会考虑的因素有：①是否与其他经纪公司签约。艺人在合同有效期内转投其他经纪公司，或者另行通过第三方或者自己单独接了商演、电影或者其他演出机会，属于严重违约。②合同履行阶段。一份 10 年期限的合同，越接近完约的年限违约金会越高，因为法院考虑经纪公司的投入和付出会更多。当然，如果一些经纪公司长期不作为又另当别论。③经纪公司的成本付出。经纪公司的付出以其财务数据支撑。一般在诉讼中，经纪公司需要对培训投入、妆发造型的投入等有详细的财务举证材料，如相应的合同、发票证据等。④违约后果情况。艺人在网上爆料甚至诋毁经纪公司，为自己炒作名气或为自己解约辩解。一般认为这种违约后果会很严重，因为经纪合同一般都有保密条款。⑤合同上违约金的数额高低。一般而言，本类合同里约定的违约金较高，那么，最终判决的时候，实际支付的违约金也会较高。因为既然当时能够签下来，说明当时已经考虑到这种情况的发生。

（二）劳务聘用类合同

劳务关系是指公民、法人因生活、工作需要，雇佣劳动者提供单项劳务而建立的短期有偿服务合同关系。这类劳务关系以短期性和临时性为典型特征，并且，用人单位和劳动者一般为平等的关系，不具备劳动关系的隶属性。

文化产业实践活动多以项目的形式进行，在一定时间内集合多方人员合力完成，短期性和临时性特征突出。例如，为拍摄某一影视剧或综艺节目而临时组建项

---

① 李振武：《娱乐江湖——娱乐法的圈地运动》，中国法制出版社 2018 年版，第 140 页。

目单位，为一场组台演出而临时组建演出项目团队等。项目开展的过程中，制作方和创作方人员之间会形成劳务关系，文化产业领域的创作方人员如编剧、导演、演员、临时演员、美工、服装、舞台布置、灯光师等，基本以创意群体为主。与一般劳务聘用合同相比，涉及创意群体的劳务聘用合同所涉及的问题更复杂。

1. 合同相对方

聘用合同相对方是各类创作者，其可分独立的和有单位的两大类。如果是独立的创作者，比如，独立音乐人、独立艺术家、独立网络作家等，制作方与创作人员本人直接签订合同。有单位的创作人员，制作方需要在与其本人签订合同之前，先与其所在单位，比如群演公司、传统演出单位、艺人经纪公司等，签订一份合同，获得其单位的许可。也有的聘用合同直接与其单位签署，这时，单位一般应提供创作人员亲笔签署的同意函。遇到未成年人，则要与他们的监护人签订聘用合同。

2. 著作权归属和肖像授权

制作方的最后成果是集体创作的智力作品，离不开创作人员参与创作和再创作的智力贡献。合同条款要考虑众多主创的署名权问题、剧本和音乐等可单独析出的作品权利的归属问题等。如果属于视听作品中的电影作品、电视剧作品，根据《著作权法》第 17 条的规定，其著作权“由制作者享有，但编剧、导演、摄影、作词、作曲等作者享有署名权，并有权按照与制作者签订的合同获得报酬”。

演员同意参与项目意味着其同意让渡肖像权在项目成果中的使用，但是，涉及对于项目成果的宣传，也会使用演员肖像。建议制作方在合同中明确一个肖像授权条款，如果可以，还应该单独作为附件让演员本人签字，以备向广告公司或发布媒体出示该授权。

3. 报酬条款

文化产业的投资金额高，制作方的资金压力较大。为缓解压力，制作方往往会以劳务和知识产权成果作为投资，折算投资比例进行收益分配。以好莱坞为例，一线明星出演电影的身价高达 2000 万美金，片方为了缩减现付成本，会将其折算成投资比例，在后续收益中按此比例分配给明星相应的收益。[①] 编剧、导演也可以知识产权和劳务入股，按比例进行收益分配。合同的报酬条款应考虑这些特殊情况。

4. 对创作人员的行为约束要求

内容产业的高风险有时还来自参与创作人员的行为失范。在制作中、发行中、

① 王军、司若主编：《中国影视法律实务与商务宝典》，中国电影出版社 2017 年版，第 139 页。

播出中，甚至在首轮下线后，因为演艺人员的行为失范，如涉毒、涉黄、涉不当言论，以致影响文化产品和服务，这方面例子很多。制片方在合同签订中要做好这方面的风险控制。

行业实务

艺人合同中的道德条款以及合作各方的风险控制

艺人商业价值与其展示的良好形象息息相关，一旦形象塌房，不仅其个人事业前途尽毁，与其合作的各方也会因此受到一定的损失，通过与艺人方签订合同进行风险控制，成为各合作方的必然选择。

艺人的合作方一般涉及品牌商、影视公司、节目制作方、发行单位、播出机构等，合作方们索赔的主要依据是合同中的“道德条款”，这一条款的核心内容为“在合约有效期内或合约到期后一段时间（后者多见于电影、电视剧相关演员合约中）内，如果艺人因为犯罪、吸毒等不当行为或不当言论，导致公众对其评价严重降低或存在严重降低的可能性，则合同相对方有权单方面解除合同，同时有权要求艺人承担违约责任”。① 目前，这种“道德条款”已经被业内普遍认可，艺人一般也会接受。但是，如果仅仅涉及个人情感处理相关的内容，一般不会被写进合同中，即便写到合同中，也很难作为一个生效条款。比如，限制艺人恋爱涉及限制其人身自由，一般性质的家暴涉及行政处罚不构成犯罪，出轨仅在道德层面犯错。当然，艺人常常会因这些不当行为被经纪公司雪藏等，也算对艺人行为的一种惩戒。

---

① 道德条款的常见样式有：乙方（艺人）承诺并保证，于该电影拍摄、制作时起至该电影于中国内地电影院公映结束后两年内，须保持自身良好的社会公众形象，不得有违反现行法律/法规/规章制度/政策、相关国家主管机关之规定/命令/通知/决定之行为，尊重历史、文化、社会及生活、民族习惯，不得有政治不正确的行为，包括但不限于涉黄、涉毒、涉赌、婚外情、嫖娼、赌博、酒驾、醉驾、斗殴、恶意滋事、参与黑社会性质的团体/活动等及发表或实施其他可能导致其社会评价大幅降低的言论及行为等，亦不会因前述情形导致自己成为中国电影行业行政主管部门、行业协会的封杀、抵制、惩戒或限制在视听节目中出现的人员。否则，甲方有权单方面解除本合约，根据影响情况剪辑/删除乙方相应画面，取消乙方署名，并要求乙方返还甲方已经支付的合约酬金，并承担合约酬金的20%作为违约金。若违约金不足以弥补甲方损失的，包括但不限于因此导致补拍、后期剪辑额外支出的制作费用、营销费用等，则差额部分亦由乙方全额承担。若乙方的行为造成该电影无法通过相关主管部门审批、获得公映许可证、无法公开传播、售卖的，除了承担上述责任外，乙方还应当予以赔偿该电影出品方、制作方、发行方、传播方的全部损失（包括但不限于该电影不能按计划播出导致的甲方投资损失、发行价格损失等）。参见小玉：《艺人塌房，合作商们如何索赔》，载腾讯内容开放平台 GuDuo 骨朵编辑部网 2022 年 9 月 16 日，https://page.om.qq.com/page/OPwocrueiiVCqqzfIUh7ftLw0?source=cp_1009。

文化娱乐行业流行熟人圈规则，从长远看，艺人方和合作各方需要保持长期良好合作。因此，协商是合作方们索赔的首选途径，其次是仲裁，但仲裁方式需要在合同中明确约定过，最后才是诉讼路径。

广告商、影视公司等与艺人的合约基本都会涉及艺人所属的经纪公司。艺人塌房后，如果是经纪公司与广告商、影视公司签订的相关合同，那么经纪公司根据合同约定往往也要承担连带责任。至于经纪公司兜底后如何向艺人追偿，就依据艺人和经纪公司签署的艺人经纪合同。

合作各方和艺人方都不愿走向失控局面。因此，建议合作各方选择艺人前，做好尽职调查、合同约束和风险防控三方面工作。艺人和艺人经纪公司从德艺双馨的高度加以要求，从严管理。

三、涉资合同

资金是产业发展的命脉。文化产业资金需求量大，投资回报周期长，高风险与高收益并存。文化项目融资来源有政府渠道和非政府渠道之分，政府渠道指的是通过专项资金的申请获得立项支持，如政府文创基金。合同的使用主要在非政府渠道方面，主要有联合投资、金融机构贷款、预售版权融资以及广告植入融资等，合同的相对主体为投资方和赞助方。

（一）联合投资合同

文化项目资金需求量大，同时收益难以预测。项目资金宜联合共投，风险共担。这样，既有利于分散项目风险，又可以利用各投资方的互补优势。但是，与独家投资相比，联合投资会出现意见不合，甚至引发纠纷。为明确各方的权利和义务，在联合投资合同中，项目主控方和各投资方应对各自出资额、出资时间、出资方式、著作权归属、利润分配、署名方式、不可抗力、争议解决、违约责任等问题作出具体明确的约定。合同条款内容尽可能详细具体，用词专业明晰。合同以项目决算表为基础依据，设立公共账户，并落实各投资方的知情权和监管权。

（二）广告赞助合同

广告赞助是文化项目解决资金的重要途径。广告商的赞助要求往往有冠名、广告植入等，这些都属于广告的范畴，而我国法律法规对于广告的制作、发布等行为有一系列规定，主要体现在《广告法》中，进行广告项目时应当予以关注。

广告赞助有助于项目方减轻资金压力，但是，在运用广告方式时项目方应通过书面合同的形式明确处理与各方的关系。具体的广告植入方案与广告主尽心沟通,需要艺人配合的广告设计环节,应考虑艺人的其他代言限制。

案例评析

北京珂兰信钻网络科技公司诉上海辛迪加影视有限公司、上海卓美珠宝有限公司不正当竞争案①

【基本案情】本案原告北京珂兰信钻网络科技公司(以下简称珂兰公司)系珠宝经营单位,其设计、制作、销售一款“天使之翼”的项链吊坠,并进行了著作权登记。本案被告上海辛迪加影视有限公司(以下简称辛迪加公司)是电视剧《夏家三千金》的摄制单位及著作权人,另一被告上海卓美珠宝有限公司(以下简称卓美公司)也系一珠宝经营单位。2010年7月,《夏家三千金》剧组到卓美公司的加盟商——厦门鹭屿克徕帝珠宝有限公司的经营场所要求拍摄。双方商定,使用厦门店的经营场所进行拍摄,不支付场地费;剧组在拍摄中将包括克徕帝LOGO在内的店面形象都拍摄到位,并在片尾鸣谢中体现品牌名称及广告语,为其免费做广告。

剧组植入的相关广告出现在电视剧《夏家三千金》第二集中,剧中人物皓天与母亲到珠宝店选购首饰,此时,镜头里显示出卓美公司克徕帝珠宝的“CRD”标识;随后,皓天将首饰送给剧中人物友善,首饰盒上有明显的“CRD”标识。蹊跷的是,打开首饰盒后,作为道具出现的项链吊坠却与珂兰公司设计的《天使之翼吊坠》美术作品造型基本相同。显然,剧组导演张冠李戴,将珂兰公司享有著作权的吊坠作品,放进了卓美公司的首饰盒中。珂兰公司因此将电视剧摄制方辛迪加公司及卓美公司告上法庭,称两名被告不正当竞争。

经审,法院判决两被告行为已构成对原告的不正当竞争,其中阐述如下:在电视剧《夏家三千金》拍摄中,卓美公司免费提供场地,辛迪加公司免费为其宣传,双方虽无书面合同,但形成了事实上的广告合作关系。电视剧剧情及片尾内容有明显的植入广告的特征,其中,“天使之翼”吊坠与CRD首饰盒一同出现,已构成对卓美公司品牌的宣传。广告宣传必须客观真实,与被宣传对象的实际情况相符合。在珠宝首饰的广告宣传中,独特的首饰款式能够迅速引起消

---

①　参见北京珂兰信钻网络科技公司诉上海辛迪加影视有限公司、上海卓美珠宝有限公司不正当竞争案,一审:上海市浦东新区人民法院判决书(2011)浦民三(知)初字第694号民事判决书;二审:上海市第一中级人民法院(2012)沪一中民五(知)终字第212号民事裁定书。

费者的关注,提高品牌的吸引力。珂兰公司与卓美公司同为珠宝首饰产品的经营者,存在竞争关系,而本案中,卓美公司并未设计、生产或销售“天使之翼”吊坠,电视剧中的相关情节却足以使公众误认为该公司设计、生产或销售了这款吊坠,或使公众误认为珂兰公司仿冒了该公司设计的吊坠款式,损害珂兰公司的合法权益。

【评析】本案被誉为电视剧植入广告首案。法院对本案判决明确了两点:其一,认定辛迪加公司和卓美公司的广告合作关系成立,电视剧《夏家三千金》的相关情节属于对卓美公司品牌的植入广告。其二,辛迪加公司在广告中将原告创作的吊坠款式,呈现为卓美公司品牌下的产品,损害了原告的合法权益。原被告之间存在竞争关系,故最终判定被告的行为构成不正当竞争。

从影视制作方视角来看,广告植入将商品和服务植入影视剧的剧情中,如果能在不妨碍剧情推进的前提下,既为项目免除场地费等开支,又为广告主宣传品牌,不失为双赢之策。但是,影视剧创作可以艺术虚构,而广告宣传必须客观真实,容不得虚假宣传,一般而言,广告植入的制作由影视剧导演组完成,但作为影视剧制作方,应做好广告事项的书面合同以及广告内容的审查把关。

复习思考题:

1. 合同法在文化产业中的应用有哪些特殊性?请分别从人、财、物三方面各举一例。

2. 利用合同库资源①,设计一个具体的影视项目,针对融资合作、素材使用、制作过程、人员聘用、宣传发行等环节草拟合同,进行合同风险管理。

① 推荐参考王铖翰、肖云成、王贞友编著:《中国合同库:影视娱乐》,法律出版社2018年版。

第五章　行政法视角下的文化产业管理

从行政相对人角度探究文化产业领域的行政法律制度，与行政主体一起促进法治政府建设。

行政，是国家行政机关及特定社会公权力组织的执行、管理活动。行政法是指调整行政关系、规范和控制行政权的法律规范系统。

我国目前还没有制定统一的行政法典，也没有统一的行政程序法。行政法律规范包含于宪法和法律、行政法规、地方性法规与自治条例、单行条例等。主要有：《中华人民共和国公务员法》、《中华人民共和国行政许可法》（以下简称《行政许可法》）以及《最高人民法院关于审理行政许可案件若干问题的规定》、《中华人民共和国行政处罚法》、《中华人民共和国行政强制法》、《中华人民共和国行政复议法》（以下简称《行政复议法》）、《中华人民共和国行政诉讼法》（以下简称《行政诉讼法》）以及《最高人民法院关于适用〈中华人民共和国行政诉讼法〉的解释》、《中华人民共和国国家赔偿法》等。

作为行政法调整对象的行政关系主要包括行政管理关系、行政法制监督关系、行政救济关系和内部行政关系。（1）行政管理关系，即行政机关、法律法规授权的组织等行政主体在行使行政职权的过程中，与公民法人和其他组织等行政相对人之间发生的各种关系。行政主体与行政相对人之间形成的行政管理关系,是行政关系中的主要部分。(2)行政救济关系,即行政相对人认为其合法权益受到行政主体作出的行政行为的侵犯,向行政救济主体申请救济,行政救济主体对其申请予以审查,作出向相对人提供或不提供救济的决定而发生的各种关系。(3)行政法制监督关系,即行政法制监督主体在对行政主体及其公务人员进行监督时发生的各种关系。(4)内部行政关系,即行政主体内部发生的各种关系,包括上下级行政机关之间的关系,平行行政机关之间的关系,行政机关与其内设机构、派出机构之间的关系,行政机关与国家公务员之间的关系,行政机关与法律、法规授权组织之间的关系,行政机关与其委托行使某种行政职权的组织的关系等。

在上述四种关系中,文化产业领域的活动主体,作为行政相对人与行政主体发生的关系,主要集中于行政管理关系和行政救济关系。这是一类外部行政法律关系,特点有四个:(1)一方当事人是行政机关或法律、法规、规章授权的组织;(2)双方当事人没有行政隶属关系;(3)双方当事人的地位不对等;(4)行政主体一方依法拥有优先初步解决行政争议的权力。双方的权利和义务,具体包括哪些方面,学者们的看法不一,其中已被普遍认同的是:行政主体的权利(权力)有规范制定权、决策权、命令权、检查权、决定权、制裁权、强制权和行政司法权等,而且在一定意义上说行政权具有优先的性质;行政主体的义务即其职责,最基本的职责就是依法行政,其中包括遵守法律法规、积极履行职务、遵守程序、裁量合理、符合行政目的等。作为行政相对人,主要的权利有自由权、平等权、了解权、参与管理权、受益权、举报权、请求权、申告权、获得救济权、行政诉讼权、民主监督权等,行政相对人的义务主要是守法、服从行政命令、协助行政管理等。① 体现行政管理关系方面有行政处罚法、行政许可法、行政强制法等,要求行政主体依法行政。体现行政救济关系方面有行政复议法、行政诉讼法和国家赔偿法,给予行政相对人权益保障。

第一节 文化产业中的行政法律制度

法治政府建设是全面依法治国的重点任务和主体工程,是法治国家、法治政府、法治社会一体建设中的关键。落实法治政府建设,文化产业领域的行政管理应坚持依法行政原则。但是,由于文化领域的意识形态属性,我国一贯坚持政策调

---

① 莫于川主编:《行政法学原理与案例教程》(第2版),中国人民大学出版社2017年版,第23页。

控、立法谨慎的原则,文化领域的法律体系建设相对滞后,属于由全国人大及其常务委员会制定的法律数量少,像《出版法》《传媒法》《演出法》《电视与网络视听法》《艺术品市场法》《网络游戏法》等行业法律都处于空白状态,当前主要有大量的行政法规、规章等作为文化产业领域的规范主体在发挥作用,在没有法律直接调整的情况下,行政法基本原则具有不可替代的特殊功能。

一、行政法基本原则在文化产业行政管理中的适用

行政法基本原则是指贯穿行政领域法律关系的始终,调整和决定行政主体的行为,指导行政法实践(包括行政立法、行政执法、行政司法、法律监督的行为过程)全过程的原理和准则,是行政法的“灵魂”。[①] 行政法基本原则是行政法规范的制定依据,当行政法具体规范不明确或没有具体规范的情况下,行政法基本原则可以弥补行政法规范空缺,调整行政行为。[②] 对于行政法基本原则在行政规范体系中的准绳地位,已经取得共识。但是,对于行政法基本原则的具体为何,学界至今没有统一。一种观点认为,行政法基本原则有法律优先和保留原则、比例原则、信赖利益保护原则、程序正当原则。[③] 一种观点提出,行政法基本原则可概括为行政法治原则;具体来说,行政法治原则可分解为行政合法性原则、行政合理性原则、行政应急性原则、行政信赖性原则、行政公开性原则。[④] 一种观点将行政法基本原则划分为行政法定原则、行政均衡原则以及行政正当原则。[⑤] 以上观点都极具启发性,学者姜明安在《行政法基本原则法定化研究》[⑥]一文总结出 7 项原则,该观点比较综合,适用行政相对人的产业实践,本书将之阐述如下:

(一)依法行政与公平和公正原则

依法行政是行政法治的核心内容。依法行政与公平和公正原则是指行政行为应依法定权限、法定条件、法定规则和法定程序实施,既要保证实体合法,又要保证程序合法。行政裁量权的行使应当符合授权法的目的,遵循行政法的基本原则,保证公平和公正。

(二)诚信与信赖保护原则

诚实与信赖保护原则是指行政行为应当诚实信用。行政行为依法作出后,不

---

① 莫于川主编:《行政法原理与案例教程》(第 2 版),中国人民大学出版社 2017 年版,第 33 页。

② 郑宁主编:《娱乐法原理与案例教程》,法律出版社 2021 年版,第 61 页。

③ 参见马怀德编著:《行政法与行政诉讼法》,中国法制出版社 2015 年版。

④ 参见莫于川主编:《行政法原理与案例教程》(第 2 版),中国人民大学出版社 2017 年版。

⑤ 参见周佑勇:《行政法基本原则研究》,武汉大学出版社 2005 年版。

⑥ 姜明安:《行政法基本原则法定化研究》,载《湖湘法学评论》2021 年第 1 期。

得擅自撤回、撤销或改变，如果因为法律依据改变或客观情况发生重大变化，为了公共利益的需要必须撤回、撤销或改变已经生效的行政行为，应当依法补偿行政相对人因此造成的损失。

（三）比例原则与利益平衡原则

比例原则与利益平衡原则是指行政机关实施行政行为，应兼顾公共利益与行政相对人的私人利益，保持公共利益与行政相对人私人利益的适度平衡。在确定行为方案和行为方式时，应在保证实现行为目的的前提下，选择对行政相对人利益损害最小、成本最低的行为方案和行为方式。

（四）行政公开原则

行政公开原则是指除涉及国家秘密、商业秘密和个人隐私外，行政行为应公开进行。行政主体应通过政府公报、政府网站或其他形式，依法和及时公布行为的依据、条件、范围、标准、程序和结果。

（五）正当法律程序原则

正当法律程序原则是指实施行政行为的公职人员如与相应行政行为有利害关系或可能影响其公正行为的其他关系，应主动回避或应行政相对人的申请回避。行政行为的实施如可能影响特定行政相对人的权益，应依法事先告知行政相对人，向其说明行为的根据和理由，并听取其陈述和申辩。

（六）公众参与原则

公众参与原则是指行政行为涉及多数社会公众的权益时，应通过座谈会、听证会、论证会、网络平台征求意见、协商、讨论、辩论等途径和形式为社会公众提供参与的机会，广泛听取社会公众的意见。

（七）法律救济原则

法律救济原则是指公民、法人或者其他组织认为行政机关实施的行政行为违法，侵犯其合法权益，有权依法申请行政复议或提起行政诉讼，其合法权益因行政侵权行为受到损失的，有权依法申请国家赔偿。

二、行政主体

行政相对人接受政府行政监管，履行守法、服从行政命令、协助行政管理等义务，首先需要了解管理本行业的行政主体。文化产业领域的行政管理一般为多部门联合共管，有权机关也不止政府行政主管部门，有时其他政府部门和行业协会也承担一定的行政职责（具体见表5-1）。

表 5－1　文化产业各主要行业的行政主管部门

<table>
<tr><th colspan="2">文化产业各主要行业</th><th>行政主管部门</th><th>法律依据</th></tr>
<tr><td colspan="2">出版产业</td><td>国家新闻出版署(国家版权局)</td><td>《出版管理条例》第 6 条:国务院出版行政主管部门负责全国的出版活动的监督管理工作。国务院其他有关部门按照国务院规定的职责分工,负责有关的出版活动的监督管理工作</td></tr>
<tr><td rowspan="2">广播影视产业</td><td>电影产业</td><td>国家电影局</td><td>《电影产业促进法》第 8 条:国务院电影主管部门负责全国的电影工作</td></tr>
<tr><td>广播电视产业</td><td>国家广播电视总局</td><td>《广播电视管理条例》第 5 条:国务院广播电视行政部门负责全国的广播电视管理工作</td></tr>
<tr><td rowspan="3">游戏产业</td><td>前置(版权审批)</td><td>国家新闻出版署(国家版权局)、工业和信息化部</td><td>《网络出版服务管理规定》第 4 条:国家新闻出版广电总局作为网络出版服务的行业主管部门,负责全国网络出版服务的前置审批和监督管理工作。工业和信息化部作为互联网行业主管部门,依据职责对全国网络出版服务实施相应的监督管理</td></tr>
<tr><td>运行</td><td>文化和旅游部</td><td>《互联网上网服务营业场所管理条例》第 4 条:县级以上人民政府文化行政部门负责互联网上网服务营业场所经营单位的设立审批,并负责对依法设立的互联网上网服务营业场所经营单位经营活动的监督管理;
《互联网文化管理暂行规定》第 6 条:文化部负责制定互联网文化发展与管理的方针、政策和规划,监督管理全国互联网文化活动</td></tr>
<tr><td>电竞赛事</td><td>国家体育总局</td><td>《中华人民共和国体育法》第 4 条:国务院体育行政部门主管全国体育工作</td></tr>
<tr><td colspan="2">艺术品市场</td><td>文化和旅游部</td><td>《艺术品经营管理办法》第 3 条:文化部负责制定艺术品经营管理政策,监督管理全国艺术品经营活动,建立艺术品市场信用监管体系</td></tr>
<tr><td colspan="2">现场演出业</td><td>文化和旅游部</td><td>《营业性演出管理条例》第 5 条:国务院文化主管部门主管全国营业性演出的监督管理工作</td></tr>
</table>

续表

文化产业各主要行业		行政主管部门	法律依据
文旅产业		县级以上地方人民政府明确的相关部门或机构，一般为地方文旅行政部门	《中华人民共和国旅游法》第 7 条：国务院建立健全旅游综合协调机制，对旅游业发展进行综合协调。县级以上地方人民政府应当加强对旅游工作的组织和领导，明确相关部门或者机构，对本行政区域的旅游业发展和监督管理进行统筹协调
数字文化产业	网络出版产业	国家新闻出版署（国家版权局）、工业和信息化部	《网络出版服务管理规定》第 4 条：国家新闻出版广电总局作为网络出版服务的行业主管部门，负责全国网络出版服务的前置审批和监督管理工作。工业和信息化部作为互联网行业主管部门，依据职责对全国网络出版服务实施相应的监督管理
	网络视听产业	国家广播电视总局、工业和信息化部	《互联网视听节目服务管理规定》第 3 条：国务院广播电影电视主管部门作为互联网视听节目服务的行业主管部门，负责对互联网视听节目服务实施监督管理，统筹互联网视听节目服务的产业发展、行业管理、内容建设和安全监管。国务院信息产业主管部门作为互联网行业主管部门，依据电信行业管理职责对互联网视听节目服务实施相应的监督管理
	其他网络文化产业	文化和旅游部	《互联网文化管理暂行规定》第 6 条：文化部负责制定互联网文化发展与管理的方针、政策和规划，监督管理全国互联网文化活动

在文化产业行政管理中，行政主管部门行使主要的规划审批和监督管理工作，列出有国家新闻出版署（国家版权局）、国家电影局、国家广电总局、文化和旅游部、工业和信息化部、国家体育总局等；此外，参与行政监管的协调、辅助工作的部门还有市场监督管理总局，负责文化市场主体统一登记注册；文化市场行政执法总队，负责区域内文化市场综合行政执法工作；行业协会组织在监管中也发挥着积极的作用。

三、主要法律规范和管理方式以及法律救济

依法行政与公平和公正原则有利于行政主体和行政相对人之间保持良性的法

律关系,保障文化产业健康有序地发展。依法行政的前提条件是有法可依,这里的"法"是指宪法、法律、行政法规和规章等,从中可以了解相关实体法和程序法的规定。

（一）文化产业行政管理的主要法律和规范性文件

文化产业行政管理中涉及的法律规范,主要体现在相关法律、行政法规和规章等法规性文件中,因规章量大面广,本书仅梳理相关法律和行政法规,如表 5－2 所示。

表 5－2　文化产业行政管理的法律和行政法规

主要行业	细分	法律	行政法规
出版产业	—	—	《出版管理条例》
			《印刷业管理条例》
			《音像制品管理条例》
广播影视产业	电影产业	《电影产业促进法》	《电影管理条例》
	广播电视产业	—	《广播电视管理条例》
			《广播电视设施保护条例》
游戏产业	—	《网络安全法》	《互联网信息服务管理办法》
			《互联网上网服务营业场所管理条例》
			《计算机软件保护条例》
艺术品市场	一级市场[1]	—	—
	二级市场	《拍卖法》	—
现场演出业	—	—	《营业性演出管理条例》
文旅产业	—	《旅游法》	《旅行社条例》
			《导游人员管理条例》
			《娱乐场所管理条例》
			《长城保护条例》
			《历史文化名城名镇名村保护条例》

〔1〕 艺术品一级市场的法规性文件,目前位阶最高的是部门规章《艺术品经营管理办法》,经 2015 年 12 月 17 日文化部部务会议审议通过,2016 年 1 月 18 日中华人民共和国文化部令第 56 号发布。

依法行政的“法”既是行政主体实施产业行政管理的依据，也是行政相对人履行义务主张权利的依据，法律法规明确了行业的行政管理主体、行业内市场主体的设立与审批、行业活动的规范和审批以及法律责任。比如，《出版管理条例》规定了出版产业的书号刊号版号管理制度、出版物质量管理制度；《电影产业促进法》规定了票房规范制度；《营业性演出管理条例》禁止假唱、规范义演；大量的行政规章同样是依法行政中的“法”，需要行政相对人密切关注，遵守规范，如广电总局颁发的一系列禁令和限制令。

（二）文化产业行政管理方式

作为行政相对人，有必要了解行政主体的管理方式。文化产业领域行政主体管理方式多种多样，主要可以分为刚性监管与柔性监管两大类。[①] 刚柔相济，体现中国行政管理智慧。

刚性监管是指监管主体严格依照具有强制约束力的法律进行监管的方式，坚持法无授权即禁止，体现了国家的强制力。刚性监管主要包括行政许可、行政处罚、行政强制等监管方式。行政许可是文化产业领域最主要的行政监管方式，本书下节专门详述。行政处罚发生在行政相对人从事违法经营活动，扰乱行政管理秩序时，常见的处罚手段有警告、罚款、没收违法所得、没收非法财物、责令停产停业、暂扣或者吊销许可证、降低资质等级、行政拘留等方式。表 5 - 3 为行政处罚的 3 个示例。

行政强制措施，是指行政主体在行政管理过程中，为制止违法行为、防止证据损毁、避免危害发生、控制危险扩大等情形，依法对公民的人身自由实施暂时性限制，或者对行政相对人的财物实施暂时性控制的行为。根据《行政强制法》第 9 条的规定，行政强制措施种类有限制公民人身自由；查封场所、设施或者财物；扣押财物；冻结存款、汇款；其他行政强制措施。表 5 - 4 为行政强制的 2 个示例。

---

① 郑宁主编：《娱乐法原理与案例教程》，法律出版社 2021 年版，第 75 页。

表 5-3　上海市文化和旅游局执法总队文化行政处罚公告 3 例[1]

序号	行政处罚决定书文号	案件名称	违法企业名称或违法自然人姓名	法定代表人姓名	统一社会信用代码	处罚事由	行政处罚依据	行政处罚结果	作出处罚机关名称	作出处罚日期
1	2220230111	四川票方文化传媒有限公司未经批准，擅自出售演出门票	四川票方文化传媒有限公司	何某	91510104MA7FX6034Q	未经批准，擅自出售演出门票	《营业性演出管理条例实施细则》第二十五条	罚款人民币叁仟元	上海市文化和旅游局	2023 年 8 月 25 日
2	2420230144	上海嘉达印刷有限公司变更经营场所未向原批准设立的出版行政部门……	上海嘉达印刷有限公司	杜志东	91310115580648080J	变更经营场所未向原批准设立的出版行政部门备案	《印刷业管理条例》第十二条第二款	警告	上海市文化和旅游局	2023 年 8 月 21 日
3	2420230093	上海爱阅家教育科技有限公司未经批准擅自从事出版物的出版业务	上海爱阅家教育科技有限公司	武某	913101043242614185	未经批准擅自从事出版物的出版业务	《出版管理条例》第九条第一款	没收出版物壹万陆仟贰佰叁拾陆册、罚款人民币叁拾玖万玖仟叁佰陆……	上海市文化和旅游局	2023 年 8 月 21 日

〔1〕 资源来源：上海市文化和旅游局执法总队处罚公告，载上海文化市场行政执法网 2023 年 8 月 25 日，http://whzf.whlyj.sh.gov.cn/info/main。

表 5-4　上海市文化和旅游局执法总队文化行政强制 2 例[1]

序号	行政强制措施决定文书号	强制措施类型	当事人	实施时间	实施地点	扣押/查封财物
1	(沪总)文扣字第四支队2023153746A0号	扣押	北京传世家书文化发展有限公司	2023年08月21日	徐汇区永嘉路383号	出版物(152册)
2	(沪总)文扣字第四支队2023153599A1号	扣押	渝水区渝州大道蓝太阳唱片店	2023年08月17日	上海市静安区延安中路1000号	LD(23张)

资料来源:上海市文化和旅游局执法总队强制信息公示,载上海文化市场行政执法网 2023 年 8 月 21 日,http://whzf.whlyj.sh.gov.cn/info/main。

柔性监管是指监管主体基于法律法规的授权,有权主体的委托以及组织成员的认可,采用协商、合同、激励、指导等不具有强制性的方式,引导被监管主体作出或不作出一定的行为,并与被监管主体共同达成监管的活动。① 柔性监管主要包括行政指导、行政资助、行政奖励、行政合同、约谈以及信用监管等监管方式。比如,《电影产业促进法》第 10 条第 2 款明确规定:"对优秀电影以及为促进电影产业发展作出突出贡献的组织、个人,按照国家有关规定给予表彰和奖励。"《营业性演出管理条例》第 41 条明确规定:"国务院文化主管部门和省、自治区、直辖市人民政府文化主管部门,对在农村、工矿企业进行演出以及为少年儿童提供免费或者优惠演出表现突出的文艺表演团体、演员,应当给予表彰,并采取多种形式予以宣传。国务院文化主管部门对适合在农村、工矿企业演出的节目,可以在依法取得著作权人许可后,提供给文艺表演团体、演员在农村、工矿企业演出时使用。文化主管部门实施文艺评奖,应当适当考虑参评对象在农村、工矿企业的演出场次。县级以上地方人民政府应当对在农村、工矿企业演出的文艺表演团体、演员给予支持。"

(三)文化产业法律救济

法律救济是指依据法律对权利冲突的解决。也就是说,当公民、法人或者其他

① 郑宁主编:《娱乐法原理与案例教程》,法律出版社 2021 年版,第 79~80 页。

组织的权利受到侵害时,可以从法律上获得自行解决,或请求司法机关及其他机关给予解决,使其受损害的权益得到补救。法律救济具有三个特征。首先,权利受到损害是法律救济存在的前提。其次,法律救济具有弥补性,它是对受损害的权利的弥补。最后,法律救济的根本目的是实现合法权益并保证法定义务履行。[①] 文化产业领域各行政机关在进行行政监管和行政许可过程中,其具体行为有可能行政违法或行政不当,导致行政相对人或利害关系人的权益遭到侵犯或不能实现。为保障公民、法人和其他组织的合法权益,法律制定一定的法律措施和制度,使当事人可以获得补救。

行政相对人即申请人、被许可人可以通过行政复议、行政诉讼的方式进行救济,其他利害关系人可以通过向有关机关提出请求进行救济。行政复议和行政诉讼,作为两种最重要的行政救济途径,在程序上有三类衔接关系:自由选择关系、限制选择关系、复议前置关系。

1. 行政复议

基于行政主体体系内部的上下级之间领导与被领导的关系,行政复议是公民、法人或其他组织请求上级行政主体对下级行政主体的违法或不当行政行为予以纠正的制度。行政复议是一种经申请而启动的制度化程序。如果没有这种申请,则行政主体不能主动实施行政复议行为。行政复议是对具体行政行为的一种法律救济制度。因此,行政复议的客体是有争议的具体行政行为,行政复议是审查具体行政行为合法性和合理性,并给予相应法律补救的一种行政救济制度。

行政复议的主要法律依据为《行政复议法》《行政复议法实施条例》《国家知识产权局行政复议规程》等。《行政复议法》第 11 条规定了公民、法人或者其他组织可以申请行政复议的 15 种情形,第 12 条明确了不属于行政复议的 4 种情形。行政相对人在了解受案范围、受理机关、是否复议前置等问题后,向复议机关递交复议申请,寻求行政救济。

2. 行政诉讼

行政诉讼是公民、法人或者其他组织认为行政行为侵害其合法权益,依法向人民法院提起诉讼,由人民法院主持审理行政争议并作出裁判的诉讼制度。与行政复议属于行政救济不同,行政诉讼是通过司法审判程序为具体行政行为的相对人

---

① 魏永征、李丹林主编:《影视法导论——电影电视节目制作人须知》,复旦大学出版社 2005 年版,第 89 页。

和利害关系人提供救济的措施和制度，属于司法救济。

行政诉讼的主要法律依据为《行政诉讼法》《最高人民法院关于适用〈中华人民共和国行政诉讼法〉的解释》等。行政相对人在了解受案范围、管辖法院、诉讼程序等问题后，实施行政诉讼。

第二节 文化产业与行政许可一般法律规范

行政许可因具有对特定活动范围进行事先控制的功能而被作为一种行政管理手段广泛使用，它也是行政法上的一种最基本的行政决定形态，是一种授益行政行为。[①]《行政许可法》第 2 条规定："本法所称行政许可，是指行政机关根据公民、法人或者其他组织的申请，经依法审查，准予其从事特定活动的行为。"

文化产业因其特殊的内容产业属性，从而具有比一般产业更高的行政管理色彩，具体表现为严格的行政监管和许可制度，《文化产业促进法（草案送审稿）》第 28 条规定："公民、法人和非法人组织从事文化产业活动，依法需要取得相关行政许可的，应当取得行政许可。"

行政许可作为一种独特的行政行为，具有如下法律特征：

第一，事先性。行政许可的本质功能是通过许可实施事先控制。

第二，赋权性与解禁性。在一般禁止的情况下，行政许可通过行政赋权给予特定行政相对人从事某些活动的权利和资格，因而，又属于一种解禁行为。

第三，依申请性，即行政许可的作出以行政相对人的申请为前提。根据《行政许可法》第四章第一节"申请与受理"的规定，行政许可须经相对人申请；不经相对人申请，行政主体不得主动实施行政许可。

第四，法定性。行政许可由专门的《行政许可法》作单独的调整，其法定性体现在实施行政许可的机关是法定的，可许可的事项范围是法定的，许可的程序也是法定的。

现行《行政许可法》于 2003 年 8 月 27 日第十届全国人民代表大会常务委员会第四次会议通过，自 2004 年 7 月 1 日起施行，2019 年 4 月 23 日作出修改。《行政

① 《行政法与行政诉讼法学》编写组主编：《行政法与行政诉讼法学》（第 2 版），高等教育出版社 2017 年版，第 126 页。

许可法》共8章83条,分为总则、行政许可的设定、行政许可的实施机关、行政许可的实施程序、行政许可的费用、监督检查、法律责任、附则等部分。

一、行政许可的原则

《行政许可法》第4条至第10条规定了行政许可法的6项原则:合法原则;公开、公平、公正、非歧视原则;便民原则;救济原则;信赖保护原则;监督原则。

(一)合法原则

设定和实施行政许可,应当依照法定的权限、范围、条件和程序。这是依法行政的必然要求。

(二)公开、公平、公正、非歧视原则

公开原则体现在:①立法信息的公开。有关行政许可的规定应当公布;未经公布的,不得作为实施行政许可的依据。②执法信息的公开。行政许可的实施和结果,除涉及国家秘密、商业秘密或者个人隐私的外,应当公开。

公平原则是指申请人有依法取得行政许可的平等权利。

公正原则要求行政主体在行政许可行为中,不考虑不相关因素和应考虑相关因素。

非歧视原则规定,符合法定条件、标准的,申请人有依法取得行政许可的平等权利,行政机关不得歧视任何人。为使《中华人民共和国外商投资法》能够有效实施,适应深化"放管服"改革,优化营商环境要求,非歧视原则于2019年首入行政许可法。

(三)便民原则

实施行政许可,应当遵循便民的原则,提高办事效率,提供优质服务。近年来,针对行政许可存在的问题,各地在实施涉及企业登记、投资等经济管理领域的行政许可过程中,创造性地探索出一些方便申请人的措施,如"一个窗口对外""一站式审批""并联审批""告知承诺制"等,取得了良好的效果。

(四)救济原则

公民、法人或者其他组织对行政机关实施行政许可,享有陈述权、申辩权;有权依法申请行政复议或者提起行政诉讼;其合法权益因行政机关违法实施行政许可受到损害的,有权依法要求赔偿。《行政许可法》第7条规定:"公民、法人或者其他组织对行政机关实施行政许可,享有陈述权、申辩权;有权依法申请行政复议或者提起行政诉讼;其合法权益因行政机关违法实施行政许可受到损害的,有权依法要求赔偿。"

（五）信赖保护原则

公民、法人或者其他组织依法取得的行政许可受法律保护，行政机关不得擅自改变已经生效的行政许可。行政许可所依据的法律、法规、规章修改或者废止，或者准予行政许可所依据的客观情况发生重大变化的，为了公共利益的需要，行政机关可以依法变更或者撤回已经生效的行政许可。由此给公民、法人或者其他组织造成财产损失的，行政机关应当依法给予补偿。

行业实务

过审影视剧被要求下架能否适用信赖保护原则

影视行业风险极高，在内容审查的行政管理层面，一种风险是影视剧已投拍却未能过审，还有一种风险是影视剧已过审而被要求下架。就后一种情况，制片方能否适用信赖保护原则寻求救济，降低风险？

影视剧过审而被要求下架，往往出于两类原因：一类是内容违禁，另一类是创作人员失德，一般以艺人居多。违禁内容损害国家的、社会的、集体的利益和其他公民的合法的自由和权利，艺人属于公众人物，他们一旦失德，会对社会风气带来负面导向。所以，即便此类影视剧已过审，为维护公共利益需要，必须中止其继续传播。

但是，影视剧过审获得许可证，说明行政机关认可影视剧的内容符合相关的法律规范和审查标准，行政相对人的行为不管是否符合法律规定，只要有行政主体的效力保障就是合法的。即使是不合理的行为，只要有行政主体的指导性规范，效力就是确定的。由于艺人失德造成的影视剧下架中，制片方是善意相对人。在一般情况下，其符合法律的行为都会得到一定程度的保证。相反，如果作出的行为不合规定时，也许是在没有主观故意的情况下作出的，又或者是在不知道行为是否不符合规定而作出时，这样的情形也可以得到保障。行政机关变更或撤回行政许可，是出于公共利益的考虑。通常，公益大于私益，但是公共利益不能以此为由损害个人利益。就一部影视剧而言，其成果凝结着一群创意工作者的智慧和劳动，失德艺人因其个人的不当言行导致集体连坐，其他创作者的合法的劳动收益也因此归于消失，有违公平正义。在此情况下信赖利益就应该得到补偿。

信赖保护原则是行政许可法中的一项不可或缺的原则，中国影视剧审查施行严格的行政许可制度，因之，适用信赖保护原则。《行政许可法》确立信赖保护原则，有利于维护公共利益和保护行政相对人的权益，从而促进法治政府建设。电影通过国家电影行政机关的审查，获得《电影公映许可证》，即龙标。电视剧通过广电系统行政机关的审查，获得《电视剧发行许可证》。许可证是国家公信力的象征，是国家对该影视剧合法性的认可，制片方接受审查，争取许可证，是认定由此自己的权益将受到法律保护。因此，如果许可证可以朝令夕改，如何取信于民？

电影是国家形象的象征，是国家软实力的最生动体现。电视剧是最大众化的文化娱乐形式，是凝聚民族力量提振文化自信的途径。促进影视产业发展首先要增强从业者的信心。敢于投入上千万元甚至上亿元的真金白银，是基于对回报的预期。有了许可证，制片方就敢与发行方和放映方进行过审后的继续投入。而且，在当今的互联网时代，一部影视剧的市场回报期很长，在第一轮的院线放映或电视台播出之后，可以进入网络视频继续播出，可以进行各种跨界的运作和衍生开发。这样的一部影视剧一旦被要求下架，意味后续的市场收益全部中断。本来应该可以预期的收益都存在不确定性，从业者的信心如何保障？

针对当前的现状和不足，本文建议：

1. 行政机关对于实施变更或撤回行政许可应规定明确的期限。

2. 根据文化产业的特殊性，行政机关对于信赖保护的方式进行突破和丰富。

3. 行政机关明确界定信赖保护中的善意相对人范围。

（六）监督原则

县级以上人民政府应当建立健全对行政机关实施行政许可的监督制度，加强对行政机关实施行政许可的监督检查。行政机关应当对公民、法人或者其他组织从事行政许可事项的活动实施有效监督。

二、行政许可的不得转让

依法取得的行政许可，除法律、法规规定依照法定条件和程序可以转让的外，不得转让。

行政许可能否转让，涉及对不同行政许可性质和功能的分析和判断。行政许可可以分为5类：

(1)普通许可。这种行政许可主要适用涉及高度社会信用的行业的市场准入和经营活动,如演出机构的设立和活动。

(2)特许。这种行政许可是行政机关依法向相对人转让某种特定权力或者配置有限资源,如新闻出版机构的设立、广播电台电视台的设立等。

(3)认可。这种行政许可是对相对人是否具备某种资格资质的认定,如经纪人资格证、演员证、编辑证、导游证等,一般需要通过考试方式并根据考试结果决定是否认可,具有特定的人身属性。

(4)核准。这种行政许可是对某些事项或者活动是否达到法定技术标准的核实准许,如影视游戏内容审查许可、演出经营场所或者影院的消防验收等。

(5)登记。这种行政许可是对特定法律关系的确认,如文化企业法人登记、民营博物馆等民办非企业单位登记等。

上述5种行政许可,除特许外,其余4种行政许可的性质都是准予特定的人从事符合法定条件的活动,主体和对象不可分离,所以,基本不能转让。

三、行政许可的设定

行政许可设定,是指法律规范首次对某种行政许可的实施机关、条件、程序、期限等作出规定。"设定"使某种行政许可从无到有,属于首次性规范。[①]

(一)行政许可设定的事项范围

可以设定行政许可的事项共有6项,除此之外的事项不得设定行政许可。而且,即使这些事项具备4种情况,也可以不设定行政许可。这样规定的目的,就是适应从计划经济体制向市场经济体制的转变,发挥公民、法人或者其他组织的积极性,促进市场经济发展。

可以设定行政许可的事项,与上述行政许可分类一致,包括:

1. 普通许可。直接涉及国家安全、公共安全、经济宏观调控、生态环境保护以及直接关系人身健康、生命财产安全等特定活动,需要按照法定条件予以批准的事项。

2. 特许。有限自然资源开发利用、公共资源配置以及直接关系公共利益的特定行业的市场准入等,需要赋予特定权利的事项。

3. 认可。提供公众服务并且直接关系公共利益的职业、行业,需要确定具备特殊信誉、特殊条件或者特殊技能等资格、资质的事项。

---

① 吴鹏主编:《行政法学》,高等教育出版社2019年版,第101页。

4. 核准。直接关系公共安全、人身健康、生命财产安全的重要设备、设施、产品、物品,需要按照技术标准、技术规范,通过检验、检测、检疫等方式进行审定的事项。

5. 登记。企业或者其他组织的设立等,需要确定主体资格的事项。

6. 法律、行政法规规定可以设定行政许可的其他事项。

但是,以上所列事项,能够通过下列方式予以规范的,可以不设行政许可:(1)公民、法人或者其他组织能够自主决定的;(2)市场竞争机制能够有效调节的;(3)行业组织或者中介机构能够自律管理的;(4)行政机关采用事后监督等其他行政管理方式能够解决的。

文化产业涉及国家文化安全,文化遗产资源利用,特殊的行业人才,特别的行业技艺及技术,产品具有半公共物品属性等,这些都表明文化产业与行政许可产生必要联系。

(二)行政许可设定的权限

行政许可设定属于立法行为。中国实行统一的、多层次的立法体制,即全国人大及其常务委员会制定法律,国务院制定行政法规,省级行政区域和设区的市的人大及其常务委员会制定地方性法规,国务院各部委制定部门规章,省级地方人民政府制定地方政府规章。

在立法过程中,部门规章有部门利益,地方政府规章有地方利益,所以设定权受到极大的限制。部门规章、市规章不得设定行政许可,省规章仅仅可以设定临时性行政许可。

根据《行政许可法》第 14 条至第 17 条的规定,行政许可设定的权限具体如下:

1. 经常性行政许可的设定

(1)法律可以设定行政许可。尚未制定法律的,行政法规可以设定行政许可。

(2)国务院可以采用发布决定的方式设定行政许可。实施后,除临时性行政许可事项外,国务院应当及时提请全国人民代表大会及其常务委员会制定法律,或者自行制定行政法规。

2. 临时性行政许可的设定

(1)国务院的决定可以设定临时性行政许可。

(2)省级政府的规章也可以设定临时性行政许可。实施满一年需要继续实行的,应当提请本级人大及其常委会制定地方性法规。

3. 对下位法设定行政许可的限制

上位法有设定的,下位法不得再设定。但是,下位法可以在上位法设定的行政许可事项范围内，对实施该行政许可作出具体规定。比如，现行的《电影管理条例》(2001 年 12 月 12 日通过)设置了电影摄制许可的规定条款，而 2016 年 11 月 7 日经全国人民代表大会常务委员会通过的《电影产业促进法》取消了该项许可，那么，接下来《电影管理条例》对此项许可的规定就必然需要修正。

4. 对地方立法设定行政许可的限制

地方性法规和省级政府规章，都是地方立法，可能存在地方利益。因此，对其行政许可设定权作出了限制：(1)不得设定应当由国家统一确定的公民、法人或者其他组织的资格、资质的行政许可。(2)不得设定企业或者其他组织的设立登记及其前置性行政许可。(3)其设定的行政许可，不得限制其他地区的个人或者企业到本地区从事生产经营和提供服务，不得限制其他地区的商品进入本地区市场。

四、行政许可的实施程序

行政许可的实施程序，是指行政许可的实施机关从受理行政许可申请到作出准予、拒绝、中止、收回、撤销行政许可等决定的方式、步骤和时限的总称。

(一) 申请与受理

1. 对申请人的要求

(1)申请人可以委托代理人提出行政许可申请。但是，依法应当由申请人到行政机关办公场所提出行政许可申请的除外。

(2)行政许可申请可以通过信函、电报、电传、传真、电子数据交换和电子邮件等方式提出。

(3)申请人申请行政许可，应当如实向行政机关提交有关材料和反映真实情况，并对其申请材料实质内容的真实性负责。

2. 对行政机关的要求

(1)申请书需要采用格式文本的，行政机关应当向申请人提供行政许可申请书格式文本。申请书格式文本中不得包含与申请行政许可事项没有直接关系的内容。

(2)行政机关应当将法律、法规、规章规定的有关行政许可的事项、依据、条件、数量、程序、期限以及需要提交的全部材料的目录和申请书示范文本等在办公场所公示。申请人要求行政机关对公示内容予以说明、解释的，行政机关应当说明、解释，提供准确、可靠的信息。

(3)行政机关应当建立和完善有关制度，推行电子政务，在行政机关的网站上公布行政许可事项，方便申请人采取数据电文等方式提出行政许可申请；应当与其他行政机关共享有关行政许可信息,提高办事效率。

3. 行政机关对申请的处理

行政机关对申请人提出的行政许可申请,应当根据下列情况分别作出处理:

(1)申请事项依法不需要取得行政许可的,应当即时告知申请人不受理。

(2)申请事项依法不属于本行政机关职权范围的,应当即时作出不予受理的决定,并告知申请人向有关行政机关申请。

(3)申请材料存在可以当场更正的错误的,应当允许申请人当场更正。

(4)申请材料不齐全或者不符合法定形式的,应当当场或者在5日内一次告知申请人需要补正的全部内容,逾期不告知的,自收到申请材料之日起即为受理。

(5)申请事项属于本行政机关职权范围,申请材料齐全、符合法定形式,或者申请人按照本行政机关的要求提交全部补正申请材料的,应当受理行政许可申请。行政机关受理或者不予受理行政许可申请,应当出具加盖本行政机关专用印章和注明日期的书面凭证。

(二)审查、听证和决定

1. 审查方式

行政机关应当对申请人提交的申请材料进行审查。对申请人提交的申请材料进行审查把关是行政许可实施机关的法定职责。如果审查错误导致行政决定错误,行政许可机关应当承担相应的责任。

(1)形式审查

申请人提交的申请材料齐全、符合法定形式,行政机关能够当场作出决定的,应当当场作出书面的行政许可决定。

(2)实质审查

根据法定条件和程序,需要对申请材料的实质内容进行核实的,行政机关应当指派2名以上工作人员进行核查。

2. 听证——听取申请人、利害关系人的意见

行政机关对行政许可申请进行审查时,发现行政许可事项直接关系他人重大利益的,应当告知该利害关系人。申请人、利害关系人有权进行陈述和申辩。行政机关应当听取申请人、利害关系人的意见。

听证会是行政许可机关在对许可申请的审查过程中,在作出许可决定前所举行的听取申请人、利害关系人的意见的最正规形式。听证会并不是行政许可过程

中的必经程序,但它已经成为一个广泛的程序。①

3. 决定

申请人的申请符合法定条件、标准的,行政机关应当依法作出准予行政许可的书面决定。

行政机关依法作出不予行政许可的书面决定的,应当说明理由,并告知申请人。行政机关作出准予行政许可的决定,需要颁发行政许可证件的,应当向申请人颁发加盖本行政机关印章的行政许可证件。

有行政机关实施检验、检测、检疫的,可以在检验、检测、检疫合格的设备、设施、产品、物品上加贴标签或者加盖检验、检测、检疫印章。

行政机关作出的准予行政许可决定,应当予以公开,公众有权查阅。

法律、行政法规设定的行政许可,其适用范围没有地域限制的,申请人取得的行政许可在全国范围内有效。

(三)期限

行政许可机关作出许可决定的期限,分为4种情况:

(1)当场作出行政许可决定。

(2)不能当场作出许可决定的,行政机关应当自受理行政许可申请之日起20日内作出行政许可决定。20日内不能作出决定的,经本行政机关负责人批准,可以延长10日,并应当将延长期限的理由告知申请人。但是,法律、法规另有规定的,依照其规定。

(3)采取统一办理或者联合办理、集中办理的,办理的时间不得超过45日;45日内不能办结的,经本级人民政府负责人批准,可以延长15日,并应当将延长期限的理由告知申请人。

(4)依法应当先经下级行政机关审查后报上级行政机关决定的行政许可,下级行政机关应当自其受理行政许可申请之日起20日内审查完毕。但是,法律、法规另有规定的,依照其规定。

关于送达许可决定的期限,行政机关作出准予行政许可的决定,应当自作出决定之日起10日内向申请人颁发、送达行政许可证件,或者加贴标签、加盖检验、检测、检疫印章。

---

① 《行政法与行政诉讼法学》编写组主编:《行政法与行政诉讼法学》(第2版),高等教育出版社2017年版,第135页。

行政机关作出行政许可决定，依法需要听证、招标、拍卖、检验、检测、检疫、鉴定和专家评审的，所需时间不计算在本节规定的期限内。行政机关应当将所需时间书面告知申请人。

五、行政许可的其他规定

（一）厘清行政许可的撤回、撤销、注销与吊销

行政许可的撤回，是指行政许可机关在行政许可所依据的法律、法规、规章修改或者废止，或者准予行政许可所依据的客观情况发生重大变化的前提下，出于公共利益的需要，提前收回行政许可，并对被许可人依法补偿的行政征收行为。

行政许可的撤销，是指行政许可机关违法作出许可决定或被许可人以不正当手段取得行政许可的，行政许可机关或其上级行政机关，根据利害关系人的请求或者依据职权，依法取消行政许可，使其自始就不发生法律效力的行政行为。

行政许可的注销，是指有关行政登记机关，针对各种效力已消灭的行政许可进行登记，以认定和宣示其往后不再具有许可效力的行政确认行为。

行政许可的吊销，是指行政处罚机关针对相对人违法从事被许可的行为，依法取消其行政许可，使其往后不再具有效力的行政处罚行为。行政处罚机关一般为行政许可机关。

还需要说明的是，对于撤回、撤销与吊销了的行政许可，有关行政机关都要对其进行注销登记。行政许可的撤回、撤销与吊销属于注销的事项之一。[①]

（二）关于行政许可的费用

行政许可的费用，是指行政机关实施行政许可和对行政许可事项进行监督检查发生的费用。《行政许可法》第五章对此作了专章规定。

《行政许可法》第58条规定："行政机关实施行政许可和对行政许可事项进行监督检查，不得收取任何费用。但是，法律、行政法规另有规定的，依照其规定。"这就确立了一个总原则，即行政许可不得收费原则。

第三节　文化产业各主要行业的行政监管与许可规定

解读相关法律和行政法规性文件，大致可了解作为行政相对人应掌握的相关

---

① 《行政法与行政诉讼法学》编写组主编：《行政法与行政诉讼法学》（第2版），高等教育出版社2017年版，第143～144页。

规定，从而知晓自己的权利和义务，依法行事，提前把控风险，有预期、有规划地从事各项活动。本节从内容审查、从业机构准入、从业人员职业资格准入以及数字网络环境中的相关许可管理四个方面进行概述。

一、内容审查的行政许可管理

文化产业内容审查实施严格的许可管理，本书将文化产业各主要行业中针对内容审查部分的行政许可规定整理得到表5－5。

表5－5　文化产业各主要行业内容审查的行政许可

行业	题材立项阶段	发行前阶段
出版行业	重大选题备案[1]	书号、版号、刊号许可[2]
电影行业	电影剧本梗概备案，其中，涉及重大题材电影剧本需要通过审查[3]；中外合作摄制电影片需通过电影剧本立项申报审批[4]；理论、文献电视专题片须由中央和国家机构各部门以及中央电视台组织制作[5]	电影片公映许可[6]
电视剧行业	制作重大革命历史题材电视剧必须持有电视剧制作许可证[7]	电视剧发行许可[8]
演出行业	—	举办营业性演出须申请并获得批准[9]
网络游戏行业	—	进口网络游戏内容审查须申请获得批准；国产网络游戏履行备案手续[10]
艺术品市场	—	从境外进口或者向境外出口艺术品的，须申请并获得批准；以销售、商业宣传为目的在境内公共展览场所举办有境外艺术品创作者或者境外艺术品参加的展示活动，须申请并获得批准[11]

〔1〕　参见《出版管理条例》(2020修订版)第20条。
〔2〕　参见《出版管理条例》(2020修订版)第28条。

〔3〕 参见《电影产业促进法》(2016 年通过)第 13 条。
〔4〕 参见《中外合作摄制电影片管理规定》(2017 年修订版)第 7 条。
〔5〕 参见《关于制作播出理论、文献电视专题片的暂行规定的实施办法》(1999 年通过)第 3 条、第 6 条、第 7 条。
〔6〕 参见《电影产业促进法》(2016 年通过)第 17 条。
〔7〕 参见《广播电影电视部关于拍摄重大革命历史题材电视剧申领制作许可证问题的通知》(1990 年通过)第 1 条、第 2 条、第 3 条。
〔8〕 参见《广播电视管理条例》(2020 年修订版)第 35 条、《电视剧内容管理规定》(2016 年修订版)第 15 条。
〔9〕 参见《营业性演出管理条例》(2016 年修订版)第 13 条、第 15 条。
〔10〕 参见《网络游戏管理暂行办法》(2010 年公布,已废止)第 11 条、第 13 条。
〔11〕 参见《艺术品经营管理办法》(2016 年公布)第 14 条、第 15 条。

二、从业机构准入的行政许可管理

文化产业从业机构有公司、合伙企业或其他组织等类型主体,近几年出现的各类以“某某工作室”命名的机构有不少属于合伙企业。但产业主要的主体以公司居多。公司又分多种类型,如有限责任公司、股份有限公司、一人公司、国有独资公司和外商投资公司。

合伙企业,是指自然人、法人和其他组织依法在我国境内设立的普通合伙企业和有限合伙企业。普通合伙企业由普通合伙人组成,合伙人对合伙企业债务承担无限连带责任。有限合伙企业由普通合伙人和有限合伙人组成,普通合伙人对合伙企业债务承担无限连带责任,有限合伙人以其认缴的出资额为限对合伙企业债务承担责任。参照《中华人民共和国合伙企业法》第 14 条可以了解普通合伙企业成立的一般性要求,参照第 61 条可以了解有限合伙企业成立的一般性要求。

有限公司,也称有限责任公司,是指根据《中华人民共和国公司法》(以下简称《公司法》)和《市场主体登记管理条例》规定登记注册,由 1 个以上 50 个以下的股东出资设立,每个股东以其所认缴的出资额为限对公司承担责任,公司以其全部财产对公司债务承担责任的经济组织,有限公司设立程序简便,组织机构相对简单,股东之间相互信任,且财务账目无须向社会公开。参照 2023 年《公司法》第 3 章第 1 节,可以了解有限责任公司设立的一般性要求。

股份有限公司,简称股份公司,是指公司全部资本分为等额股份,股东以其所认购的股份为限对公司承担责任,公司以其全部财产对公司债务承担责任的企业法人。与有限责任公司相比,股份有限公司设立程序较为复杂,设立责任也比较重,公司管理机关比较复杂,股东对公司缺乏责任感。参照 2023 年《公司法》第 5 章第 1 节,可以了解股份有限公司设立的一般要求。

对于机构设立的要求主要是名称章程、人员数量、组织架构、资金以及住所。鉴于文化产业的特殊性，行政法规对文化产业的经营机构设立提出了一般之上的更高要求，并呈现以下特点。

（一）特许许可

以《出版管理条例》第11条规定为例，“设立出版单位，应当具备下列条件：（一）有出版单位的名称、章程；（二）有符合国务院出版行政主管部门认定的主办单位及其主管机关；（三）有确定的业务范围；（四）有30万元以上的注册资本和固定的工作场所；（五）有适应业务范围需要的组织机构和符合国家规定的资格条件的编辑出版专业人员；（六）法律、行政法规规定的其他条件。

审批设立出版单位，除依照前款所列条件外，还应当符合国家关于出版单位总量、结构、布局的规划。”

对照2018年《公司法》对机构设立的一般性规定和《出版管理条例》对出版机构设立的规定，《出版管理条例》提出了更严苛的要求：“有符合国务院出版行政主管部门认定的主办单位及其主管机关”“有适应业务范围需要的组织机构和符合国家规定的资格条件的编辑出版专业人员”“法律、行政法规规定的其他条件”“审批设立出版单位，除依照前款所列条件外，还应当符合国家关于出版单位总量、结构、布局的规划”。条文表述与“还应当符合国家关于出版单位总量、结构、布局的规划”相类似的还出现在《广播电视管理条例》第9条：“审批设立广播电台、电视台，除依照前款所列条件外，还应当符合国家的广播电视建设规划和技术发展规划。”此类表述体现了行政机关在许可方面掌握着较大的自由裁量权。

（二）多重许可

《互联网信息服务管理办法》第4条明确规定：“国家对经营性互联网信息服务实行许可制度”，而互联网信息服务的行政管理需要联结多家行政机关，因此，第5条规定：“从事新闻、出版、教育、医疗保健、药品和医疗器械等互联网信息服务，依照法律、行政法规以及国家有关规定须经有关主管部门审核同意的，在申请经营许可或者履行备案手续前，应当依法经有关主管部门审核同意。”第7条规定：“从事经营性互联网信息服务，应当向省、自治区、直辖市电信管理机构或者国务院信息产业主管部门申请办理互联网信息服务增值电信业务经营许可证（以下简称经营许可证）。”也就是说，机构欲从事文化产业中的经营性互联网信息服务，比如网络游戏运营，在向地方电信管理机构或者国家信息产业主管部门申请办理互联网信息服务增值电信业务经营许可证之前,应当依法获得出版行政部门的审核同意。

(三)过程许可

文化产业各行业都是以生产机构为核心向上向下伸展的产业链,包括创作、制作、发行、放映展出、进出口等环节。创作环节的许可管理通过内容审查制度予以落实,制作、发行、放映展出、进口等的许可管理则通过过程许可进行落实。过程许可存在以下几种情况。

1. 全环节许可

出版产业不仅对出版机构实施许可管理,还包括对印刷复制机构、发行机构、进出口机构实行许可管理。

案例评析

上海抱一文化传播有限公司擅自从事出版物出版业务案

【基本案情】2019 年 5 月初,上海市文化和旅游局执法总队执法人员日常检查发现"秦汉胡同专卖"店涉嫌通过网络销售培训教材。2019 年 5 月 24 日,予以立案调查。经查明:当事人上海抱一文化传播有限公司未经出版行政部门批准擅自出版《弟子规》等 114 种图书,自 2018 年 8 月在某网络平台开设了"秦汉胡同专卖"店并公开发行上述图书,构成了未经批准,擅自从事出版物出版业务的行为。2020 年 3 月,市文旅局执法总队依法作出没收出版物 5 万余册、罚款人民币 195 万余元的行政处罚。①

【评析】根据我国《出版管理条例》和《出版管理条例实施细则》的相关规定,从事图书出版业务必须遵循严格的许可管理。出版机构的准入设立、出版行业技术人员的职业资格管理是许可制度体现的一个方面,图书出版活动中,图书的内容和质量、图书的出版、印刷、进口、发行(包括网络平台发行)环节都实施许可管理。《出版管理条例》第 61 条规定,擅自从事出版物的出版、印刷或者复制、进口、发行业务的行为,依照刑法关于非法经营罪的规定,依法追究刑事责任;尚不够刑事处罚的,给予没收和罚款等行政处罚。

---

① 《2020 年上海市"扫黄打非"十大案件》,载上海市文化和旅游局执法总队官网 2021 年 5 月 6 日,http://whzf.whlyj.sh.gov.cn/info/main。

2. 部分环节许可

《电影产业促进法》颁布后，电影行业进一步减少行政许可，降低行业进入门槛，取消了电影摄制机构的资质许可，但是，对电影发行机构和电影放映机构还是继续实施资质许可管理。相关机构需要取得《电影发行许可证》和《电影放映许可证》，比如开设点播影院、影吧等放映场所需要申请《电影放映许可证》。

3. 部分业务许可

旅游行业和艺术品交易市场对于经营主体的设立与一般行业相同，但是，对于其经营的部分业务，实施许可管理。《旅游法》第29条规定，旅行社经营出境旅游和边境旅游业务，需要获得相应的业务经营许可。对从事艺术品拍卖中的文物拍卖业务，《拍卖法》第13条规定，拍卖企业经营文物拍卖的，应当有1000万元人民币以上的注册资本，有具有文物拍卖专业知识的人员。《文物保护法》第54条规定，依法设立的拍卖企业经营文物拍卖的，应当取得省、自治区、直辖市人民政府文物行政部门颁发的文物拍卖许可证。根据该规定，文物拍卖企业从事文物拍卖，需要获批《文物拍卖许可证》，这是中国国家文物局颁发的文物拍卖经营资质。

4. 分类许可

演出市场的主体是从事演出交易活动的组织和个人，演出产品和服务经营者即各类营业性演出单位，包括文艺演出团体、演出经纪机构和演出场所经营单位等，是目前我国重要的演出市场主体。文艺表演团体和演出经纪机构的设立，都必须通过审批，取得《营业性演出许可证》后，方可持证依法到市场监督管理部门注册登记，领取营业执照。文艺表演团体和演出经纪机构的营业性演出许可证包括一份正本和2份副本，有效期为2年。

行业实务

典型案例中的营业性演出市场许可规范

2021年12月3日，文化和旅游部通报部分演出市场典型指导案例。① 结合通报案例，本书将营业性演出市场的许可规范作如下梳理：

---

① 参见《文旅部通报蔡某某违规演出》，载新浪网，https://finance.sina.com.cn/china/gncj/2021-12-07/doc-ikyamrmy7415806.shtml。

一、非营业性演出经营场所从事经营性演出活动

通报中的案例1，违法单位为陕西西安某酒吧，案例2，违法单位为山西晋城某酒吧，两家酒吧皆属于非演出场所经营单位，皆因擅自举办演出活动被行政处罚。

【评析】按照《营业性演出管理条例》第6条、第10条、第11条规定，酒店、餐厅、娱乐场所等非营业性演出场所要举办营业性演出经营活动的，须委托有《营业性演出许可证》的文化经纪公司承办，由该公司向当地文化主管部门申报。

二、营业性演出经营场所从事经营性演出活动

通报中的案例3，违法单位为取得《营业性演出许可证》的安徽省淮北市相山区某音乐餐厅，其在未取得当地文化和旅游行政部门批准文书的情况下，擅自在其场所内举办"八一建军节大型主题派对"活动，以建军节为噱头吸引观众，且现场演出节目中包含低俗违规内容，造成恶劣社会影响。被处罚款和吊销《营业性演出许可证》的行政处罚。

【评析】根据《营业性演出管理条例》第7条规定，营业性演出场所经营单位的设立需要取得备案证明文件，这家单位取得的《营业性演出许可证》属于备案证明一种。同时，第13条规定，营业性演出经营场所在本场所内举办具体的演出活动，需要向当地文旅行政主管部门申请，获批后方可举办该演出活动。在申请审核过程中，行政管理部门会根据递交的中请材料进行内容等项的审查。由于本涉案单位未经行政主管部门审查，擅自举办低俗内容的演出，导致恶劣的社会影响，因此，被处以较重的行政处罚。

三、艺人经纪≠演出经纪，但都需要取得《营业性演出许可证》

通报中案例5，违法单位为艺人蔡某某的代理公司上海某某文化发展有限公司，其未取得《营业性演出许可证》，不具备演员经纪机构合法资质，利用其独占性艺人资源，在该艺人巡回演唱会北京站演出活动中，实际负责演出内容、演出票务、收入结算等营业性演出经营活动，并存在侵害公众正常购票观演权益的风险。对其未经许可擅自从事营业性演出经营活动的行为，北京市文化和旅游局依法作出罚款的行政处罚。

【评析】演出经纪机构是演出经营单位，从事艺人经纪和演出经纪活动。艺人经纪活动指演员签约、推广、代理等。演出经纪活动指演出居间、代理、行纪等。艺人经纪和演出经纪有不同，但根据《营业性演出管理条例》第6条规定，都需要取得《营业性演出许可证》。本涉案单位从事艺人蔡某某的经纪事务需要取得《营业性演出许可证》，在没有取得《营业性演出许可证》的情况下，其旗下艺人蔡某某的巡回演唱会应委托持有《营业性演出许可证》的合法资质的演出经纪机构进行经营，所以，本涉案单位的行为属于一错再错。

与内地投资者（以下简称内资）不同，对于外国投资者（以下简称外资）、香港特别行政区和澳门特别行政区投资者（以下简称港澳资）、台湾地区投资者（以下简称台资）在大陆地区设立演出市场主体，体现分类许可的特点。具体如表5－6所示。

表5－6　内资、外资、港澳资、台资设立演出市场主体的分类许可情况

投资者类别/演出市场主体	演出表演团体（是否可设立）	演出经纪机构（是否可设立）	演出场所经营单位（是否可设立）
内资	是	是	是
外资	否	是	是
港澳资	可设立由内地方控股的文艺表演团体	投资者可以在内地投资设立演出经纪机构；港澳特别行政区的演出经纪机构可以在内地设立分支机构	是
台资	否	是	是

三、从业人员职业资格的行政许可管理

文化产业行政法规很多都涉及对从业人员的专业或技术上的认定，从业人员是否获得职业资格认定，关系着产业经营主体是否获得设立许可。

《出版管理条例》第11条第5款规定出版机构的设立，需要有"符合国家规定的资格条件的编辑出版专业人员"。而编辑出版专业人员的职业资格规定，体现在《出版专业技术人员职业资格管理规定》的具体细则中。

《广播电视管理条例》第9条第1款规定广播电视机构设立的条件之一："有符合国家规定的广播电视专业人员"。而广播电视专业人员的职业资格规定，体现在《广播电视编辑记者、播音员主持人资格管理暂行规定》的具体细则中。

《拍卖法》第12条规定拍卖企业设立,“有与从事拍卖业务相适应的拍卖师和其他工作人员”。相应的《拍卖师执业资格制度暂行规定》对拍卖师培训、考试、《拍卖师执业资格证书》的取得等进行了规定。

《旅游法》第28条第4款规定旅游机构设立,“有必要的经营管理人员和导游”。在《导游人员管理条例》中,对导游执业许可制度、《导游证》的取得等进行了规定。

《营业性演出管理条例》第6条规定:“设立文艺表演团体,应当有与其演出业务相适应的专职演员和器材设备。设立演出经纪机构,应当有3名以上专职演出经纪人员和与其业务相适应的资金。”在《营业性演出管理条例实施细则》(已失效)中,对于专职演员的艺术表演能力认定证明,规定了4种:①中专以上学校文艺表演类专业毕业证书;②职称证书;③演出行业协会颁发的演员资格证明;④其他有效证明。专职演出经纪人员是否到位关系着演出经纪机构能否设立,对于演出经纪人员的任职资格管理,2021年12月24日,文化和旅游部发布《演出经纪人员管理办法》(文旅市场发〔2021〕129号)。国家对演出经纪人员实行职业资格认定制度。在中华人民共和国境内从事演出经纪活动的人员,应当通过演出经纪人员资格认定考试,取得演出经纪人员资格证,持证上岗。国家实行全国统一的演出经纪人员资格认定考试制度,原则上每年举行一次。演出经纪人员资格证由文化和旅游部核发,全国统一样式,统一编号。

四、数字网络环境中涉及文化产业的行政许可管理

数字网络环境中的文化产业是新兴领域,因其具备的可供性、交互性、开放性和共享性等特征,使得对其行政许可管理也呈现与以往文化产业管理不同的特点。

当前,我国文化行政管理部门针对数字网络方面的行政法规主要有《互联网信息服务管理办法》(国务院于2000年公布)、《互联网上网服务营业场所管理条例》(国务院于2002年公布、2011年修订)。部门规章主要有网络出版类的《网络出版服务管理规定》(原国家新闻出版总署、工业和信息化部于2016年公布)、视听节目类的《互联网视听节目服务管理规定》(原国家广播电视总局、原信息产业部于2007年公布)、网络游戏类的《互联网文化管理暂行规定》(原文化部于2011年公布)和《网络出版服务管理规定》(原国家新闻出版总署、工业和信息化部于2016年公布)以及针对从业人员的《网络主播行为规范》(国家广播电视总局、文化和旅游部于2022年公布)。

数字网络环境中涉及的文化产业活动主要是指利用信息网络提供音视频节

目、出版以及文化产品等内容方面的服务。对于互联网内容审查的管理，从本书第一章“内容规管”第三节之二“互联网环境下的内容审查制度”可以了解，网络内容审查为平台自审 + 政府监管，一句话概括，就是“谁办网谁审查”。重点有：第一，平台自有内容施行备案审查制度，平台提交备案申请书，经相关行政机关审查，核发备案编号，作为内容发行和版权的标识。因此，每一部网剧都有备案编号。第二，有标识的网络内容只能在线上展示播映。如果网络内容要线下出版或发行，必须按线下内容许可管理的流程进行，如网络电影走线下，须申请电影审查，获取《公映许可证》，网络小说走线下，须申请出版书号。

数字网络环境中的从业机构准入，都要求持有《营业执照》和《增值电信业务经营许可证》，如果涉及文化产业相关业务，还需要获取相关许可：从事网络文化活动须持有《网络文化经营许可证》；网红孵化中心（MCN）从事经纪活动须持有《营业性演出许可证》；从事网络视听节目制作须持有《互联网视听节目制作许可证》；从事网络视听节目播出须持有《信息网络传播视听节目许可证》。

根据中国演出行业协会提供的数据，截至 2022 年，累计直播账号超 1.5 亿，网络主播已经成为数字文化产业中一股强劲的新生力量。根据《网络主播行为规范》的规定，网络主播是指通过互联网提供网络表演、视听节目服务的主播人员，包括在网络平台直播、与用户进行实时交流互动、以上传音视频节目形式发声出镜的人员。其中，《网络主播行为规范》第 13 条明确，涉及如医疗卫生、财经金融、法律、教育类等直播内容时，主播应取得相应执业资质。利用人工智能技术合成的虚拟主播，参照同条规范。

至此，数字网络环境中涉及文化产业的行政许可，基本完成从内容管理、机构管理到人员管理的制度建设，为营造健康有序、和谐晴朗的网络空间打下基础。

复习思考题：

1. 行政相对人的权利和义务有哪些？

2. 行政许可在文化产业中的内容管理、机构准入管理、人员职业资格管理如何体现？

3. 结合相关行政法规性文件的内容，如何界定直播过程中网络主播假唱的违规界限？

参考文献

1. 崔建远:《合同责任研究》,吉林大学出版社 1992 年版。

2. 董新中:《非物质文化遗产私权保护理论与实务研究》,知识产权出版社 2016 年版。

3. 付希业:《企业合同管理 33 讲》,法律出版社 2020 年版。

4. 高戡:《影视娱乐法》,清华大学出版社 2017 年版。

5. 郭玉军:《艺术法》(全 2 册),武汉大学出版社 2019 年版。

6. 黄宪容主编:《出版法规及其应用》,苏州大学出版社 2005 年版。

7. 黄薇、王雷鸣主编:《〈中华人民共和国著作权法〉导读与释义》,中国民主法制出版社 2021 年版。

8. 姜明安:《行政法基本原则法定化研究》,载《湖湘法学评论》2021 年第 1 期。

9. 蒋凯:《中国音乐著作权:管理与诉讼》,知识产权出版社 2008 年版。

10. 蒋志培主编:《著作权新型疑难案件审判实务》,法律出版社 2007 年版。

11. 康宝成主编:《中国非物质文化遗产保护发展报告(2011)》,社会科学文献出版社 2011 年版。

12. 孔祥俊、谢兰芳主编:《中国娱乐法案例评注》,法律出版社 2020 年版。

13. 刘承韪:《娱乐法的规范意蕴与体系构建》,载《政法论坛》2019 年第 4 期。

14. 刘承韪主编:《娱乐法导论》,中国政法大学出版社 2021 年版。

15. 刘登阁编著:《以案说法——野生动物保护法 文物保护法》,中国社会出版社 2008 年版。

16. 刘魁立:《非物质文化遗产的共享性、本真性与人类文化多样性发展》,载《徐州工程学院学报》(社会科学版)2010 年第 2 期。

17. 刘玉民、陈国强:《法眼看大片——影视作品招致的法律问题》,中国发展出版社 2007 年版。

18. 李顺德:《中国的文化产业应该加强法律保护》,载《河南社会科学》2007 年第 4 期。

19. 李秀娜:《非物质文化遗产的知识产权保护》,法律出版社 2010 年版。

20. 李振武:《娱乐江湖——娱乐法的圈地运动》,中国法制出版社 2018 年版。

21. 卢家银:《群己权界新论——传播法比较研究》,商务印书馆 2020 年版。

22. 马怀德:《行政诉讼法学》,北京大学出版社 2019 年版。

23. [美]理查德 · 佛罗里达:《创意阶层的崛起——关于一个新阶层和城市的未来》,司徒爱勤译,中信出版社 2010 年版。

24. [美]谢丽 · L. 伯尔:《娱乐法》,李清伟等译,上海财经大学出版社 2018 年版。

25. 莫于川主编,《行政法学原理与案例教程》(第 2 版),中国人民大学出版社 2017 年版。

26. 全国人大常委会法制工作委员会行政法室编:《中华人民共和国非物质文化遗产法释义及实用指南》,中国民主法制出版社 2011 年版。

27. 宋海燕:《娱乐法》(第 2 版),商务印书馆 2018 年版。

28. 宋震:《艺术法重述:框架与案例》,知识产权出版社 2014 年版。

29. 王鹤云、高绍安:《中国非物质文化遗产保护法律机制研究》,知识产权出版社 2009 年版。

30. 王军、李燕蓉主编:《中国影视娱乐产业经典案例指引》,中国电影出版社 2018 年版。

31. 王军、司若主编:《中国影视法律实务与商务宝典》,中国电影出版社 2017 年版。

32. 王迁:《著作权法》(第 2 版),中国人民大学出版社 2023 年版。

33. 王迁:《知识产权法教程》,中国人民大学出版社 2007 年版。

34. 王利明:《合同法》(第 1 卷),中国人民大学出版社 2011 年版。

35. 魏永征、李丹林主编:《影视法导论—电影电视节目制作人须知》,清华大学出版社 2005 年版。

36. 吴登华:《音乐版权》,法律出版社 2022 年版。

37. 吴飞:《大众传播法论》,浙江大学出版社 2004 年版。

38. 吴鹏:《行政法学》,高等教育出版社 2019 年版。

39.《行政法与行政诉讼法学》编写组:《行政法与行政诉讼法学》(第 2 版),高等教育出版社 2017 年版。

40. [英]大卫・赫斯蒙德夫:《文化产业》(第 3 版),张菲娜译,中国人民大学出版社 2019 年版。

41. 余锋:《中国娱乐法》,北京大学出版社 2017 年版。

42. 张今主编:《中国文化产业合同案例精选与评析》,知识产权出版社 2011 年版。

43. 张鲁民、陈锦川主编:《著作权审判实务与判例》,中国方正出版社 2001 年版。

44. 张世君:《论我国文化创意产业法律保护体系之构建》,载《法学杂志》2011 年第 1 期。

45. 张晓玲:《完善我国文化产业法律环境的思考》,载《经济纵横》2007 年第 3 期。

46. 赵晶媛编著:《文化产业与管理》,清华大学出版社 2010 年版。

47. 郑成思:《版权法》,中国人民大学出版社 1997 年版。

48. 郑宁等:《文化娱乐法前沿问题研究》,中国政法大学出版社 2020 年版。

49. 郑宁主编:《娱乐法原理与案例教程》,法律出版社 2021 年版。

50. 中国社会科学院知识产权中心编:《非物质文化遗产保护问题研究》,知识产权出版社 2012 年版。

51. 中国审判理论研究会民事审判理论专业委员会编著:《民法典合同编条文理解与司法适用》,法律出版社 2020 年版。

52. 中国审判理论研究会民事审判理论专业委员会编著:《民法典人格权编条文理解与司法适用》,法律出版社 2020 年版。

53. 中国文物报社编:《中华人民共和国文物保护法——以案说法》,文物出版社 2003 年版。

54. 周俊武主编:《星路律程:行走娱乐圈法律之道》,法律出版社 2008 年版。

55. 周俊武主编:《周公观娱:玩转娱乐法》,法律出版社 2020 年版。

56. 周林:《艺术法:立法与实务》,知识产权出版社 2017 年版。

57. 周艳敏、宋慧献:《文化法学导论》,北京大学出版社 2017 年版。

后　记

本书起笔于对《文化产业政策与法律法规》(北京大学出版社 2013 年版)一书的修改。那应该是 5 年前,记得也是樱花盛开的季节。

随着中国文化产业的迅猛发展,行业要求法律介入的呼声越来越高,国外留学的学生们带来娱乐法方面的新信息,国内也出版了一些娱乐法方面的著作,这些因素最终促使我放弃对前书的修改工作,决定写一部全新的文化娱乐法教材。

本书写作历时较长,一方面是因为框架构思几番推倒重来,起头便花去不少功夫;另一方面是等待《民法典》和新《著作权法》的颁布。最终呈现在大家面前的书是这番模样,自己想想也充满惊喜与惶恐。

此刻我想说:这是一部真诚之作!

感谢王迁老师作序,令本书顿生光辉!

感谢叶青校长、刘宪权老师和丛立先老师的鼓励!感谢师弟袁锋的帮忙!感谢华政传播学院的同事们!本书的出版离不开我们文管团队和法制传媒团队的处处关照和大力支持。感谢我的学生们!教学相长,和你们在“文化产业法律实务”课上的交流是我激发思路的关键。即将开始的“数字传媒与文化产业涉法专题研究”和“影视娱乐法”课程也让我充满期待,有书相伴,课程将更加流畅精彩。

感谢我的朋友们!因为有写书的任务压在心头,哪怕在一起玩都三心二意,很是内疚。最后感谢我的亲人们！长期以来,你们帮我解决各类事情,给予我最大的自由空间,特别是我的女儿俞璐箫。在她 2022 年高考备考期间,我除了早起做一顿早餐,其他都不累我。当时的我倍感幸福,也倍感惭愧。

每晚在小区的散步中形成第二天的写作思路。所以,还要感谢月夜、树影、清风、花香以及可爱的猫咪们!

黄虚峰

2024 年 4 月写于上海家中